INDUSTRIE VON MORGEN
Beiträge und Positionen 2017

VORWORT
—

Matthias Knaut
Vizepräsident für Forschung der HTW Berlin

**OHNE DIGITALISIERUNG
KEINE INDUSTRIE VON MORGEN**

Wenn wir uns in diesem Buch mit den Aussichten auf die „Industrie von morgen" befassen, wird die enge Verbindung mit allen Facetten der Digitalisierung deutlich. Dieses Thema und der Impact der Forscher_innen und Studiengänge der HTW Berlin war bereits 2016 Gegenstand eines Wissenschaftssymposiums und einer Publikation zum Thema „Digitalisierung".

Die HTW Berlin ist hier gut aufgestellt. Sie verfügt einerseits über ein großes Potenzial an Spezialist_innen, andererseits ist sie mit mehr als 4.000 Studierenden ein großer Player bei der Informatikausbildung in der Hauptstadtregion. Hinzu kommen Wirtschafts-, Kommunikations- und Designstudiengänge, die das Potenzial noch einmal deutlich vergrößern. Außerdem durchdringt die Digitalisierung auch die klassischen Ingenieurwissenschaften. Mit Studienprogrammen wie „Ingenieurinformatik" und „Umweltinformatik" hat die HTW Berlin zukunftsweisende Weiterentwicklungen schon vor Jahren in spezialisierte Studienabschlüsse umgesetzt. Fachgebiete wie das traditionelle Bauingenieurwesen durchlaufen ebenfalls eine deutlich erkennbare Transformation. So gewinnt das „Building Information Modeling" als methodische Grundlage für alle

Planungs- und Entwicklungsprozesse und den gesamten Lebenszyklus von Gebäuden rasant an Bedeutung.

Die Beiträge in dieser Publikation lassen sich sechs Themenblöcken zuordnen. „Digitale Geschäftsmodelle und Unternehmensstrategien" sind ein Thema, welches die Wirtschaftswissenschaftler_innen stark vorantreiben. In enger Verbindung sind die Perspektiven auf die „Digitalen Arbeitswelten" der Zukunft zu sehen. Dahinter stehen Themen des Lernens mit Mitteln der Gamification, aber auch Fragen der IT-Sicherheit; sowohl was Krankendaten, aber auch die Sicherheit in automatisierten Gebäuden oder Produktionsanlagen angeht. Klassische Inhalte sind „Smarte Technologien" bzw. „Smart Engineering", die sich mit den Kernfragen der Produktion, Mensch-Maschine-Schnittstellen und der „Urbanen Produktion" in Industrie-4.0-Fabriken befassen. Auch die Produkte selbst und deren nachhaltige Herstellung sind Themen, mit denen sich Wissenschaftler_innen der HTW Berlin befassen.

Hierfür bietet das Umfeld der Hochschule auf dem Campus Wilhelminenhof in Schöneweide einen idealen Rahmen und ein hervorragendes Testfeld für die zukünftige Entwicklung Berlins. Es ist ein Stadtteil mit industrieller Vergangenheit von nationaler und internationaler Bedeutung, verbunden mit den Namen AEG und KWO, der später einen radikalen Niedergang durchlaufen hat, und nun in einer tiefgreifenden Transformation zu einem Modellfall für die Industrie von morgen in großstädtischen Ballungszentren avancieren wird.

Insbesondere die „Urbane Produktion", die als zukunftsfähige, moderne und saubere Industrie in Berlin entwickelt wird, birgt die Chance, durch neue Gründungen in engem Zusammenwirken mit den Bestandsunternehmen sowie Hochschulen und Forschungsinstituten die „Industrie von morgen" in der „Technologieregion Südost" mit zu gestalten.

Wir danken der Senatorin für Wirtschaft, Energie und Betriebe, Ramona Pop, dafür, dass sie die Schirmherrschaft für die Tagung zu diesem Beitragsband übernommen hat. Gleichfalls gilt unser Dank allen Autor_innen, die mit ihren Beiträgen einen Einblick in die Vielfalt der Forschung an der HTW Berlin geben. Gisela Hüttinger und Sabine Middendorf sorgten für die redaktionelle Betreuung, der Berliner Wissenschafts-Verlag übernahm in bewährter Weise die Umsetzung in ein Printprodukt und das E-Book.

Ich wünsche allen Interessierten eine anregende Lektüre.

IN-
HALT

2
VORWORT
Matthias Knaut

DIGITALE ARBEITS-WELTEN

12
BETEILIGUNGSRECHTE DES BETRIEBSRATS BEI DER EINFÜHRUNG UND NUTZUNG „SMARTER ARBEITSMITTEL"
Andreas Schmidt-Rögnitz

18
EDU-GAMES FOR COMPLEX PROBLEM SOLVING: PLAY OR PRAY FOR INNOVATION
Claudia Hentschel

26
IT-SICHERHEIT IN PRODUKTION UND STATIONÄRER KRANKENVERSORGUNG – PARALLELEN UND UNTERSCHIEDE
Maryna Khvastova | Nils T. Siebel | Dagmar Krefting

32
ORGANIZATIONAL CHANGE AND INDUSTRY 4.0 (ID4). A PERSPECTIVE ON POSSIBLE FUTURE CHALLENGES FOR HUMAN RESOURCES MANAGEMENT
Jürgen Radel

DIGITALE GESCHÄFTSMODELLE/ UNTERNEHMENS- STRATEGIEN

42
BOTS ALS INSTRUMENT DES MARKETING? (DON'T) BELIEVE THE HYPE
Carsten Totz

50
APPLEISM & GOOGLEISM ALS NEUER MANAGEMENTANSATZ IN DER INDUSTRIE VON MORGEN
Matthias Hartmann | Bastian Halecker | Ralf Waubke

58
BETRUG ALS GESCHÄFTSMODELL: AD FRAUD ALS HERAUSFORDERUNG FÜR DIE WERBEINDUSTRIE
Katharina Simbeck | Mehmet Ali Kara | Birte Malzahn

64
BIG DATA – BIG BUSINESS?
Regina Zeitner | Marion Peyinghaus

74
BUILD TO LAST: BLOCKCHAIN – ON THE CUTTING EDGE OF THE REAL WORLD
Katarina Adam

80
DIE NUTZUNG VON ROBOTIC PROCESS AUTOMATION IN DER FINANZFUNKTION
Sascha Dawo

90
FIT FOR INTERNATIONALIZATION
Christina Saulich | Veit Wohlgemuth | Tine Lehmann

96
FIT FÜR DIGITALES BUSINESS? MIT SARA ZUR LEISTUNGS- BEWERTUNG DIGITALER PROZESSE
Thomas Pietsch

102
HERAUSFORDERUNGEN DER UNTERNEHMENSBESTEUERUNG IM DIGITALEN ZEITALTER
Peter Zaumseil

108
INVESTITIONEN VON KMUS IN INDUSTRIE-4.0-PROJEKTE
Stefan Wittenberg

116
DIGITALE TRANSFORMATION FÜR DIE INDUSTRIE VON MORGEN – WIE ETABLIERTE UNTERNEHMEN SICH IM LÄNDERVERGLEICH IN DEUTSCHLAND UND DEN USA POSITIONIEREN
Julian Kawohl | Philipp Depiereux

DIGITALE INDUSTRIE: DIGITALE PRODUKTION

126
INDUSTRIE VON MORGEN – DEMOGRAFISCHE HERAUSFORDERUNGEN UND ARBEITSGESTALTERISCHE LÖSUNGSANSÄTZE FÜR DIE PRODUKTION UND PRODUKTENTWICKLUNG
Ingo Marsolek

132
MIGRATIONS- UND MODERNISIERUNGSKONZEPTE FÜR FABRIKEN AUF IHREM WEG IN DIE SMARTE PRODUKTION
Stephan Schäfer | Dirk Schöttke | Thomas Kämpfe

142
MODELLBASIERTES SYSTEMS ENGINEERING – METHODISCHE UNTERSTÜTZUNG ZUR VIRTUELLEN INBETRIEBNAHME VON PRODUKTIONSANLAGEN
Ute Dietrich

DIGITALE INDUSTRIE: SMART ENGINEERING

152
ENTWICKLUNG KLEINSTER HELIUMBALLONS FÜR INSPEKTIONEN IN SCHWER ZUGÄNGLICHEN RÄUMEN
Kai Schauer | Jan Bickel

158
GESTALTUNG VON MENSCH-MASCHINE-SCHNITTSTELLEN IN DER INDUSTRIE VON MORGEN
Julia Bendul | Anna Riedel

166
STILLE WASSER SIND TIEF – DEEP-TECH-STARTUPS IN DEUTSCHLAND UND IHRE ROLLE IN DER INDUSTRIELLEN DIGITALISIERUNG
Heike Marita Hölzner

NACHHALTIGE PRODUKTION & PRODUKTE

174
KONZEPTION EINES CLOUDBASIERTEN STOFFSTROM-ORIENTIERTEN BUIS FÜR DIE „PRODUKTION VON MORGEN"
Mathias Winter | Volker Wohlgemuth

182
NACHHALTIGE ENERGIEWENDE- UND INDUSTRIEPOLITIK
Barbara Praetorius

188
SICHERHEIT UND ZUVERLÄSSIGKEIT VON ADDITIV GEFERTIGTEN IMPLANTATEN
Marcus Wolf | Anja Pfennig

194
SOZIALE BAUPHYSIK
Dieter Bunte

204
ULTRAKURZE LASERPULSE FÜR DIE FERTIGUNG VON MODERNEN SOLARZELLEN
Bert Stegemann | Christof Schultz | Andreas Bartelt | Rutger Schlatmann | Frank Fink

SMARTE TECH- NOLOGIEN

214
IT-SICHERHEIT IN DER GEBÄUDEAUTOMATION
Nils T. Siebel

222
PROWEAR: INDUSTRY – APITS & WEARABLES IN DER INDUSTRIE VON MORGEN
Carsten Busch | Martin Steinicke | André Selmanagić

228
SMARTE WÄSCHEPFLEGE – RESSOURCENSCHONUNG UND ZUSATZNUTZEN FÜR KONSUMENTEN DURCH DIGITALISIERUNG VON TEXTILIEN
Ulrich Bauer | Monika Fuchs | Claudia Heller | Sabine Przybilla | Joachim Villwock

237
Die Autorinnen und Autoren

250
NACHWUCHS, INNOVATION UND KNOW-HOW FÜR WIRTSCHAFT, GESELLSCHAFT UND KULTUR
Bärbel Sulzbacher | Gisela Hüttinger

256
Impressum

DIGIT
ARBE
WELT

Beteiligungsrechte des Betriebsrats bei der Einführung **12**
und Nutzung „smarter Arbeitsmittel"

Edu-Games for Complex Problem Solving: Play or Pray for Innovation **18**

IT-Sicherheit in Produktion und stationärer Krankenversorgung – **26**
Parallelen und Unterschiede

Organizational Change and Industry 4.0 (ID4). **32**
A Perspective on Possible Future Challenges for Human Resources Management

BETEILIGUNGSRECHTE DES BETRIEBSRATS BEI DER EINFÜHRUNG UND NUTZUNG „SMARTER ARBEITSMITTEL"

Andreas Schmidt-Rögnitz

1. EINLEITUNG UND PROBLEMATIK

Nachdem computergestützte Werkzeugmaschinen und Robotersysteme in der Produktion schon seit langem zum Stand der Technik gehören und eine Vielzahl von Arbeitsprozessen und -abläufen tiefgreifend verändert haben, erfasst die „digitale Revolution" nun zunehmend auch andere betriebliche Bereiche, die bisher eher dem Menschen vorbehalten waren. So zum Beispiel im Bereich der Logistik: Während bislang die Verteilung von Waren und Gütern oder auch das Einräumen von Waren in Lager oder Verkaufsregale in erster Linie von Mitarbeitern erledigt wurde, die – gegebenenfalls von elektronischen Hilfsmitteln wie Scannern und Computern unterstützt – die eigentlichen Arbeitsprozesse erledigt haben, sind bereits heute technische Entwicklungen absehbar, die diese Prozesse grundlegend verändern werden. So können schon heute die „Picker", die für die Entnahme von Waren und die Kommissionierung von Sendungen verantwortlich sind, mit Datenbrillen ausgestattet werden, die sie zu den gewünschten Waren hinführen und sie bei der korrekten Zusammenstellung der zu bearbeitenden Sendung unterstützen, bevor die Waren dann durch selbstfahrende Transportwagen zu einem zentralen Ort gebracht werden, wo sie dann – gegebenenfalls ebenfalls automatisiert – kommissioniert und für den Versand bereitgestellt werden. [1] Aber auch andere betriebliche Funktionen werden mehr und mehr von digitalisierten Arbeitsmitteln durchdrungen werden, die die menschliche Arbeitskraft entweder gänzlich ersetzen oder – was in vielen Bereichen wahrscheinlicher ist – den Arbeitnehmer in seiner Arbeitstätigkeit unterstützen und beispielsweise von schweren körperlichen Tätigkeiten befreien.

    Betrachtet man nun diese Prozesse und die sich hierdurch ergebenden Möglichkeiten, wird sehr schnell deutlich, dass sich die daraus ergebenden Fragen nicht nur auf die technische Machbarkeit und den betriebswirtschaftlichen Nutzen beschränken, sondern dass damit auch eine Vielzahl rechtlicher Probleme verbunden sind, die insbesondere das Arbeitsrecht und hier vor allem auch das Betriebsverfassungsrecht betreffen. Sollen nämlich in einem Betrieb „smarte Arbeitsmittel" wie beispielsweise Datenbrillen, „smarte" Handschuhe oder gar „Roboteranzüge" eingeführt und genutzt werden, können sich in diesem Zusammenhang vielfältige Beteiligungsrechte des Betriebsrats ergeben, die im Rahmen entsprechender Vorhaben zu beachten sind.

[1] Vgl. hierzu u. a. Frankfurter Allgemeine Zeitung vom 04.01.2017, S. 19.

2. DIE BETEILIGUNGSRECHTE DES BETRIEBSRATS
BEI DER EINFÜGUNG UND NUTZUNG „SMARTER ARBEITSMITTEL"

Verschafft man sich in diesem Zusammenhang zunächst einen Überblick über die Mitbestimmungsrechte des Betriebsrats, die sich aus dem Betriebsverfassungsgesetz (BetrVG) ergeben, lassen sich die Beteiligungsrechte im Wesentlichen in drei Gruppen einteilen, die jeweils unterschiedlich ausgeprägte Beteiligungsrechte enthalten. Hierbei handelt es sich zunächst um den Bereich der „personellen Angelegenheiten" (§§ 92 – 105 BetrVG), worunter insbesondere die Einstellung, die Versetzung oder auch die Kündigung einzelner Arbeitnehmer zu verstehen sind, ferner um „soziale Angelegenheiten" (§§ 87 – 89 BetrVG), also Maßnahmen, die vor allem die Struktur und die innere Ordnung eines Betriebes betreffen, sowie schließlich um „wirtschaftliche Angelegenheiten" (§§ 106 – 113 BetrVG), worunter beispielsweise die Verlagerung einer Betriebstätte oder auch ein umfangreicher Personalabbau zu verstehen sein kann. Dabei können sich im Ergebnis auf allen drei Feldern Beteiligungsrechte des Betriebsrats ergeben, wenn digitale Arbeitsmittel eingeführt oder genutzt werden sollen.

2.1 Beteiligungsrechte bei „smarten Arbeitsmitteln"
im Bereich der „personellen Angelegenheiten"

So ist es zunächst möglich, dass der Einsatz derartiger Arbeitsmittel zu Auswirkungen im Bereich der „personellen Angelegenheiten" führt, sei es, dass es hierdurch zu Veränderungen in der Personalplanung und damit zu einem Beteiligungsrecht im Sinne des § 92 BetrVG kommt oder Veränderungen bezüglich der an das Personal zu stellenden Anforderungen eintreten, was eine Anpassung oder Neuformulierung von Personalfragebögen (Beteiligung gemäß § 94 BetrVG) oder Auswahlrichtlinien (Beteiligung gemäß § 95 BetrVG) erforderlich macht. Besteht darüber hinaus die Befürchtung, dass der Einsatz „intelligenter Arbeitsmittel" negative Auswirkungen auf die Beschäftigungssituation in dem Betrieb haben wird, können sich ferner die Beteiligungsrechte des Betriebsrats im Sinne des § 92a BetrVG („Beschäftigungssicherung") ergeben und der Betriebsrat beispielsweise den Arbeitgebern Vorschläge zur Sicherung und Förderung der Beschäftigung unterbreiten, die dann gemeinsam zu beraten sind.

Neben diesen „allgemeinen personellen Angelegenheiten" kann die Einführung und die Nutzung smarter Arbeitsmittel aber auch dazu führen, dass Arbeitnehmerinnen und Arbeitnehmer in ihren bisherigen Arbeitsverhältnissen nicht oder jedenfalls nicht mehr zu unveränderten Bedingungen weiterbeschäftigt werden können und Versetzungen bzw. gegebenenfalls auch Kündigungen erforderlich werden. Werden derartige „personelle Einzelmaßnahmen" notwendig, ist an die in den §§ 99, 102 BetrVG verankerten Zustimmungs- bzw. Zustimmungsverweigerungsgründe des Betriebsrats zu denken, wodurch der Betriebsrat derartige Einzelmaßnahmen beeinflussen kann.

2.2 Beteiligungsrechte bei „smarten Arbeitsmitteln" im Bereich der „sozialen Angelegenheiten"

Sollen in einem Betrieb „smarte Arbeitsmittel" eingeführt und genutzt werden, kann dies aber auch zu Mitbestimmungsrechten des Betriebsrats im Bereich der „sozialen Angelegenheiten" und hier insbesondere im Rahmen des Katalogs des § 87 BetrVG führen, der auch als „Kernbereich" der Mitbestimmung bezeichnet werden kann.[2] Dabei beschränkt sich die Beteiligung des Betriebsrats hier im Gegensatz zu anderen Bereichen der betrieblichen Mitbestimmung nicht auf ein bloßes Mitwirkungsrecht, also beispielsweise ein Anrecht auf Informationen oder Beratung, sondern enthält ein „echtes Mitbestimmungsrecht", was dazu führt, dass der Arbeitgeber ohne Einigung mit dem Betriebsrat, die gegebenenfalls über ein Einigungsstellenverfahren herzustellen ist, nicht tätig werden darf und entsprechend in seinem einseitigen Gestaltungs- und Direktionsrecht eingeschränkt ist.[3]

Betrachtet man nun den Katalog des § 87 Abs. 1 BetrVG, kommt als Grundlage für eine mögliche Mitbestimmung vor allem der Tatbestand des § 87 Abs. 1 Nr. 6 BetrVG in Betracht, wonach der Betriebsrat ein zwingendes Mitbestimmungsrecht bei der Einführung und Anwendung von technischen Einrichtungen hat, die dazu bestimmt sind, das Verhalten oder die Leistung der Arbeitnehmer zu überwachen.[4] Zwar mögen „smarte Arbeitsmittel" in der Regel nicht vorrangig dazu bestimmt sein, die Leistung der sie bedienenden Arbeitnehmerinnen und Arbeitnehmer zu kontrollieren und/oder zu überwachen, doch reicht nach der ständigen Rechtsprechung des Bundesarbeitsgerichts bereits die Möglichkeit einer technischen Überwachung aus, um das Mitbestimmungsrecht des § 87 Abs. 1 Nr. 6 BetrVG auszulösen.[5] Soweit also die Konstruktion oder die Programmierung des „smarten Arbeitsmittels" nicht von vorneherein jede Möglichkeit ausschließt, mittels der anfallenden Daten Rückschlüsse auf die Leistung oder das Verhalten eines bestimmten Arbeitnehmers zu ziehen, wird der Arbeitgeber derartige Arbeitsmittel in seinem Betrieb nur dann einführen und nutzen können, wenn er vorab ein entsprechendes Einvernehmen mit dem zuständigen Betriebsrat hergestellt hat, was dem Betriebsrat im Ergebnis weitgehende Mitspracherechte eröffnet. Problematisch – und von der Rechtsprechung sicherlich noch auszuleuchten – ist dabei das grundlegende Problem, dass der Betriebsrat – anders als bei vielen in der Vergangenheit zu beurteilenden Fragen – mit dem hier entstehenden zwingenden Mitbestimmungsrecht einen unmittelbaren Einfluss auf unternehmerische Entscheidungen bekommen kann, die eigentlich nicht dem Mitwirkungsrecht

[2] So z. B. Küfner-Schmitt, Irmgard/Schleusener, Aino, Handbuch Betriebsverfassungsrecht, S. 193.

[3] Küfner-Schmitt, Irmgard/Schleusener, Aino, Handbuch Betriebsverfassungsrecht, S. 193.

[4] Weitere Mitbestimmungstatbestände im Rahmen des § 87 Abs. 1 BetrVG können sein Nr. 1 „Verhalten der Ordnung des Betriebs und des Verhaltens der Arbeitnehmer" oder auch Nr. 7 „Verhütung von Arbeitsunfällen und Gesundheitsschutz".

[5] So schon BAG NJW 1976, S. 261.

des Betriebsrats unterliegen. Bezieht sich nämlich das Mitbestimmungsrecht des Betriebsrats auf die Installation einer Videoanlage [6] oder elektronischer Zeiterfassungsgeräte, [7] betrifft dies vor allem das Verhalten der Arbeitnehmer im Betrieb und hat insoweit keine unmittelbaren Auswirkungen auf das „Wohl und Wehe" des Unternehmens. Betrifft die Mitbestimmung demgegenüber den Einsatz neuer „smarter" Arbeitsmittel, mit denen die Wettbewerbsfähigkeit und damit die Überlebensfähigkeit eines Unternehmens sichergestellt werden soll, und könnte der Betriebsrat dies unter Hinweis auf die damit einhergehenden – möglicherweise technisch unvermeidbaren – Überwachungsmöglichkeiten verhindern, ginge das Mitbestimmungsrecht im Sinne des § 87 Abs. 1 Nr. 6 BetrVG deutlich über bloße betriebliche Fragen hinaus und bekäme damit eine Reichweite, die zumindest derzeit so im Gesetz nicht angelegt ist.

2.3 Beteiligungsrechte bei „smarten Arbeitsmitteln"
im Bereich der „wirtschaftlichen Angelegenheiten"
Schließlich ist es aber auch denkbar, dass die Einführung und die Nutzung smarter Arbeitsmittel zu einer „Betriebsänderung" im Sinne des § 111 BetrVG führt und sich damit auch unter dem Gesichtspunkt der „wirtschaftlichen Angelegenheiten" Mitwirkungsrechte des Betriebsrats ergeben. Dabei wird im Rahmen der Implementierung von „smarten Arbeitsmitteln" vor allem an die Bestimmung des § 111 Satz 3 Nr. 4 BetrVG zu denken sein, wonach als „Betriebsänderung" die grundlegende Änderung der Betriebsorganisation, des Betriebszwecks oder der Betriebsanlagen gilt, oder auch an die Normierung des § 111 Satz 3 Nr. 5, die zu den Betriebsänderungen auch die Einführung grundlegend neuer Arbeitsmethoden und Fertigungsverfahren zählt. Auch wenn beide Regelungen auf „grundlegende" Änderungen abzielen und marginale Veränderungen der betrieblichen Anlagen bzw. der Arbeitsmethoden und Fertigungsverfahren nicht erfassen, wird die Einführung „smarter Arbeitsmittel" im Lichte der bisherigen Rechtsprechung in der Regel dieses Erfordernis erfüllen: So wurde beispielsweise der Übergang von der (elektronischen) Schreibmaschine zum PC [8] ebenso als grundlegende Änderung der Arbeitsmethoden angesehen wie die später erfolgende Vernetzung der Rechneranlagen, [9] so dass auch der nachhaltige Einsatz „smarter Arbeitsmittel" dieses Erfordernis erfüllen wird.

Sollte es darüber hinaus durch den Einsatz neuer „intelligenter" Arbeitsmittel zu einem nennenswerten Personalabbau kommen, steht schließlich auch eine Beteiligung des Betriebsrats auf der Grundlage des § 111 Satz 3 Nr. 1 BetrVG („Betriebseinschränkung") mit der Folge einer möglichen Sozialplanpflicht gemäß § 112a Abs. 1 BetrVG im Raum, woraus sich weitere erhebliche wirtschaftliche Folgen für den Arbeitgeber ergeben können.

[6] BAG, NZA 2008, S. 1187.

[7] LAG Düsseldorf, DB 1979, S. 459.

[8] BAG AP Nr. 10 zu § 111 BetrVG 1972.

[9] Erfurter Kommentar – Kania, § 87 BetrVG Rd. 20.

3. Zusammenfassung

Zusammenfassend lässt sich damit feststellen, dass mit der Einführung und der Nutzung „smarter Arbeitsmittel" eine Vielzahl von Beteiligungsrechten eines Betriebsrats ausgelöst werden können, die von bloßen Anrechten auf Information, Anhörung und Beratung bis hin zu zwingenden Mitbestimmungsrechten reichen. Dabei wird ein Arbeitgeber, der entsprechende Maßnahmen plant, sein Augenmerk vor allem auf den Mitbestimmungskatalog des § 87 Abs. 1 BetrVG und hier vor allem auf den Tatbestand des § 87 Abs. 1 Nr. 6 BetrVG richten müssen, der eine (vorherige) Einigung mit dem Betriebsrat erforderlich macht, sobald das gewünschte „smarte Arbeitsmittel" zumindest auch eine Überwachung und Kontrolle eines Arbeitnehmers ermöglicht, was fast immer der Fall sein dürfte. Im Ergebnis kann daher einem Arbeitgeber, der die Einführung und Nutzung entsprechender Arbeitsmittel plant, nur empfohlen werden, sich frühzeitig mit seinem eventuell vorhandenen Betriebsrat in Verbindung zu setzen und zugleich die diesbezügliche Rechtsprechung aufmerksam zu verfolgen, die sich mit diesen Fragen sicherlich noch intensiv zu befassen haben wird.

EDU-GAMES FOR COMPLEX PROBLEM SOLVING: PLAY OR PRAY FOR INNOVATION

Claudia Hentschel

ABSTRACT

When it comes to problem solving in industry, analytical thinking and inventive creativity are often called for. Results in product or process development that surprise and delight customers and colleagues alike are more probable, if Structured Innovation (SI) methods are applied. Such methods exist—and applying them should be more successful, opening up a space: for activity, coincidence, fun, and to combine one's knowledge with others. These aspects are covered by good games. This contribution is about TRIZ-games and -simulations in order to help organizations learn SI-methods and become markedly more effective in dealing with the growing complexity of future innovation tasks.

1. INNOVATION AS A COMPLEX PROBLEM

Playing games in a business or even an academic environment was not always considered appropriate: too lazy, too much fun, too little focused—and too expensive an activity in order to achieve high score goals and value creation. In the course of discussing new formats for learning and teaching, games attained a respectable reputation only recently, [1] although the value of 'play' was early depicted as the factor for the emergence of culture. [2] In the business sector, the term 'serious games' has been used for almost two decades to distinguish games that are designed for training and instruction from those developed for entertainment purposes. [3-5] This change happened, it is argued, because new skills are required for the future, which include collaboration, communication, information literacy, and—complex problem solving. [6]

If a problem is understood as the difference between a given and a target situation, solving well-structured, simple problems, and even complicated problems, is a linear process consisting of problem representation and the search for a solution. However, situations exist, in which causality cannot be determined, and the directions in which the system evolves cannot be predicted. They belong to the world of unordered problems and are called complex or even chaotic (problem types acc. to the Cynefin Framework, see [7]). Research concluded that solving ill-structured, complex problems is different from simple and complicated problem solving and requires different methods, [6,7] because the outcome is not a simple cause-and-effect sequence or cannot be extrapolated in a linear fashion to exert control.

---

[1] Hüther, G.; Quarch, C.: Rettet das Spiel—Weil Leben mehr als Funktionieren ist. München: HANSER Verlag, 2016.

[2] Huizinger, J.: Homo ludens—Vom Ursprung der Kultur im Spiel. 24. Auflage. Reinbek bei Hamburg: Rowohlt Taschenbuch Verlag, 2015 (Originalausgabe von 1938).

[3] Schrage, M.: Serious Play—How the world's best companies simulate to innovate. Boston: Harvard Business School Press, 2000.

[4] Dodgson, M.; Gann, D.; Salter, A.: Think, play, do—Technology, innovation, and organization. Oxford: Oxford University Press, 2005.

[5] Michael, D.; Chen, S.: Serious Games—Games that educate, train, and inform. Boston: Thompson Course Technology, PTR, 2006.

[6] Eseryel, D.; Ifenthaler, D.; Ge, X.: Alternative Assessment Strategies for Complex Problem Solving in Game-Based Learning Environments. In: Ifenthaler, D. et al. (editors): Multiple Perspectives on Problem Solving and Learning in the Digital Age, DOI 10.1007/978-1-4419-7612-3_11, Springer Science + Business Media, LLC, 2011.

Something profound has happened in innovation processes: innovation has become a complex problem, e.g. due to desired disruptiveness or digitalization. Who knows anyhow what a future product should look like or how future processes should meet the ever changing customers' and other stakeholders' demands? To deal with the growing complexity, innovation processes are intensifying and more than ever they go for earlier prototyping and more testing—to mitigate the risk. Briefly put: In order to succeed sooner, the problem solver has to:

- test often (to get a better understanding of the idea) and
- fail early (when it is not as expensive as at a later stage).

The understanding of how to manage complexity has to be further developed. [8] By using games and simulations, attendees can be shown ways to see possibilities for different combinations of actions and have the possibility to try different actions and various results — required to address challenges faced by tomorrow's companies. Additionally, people from a wide variety of technical and cultural backgrounds need to make use of new and adequate tools and methodologies to switch between creative and analytical thinking — not randomly, but in a somewhat guided manner. Such methods and tools already exist: in the field of Structured Innovation (SI). [9]

2. SELECTED SI-METHODS TO COPE WITH COMPLEXITY

One very hyped and helpful Structured Innovation (SI) methodology that supports complex problem solving in innovation is Design Thinking. [10] A several-steps, but iterative process combines methods from engineering with experimental aspects from design, each step supported by a large number of rapidly developing tools that—consciously chosen—balance between creativity and analysis in a given time frame. Design Thinking organizes the search for solutions *not* chronologically from

[7] Snowden, D. J; Boone, M. E: A Leader's Framework for Decision Making. In: HBR, November 2007, p. 69-76.

[8] Czinki, A.; Hentschel, C.: Solving complex problems and TRIZ. In: Proceedings of the TRIZ Future Conference 2015: Structured Innovation with TRIZ in Science and Industry— Creating Value for Customers and Society. DOI 10.1016/j.procir.2016.01.161, Amsterdam: Elsevier B. V., 2016.

[9] Hentschel, C.; Czinki, A.: Taming Complex Problems by Systematic Innovation. In: Chechurin, L. (editor): Research and Practice on the Theory of Inventive Problem Solving (TRIZ)— Linking Creativity, Engineering and Innovation. Berlin: SPRINGER International, 2016, p. 77-93.

[10] Plattner, H.; Meinel, C.; Leifer, L. (editors): Design Thinking Research—Taking Breakthrough Innovation Home (Understanding Innovation). Berlin: SPRINGER Verlag, 2016.

[11] Uebernickel, F.; Brenner, W.; Pukall, B.; Naef, T.; Schindlholzer, B.: Design Thinking—Das Handbuch. Frankfurt: Frankfurter Allgemeine Buch, 1. Auflage, 2015.

[12] N.N.: FA 320 Innovationsmethodiken, VDI-Richtlinienreihe 4521, Blatt 1-3: Erfinderisches Problemlösen mit TRIZ, Berlin: Beuth Verlag, 2017. https://www.vdi.de/technik/fachthemen/produkt-und-prozessgestaltung/fachbereiche/value-managementwertanalyse/fa-320-innovationsmethodiken-richtlinienreihe-vdi-4521-erfinderisches-problemloesen-mit-triz/ acc. on Feb. 15th, 2017.

the beginning, but rather as various attempts to get to the root of a problem. [11] The final user of the system to be developed is seen from a social-scientific perspective and is in focus when defining the problem and formulating a solution, all with a sense of adventure and inspiration, beyond subject-specific communication and hierarchies.

Design Thinking assumes to overcome complex challenges and in its process allows for times for focusing (analytical thinking) and times for imagining (creative thinking). It highlights more than any other method that building quick prototypes fosters ideas and makes people talk about their needs in a certain situation in a much more potent way. [11] The result: convincing innovations for products, processes, services, or organizations. [10]

Another SI-methodology is TRIZ (Russian acronym for: Theory of Inventive Problem Solving). TRIZ is a methodology of assumptions, rules, methods, and tools for innovative system improvement as well. It has gained a high reputation for systematic problem analysis and solving as well as for system forecasting. Its approach is unique: based on the analysis of a vast number of patents in the past—and thus being rather a scientific methodology within SI. So is its reputation by professionals in research, industry, and consulting: they regard it as the best systematic tool available today to deploy inventiveness and boost innovation, also and particularly when very difficult technological problems in product development are to be solved. It is considered so powerful a method, that the formulation of a VDI-Guideline was initiated by the Association of German Engineers VDI (Verein Deutscher Ingenieure). The author is an appointed member of the Guideline Committee "Innovation Methods" and co-author of the VDI 4521 [12] **[see Figure 1 and 2].**

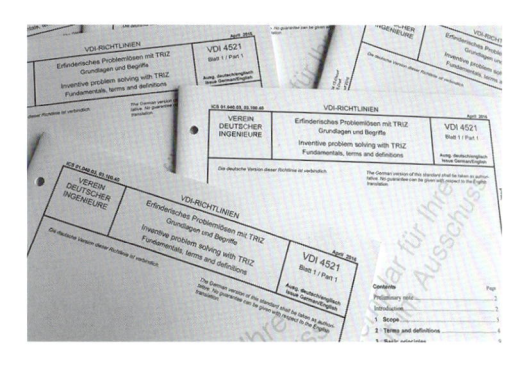

Figure 1: VDI-Guideline 4521, Part 1, White Print (as available in March 2017)

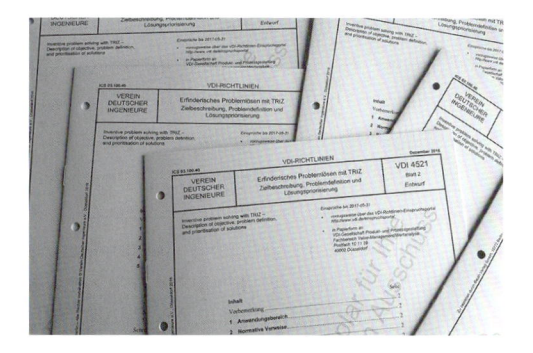

Figure 2: VDI-Guideline 4521, Part 2, Draft (as available in March 2017)

This guideline comprises three parts that define a common language to describe the content of the entire TRIZ methodology. The three parts are entitled as follows:

- Part 1: Fundamentals, terms, and definitions,
- Part 2: Description of objective, problem definition, and prioritization, and
- Part 3: Problem solution.

Up to the due date of this contribution in March 2017, Part 3 was still in preparation. The three-part document will be complete by the end of 2017. Already today it severely revaluates the methodology as it offers a reference basis for the scientific and industrial application of TRIZ.

While Design Thinking, rooted in the Silicon Valley, has spread all over the world in product, process, and even culture development, TRIZ has not been as widely applied yet. TRIZ is said to be difficult to learn and, assumingly—as TRIZ was invented in the former Soviet Union—this accounts for some doubts in its usability. TRIZ comes from the engineering world and seems more appealing to the analytical thinkers among engineers. Design Thinking, though, always follows a human-centered and social-scientific perspective, and as it is considered rather a strategic art, it looks more appealing to the naturally creative such as artists and designers. Only recently, it was shown that huge potentials can be released when both methodologies are intertwined [13] and are used according to the problem type to be solved [13, 14]—which makes a different problem pop up: the one of changing one's thinking habits.

3. GAMES FOR INVENTIVE PROBLEM SOLVING

Adults have mostly internalized that analytical thinking is worthwhile. They possess a lot of life experience, but when they encounter a new situation, adults want to categorize it as quickly as they can. Ever since people have been living together, the prevailing logic is that outcomes are much better, when everybody—especially when a group—does follow rules. In innovation, former rules and norms might not be the best to follow; it is essential to break with our and/or our customers' habits to design businesses for the future.

Paradoxically, rules can also help to break the old rules and norms, contributing to the innovation process. This can be facilitated with games. Games open up possibilities and can make us broaden our perspective: this openness is the beginning of exploratory play. Without control, however, creative exploration and play become a messy, never-ending process. So zooming-in is also essential in order to analyze and learn. Most people feel unable to cope with serious AND playful work at the same time, especially when encountering an unfamiliar situation.

[13] Hentschel, C.; Czinki, A.: Design Thinking as a Door-Opener for TRIZ—Paving the Way for Systematic Innovation. In: Aoussat, A.; Cavallucci, D.; Tréla, M.; Duflou, J. (Editors): Proceedings of the TRIZ Future Conference TFC 2013, Paris: ETRIA European TRIZ Association, 2013, p. 597-608.

[14] Czinki, A.; Hentschel, C.: Adaptive Problem Sensing and Solving Model (APSS-Model) inspired by the Cynefin Framework and its applications to TRIZ. In: Proceedings of the TRIZ Future Conference 2016: Wrocław, Poland, 2016.

[15] Salen, K.; Zimmermann, E.: Rules of Play—Game Design Fundamentals. Cambridge: MIT Press, 2004.

[16] Busch, C.: Gamification—Technologies and Methods of Digital Games as Innovation Drivers in Creative and other Industries. In: Holl, F.; Kiefer, D. (editors): Creative Sprint—A Collaborative View on Challenges and Opportunities in the Creative Sector. Brandenburg (Havel): University of Applied Sciences Brandenburg, 2014, pp. 112-130.

[17] Domb, E.: Titanic TRIZ—A universal Case Study. In: The TRIZ Journal, March 2003: https://triz-journal.com/titanic-triz-universal-case-study/, acc. on Feb. 15th, 2017.

The key point is to separate the two in order to allow convergent thinking at times, and divergent thinking at others—each one when it is actually needed. Rules can make us stay focused and help us to concentrate, or to be creative, helping to generate ideas. This allows us to be both, a serious professional AND a playful creative. This, in sum, creates structure and mess, animation and mystery, each in due time. Being able to move between those two modes (or being able to make others move) will be quite an important skill in the future.

When looking at today's kids using games, they are easily bored if a game is no fun and does not provide instant action. Imagine what happens to the innovation landscape, when these kids go into business? For them, when a problem has to be solved and/or a new method has to be learnt, it should probably be in a playful way. As those players are somewhat spoilt by their extended online game history, it presumably will be a challenge to offer them a 'serious' game. No matter if online or offline: A good game applies mechanisms that address the capabilities of players, keep them engaged and make them think beyond established boundaries.

What is a game anyway? Without going deeper into the numerous definitions in the English language that distinguish the terms 'play' and 'game', **[see 15, p. 72 ff.]** or the recognized trend towards 'gamification' and its force for innovation **[16]**, the ongoing project understands a 'game' as a structured form of collaborative play to act in and solve an artificial conflict. A game is not anarchy: it follows rules, so a play is not a game, but a serious game serves for instruction purposes—and might be playful. The game space sort of sets up a model world that can be supported by a story background. Rules should depict at least, how to get into and out of the game. This allows to set up and explore model worlds to be built and tested in the very diverse front-end of the innovation process.

One game almost every TRIZ user is familiar with, is the so-called 'Titanic game': "The objective is to teach the participants enough TRIZ that they will be able to use it on a complex situation, and be motivated to learn more. The Titanic case study is very useful, as it allows to bring one's own knowledge into play, due to the world-wide popularity of the movie 'Titanic'. Thus it requires very little time to explain the situation, it is very memorable since it builds on common culture, and it impresses the participants since they themselves create solutions that save the people on board the ship, all in a very short time". **[17]** In a one-afternoon game, the players learn a number of major TRIZ tools, such as:

1. Ideal Final Result,
2. Resources,
3. Contradictions, and
4. The 40 Inventive Principles.

Similar games are already available in the form of manual types in the field of operations management, especially lean management. [18] They also serve as an inspirational source. While the number of playbooks for Design Thinking and games for innovation in general is rising, [19-21] TRIZ games are scarce. To meet the growing demand, their development should be intensified and they should be made available in a condensed form—the objective of a project for TRIZ-Games and -Simulations.

4. TRIZ-GAMES AND -SIMULATIONS

The project started with a call to potential participants: [22] Interested parties should suggest games for learning and teaching TRIZ, in the form of an instructions manual. To highlight the manual character of each contribution, the goal of the game (core theme / application field), challenge, type of interaction, number of participants (termed players), estimated duration, and required material or equipment, and/or layout elements, as well as preparation instructions and rules are provided. Achievable competences / skills for the players and additional hints for the game leader(s) complete the description. To ensure the traceability of each game, sources and/or further reading is given. Topics include, but are not limited to:

- Games to explain, practice, and spread TRIZ,
- Games that pick up and use TRIZ tools,
- Games in innovation that use TRIZ,
- TRIZ based educational games,
- TRIZ games for children,
- Simulation of TRIZ cases, and
- Fun applications of TRIZ.

The experimental situation created by each game should be accompanied by a fun and/or competitive atmosphere, supported by some sort of stimulation, e.g. by haptic elements (such as cards, paper, board, tokens, dice, pawns, or others), an interesting story or background, chance, and/or—if necessary—software aid. Interaction, enjoyment, skill enhancement, or exercise will be the basis for each game. The complete set of rules enables the reader with low as well as high TRIZ expertise to create interesting situations and

[18] Bicheno, J.; Thurnes, C. M.: Lean-Simulationen und -Spiele. Kaiserslautern: Synnovating GmbH, 2016.

[19] Hohmann, L.: Innovation Games—Creating Breakthrough Products through Collaborative Play. New York: Addison Wesley, 2007.

[20] Gray, D.; Brown, S.; Macanufo, J.: Game Storming—A Playbook for Innovators, Rulebreakers, and Changemakers. Cambridge: O'Reilly, 2010.

[21] Uebernickel, F.; Brenner, W.; Pukall, B.; Naef, T.; Schindlholzer, B.: Design Thinking—Das Handbuch. 1. Auflage. Frankfurt am Main: FAZ Fachverlag, 2015.

[22] Thurnes, C. M.; Hentschel, C.; Zeihsel, F. (ed.): TRIZ-Games and -Simulations—A Compendium for playful Learning and Teaching Structured Innovation. http://www.synnovating.com/call-for-chapter-triz-games-book, acc. on Feb. 15th, 2017.

interactions and conduct TRIZ-games and –simulations in any classroom or learning environment. Proposals will undergo a blind revision process, will be put in line with other contributions, and will be published by the end of 2018. With this compendium, the contributors help to deal better with the growing complexity in future innovation projects.

5. EXPECTATIONS AND OUTLOOK

Games offer new opportunities for learning and instruction, which is why the title refers to the composite word EduGames. The project focuses on games that can be applied in a classroom environment and—with and without computer aid—educate in inventive problem solving. Especially in a training-on-the-job environment of inventive problem solving, games would mean a considerable leap forward in the dissemination and application of the powerful TRIZ methodology. The project prepares the assessment of game-based TRIZ learning, expecting that the alternative to praying for innovation in the future is playing it—or as Friedrich Nietzsche (1844–1900) put it:

"Ich kenne keine andere Art, mit großen Aufgaben zu verkehren, als das Spiel."
("I don't know any other way to deal with big tasks than through play." - translated by author)
Friedrich Nietzsche: „Ecce Homo", in: KSA 6, p. 255 – 374, here: p. 297.

IT-SICHERHEIT IN PRODUKTION UND STATIONÄRER KRANKENVERSORGUNG –

PARALLELEN UND UNTERSCHIEDE

Maryna Khvastova | Nils T. Siebel | Dagmar Krefting

ABSTRACT

IT-Sicherheit ist bereits bei reiner Büro-IT eine Herausforderung für Unternehmen. Zusätzliche vernetzte Geräte, wie sie z. B. in der Produktion oder in Krankenhäusern notwendig sind, erhöhen die Komplexität der IT-Infrastruktur. Dieser Artikel geht der Frage nach, ob sich daraus vergleichbare zusätzliche Risiken ergeben, aus der sich allgemeine Empfehlungen ableiten lassen, oder ob die Risiken eher branchenspezifisch sind.

1. EINLEITUNG

Für klein- und mittelständische Unternehmen ist IT-Sicherheit nach wie vor eine Herausforderung. Die Anforderungen an Vernetzung, möglichst reibungsfreie Telekommunikation mit externen Partnern ebenso wie die zunehmende Nutzung von privaten mobilen Endgeräten für berufliche Zwecke machen isolierte Unternehmensnetze zunehmend unpraktikabel. Im Jahr 2014 wurde von der Bitkom eine Pressemitteilung veröffentlicht, die aussagt, dass „nahezu jedes dritte Unternehmen in Deutschland (30 Prozent) [...] in den vergangenen zwei Jahren Angriffe auf seine IT-Systeme verzeichnet" hat. Bei 30 % der Unternehmen erfolgten die Angriffe über das Internet. [1]

Im letzten Jahr wurden zunehmend auch Krankenhäuser als Opfer von Cyberattacken bekannt. In Deutschland waren es beispielsweise Krankenhäuser in Oberhausen, Neuss und Arnsberg [2]. Aber auch international gibt es zunehmend Berichte über Angriffe auf die IT-Infrastruktur von Krankenhäusern und Gesundheitseinrichtungen. [3]

In den bekannt gewordenen Fällen sind die vernetzten Daten der Krankenhäuser durch Erpressungssoftware, sogenannte „Ransomware", verschlüsselt worden. Diese wird üblicherweise über das Öffnen von präparierten Email-Anhängen installiert und ausgeführt. [4] Bei den genannten Beispielen handelt es sich um typische Cyberangriffe, die auch jedes andere Unternehmen treffen können. Jedoch ist die vernetzte Medizintechnik ein besonders risikoreiches Einfallstor für Cyberattacken.

[1] https://www.it-sicherheit.de/news/it-sicherheitsvorfaelle-fast-jedes-dritte-unterne. [Zugegriffen: 03-März-2017]

[2] https://www.aerzteblatt.de/nachrichten/65739/Krankenhaeuser-kaempfen-gegen-Cyberattacken. [Zugegriffen: 04-April-2017]

[3] https://www.theguardian.com/technology/2016/feb/17/los-angeles-hospital-hacked-ransom-bitcoin-hollywood-presbyterian-medical-center. [Zugegriffen: 05-April-2017]

[4] http://www1.wdr.de/nachrichten/cyberangriff-krankenhaus-ein-jahr-danach-100.html. [Zugegriffen: 06-Februar-2017]

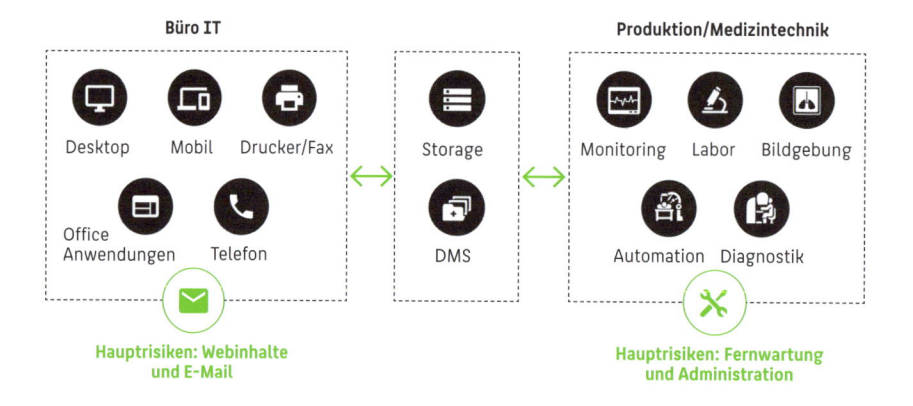

Abbildung 1: Hauptrisiken in medizinischen Netzinfrastrukturen

Bereits 2013 warnte das amerikanische Heimatschutzministerium davor, dass Medizingeräte wie Defibrillatoren oder Infusionspumpen insbesondere durch fest konfigurierte Passwörter über Netzwerke manipulierbar sind. [5] Tests konnten dies auch für Narkosegeräte und einen Operationsroboter nachweisen, ebenso wie eine Sicherheitsüberprüfung die Manipulierbarkeit von Herzschrittmachern bestätigte. [6] [7]

Vorinstallierte Passwörter, Zugriff über das Internet – solche Angriffsszenarien findet man zunehmend auch im Bereich des Internet of Things (IoT) und der vernetzten Industrie. Beispielsweise waren im August 2015 über 28.000 Steuersysteme von Produktionsanlagen, sogenannte SPS-Systeme (Speicherprogrammierbare Steuerung), ungeschützt im Internet erreichbar. [8] Beispiele von vernetzter Technik in der Industrie, die Ziel von Internetangriffen wurde, sind eine kanadische Keksfabrik und der Hochofen einer Stahlfabrik, bei der die Manipulation der Anlagen zu einem Totalausfall der Produktion und zu Schäden an den Anlagen führten. [9]

2. GEMEINSAMKEITEN UND UNTERSCHIEDE IN KRANKENHAUS UND INDUSTRIE

Teil-/zeitweise verbundene Netzwerke: Beiden Branchen gemeinsam ist, dass sie sowohl ein oder mehrere Computernetzwerke von Büro-IT haben als auch Netzwerke für die Kommunikation zwischen und mit der branchenspezifischen Technik. Aus organisatorischen Gründen werden immer wieder Verbindungen zwischen den Netzwerktypen hergestellt – das CT schreibt Daten in das Bildarchiv, dieses ist vom PC im Schwesternzimmer aus zugänglich, von dem auch auf E-Mails zugegriffen wird. Eine Anlage sammelt Produktionsdaten, ein Anlagentechniker überwacht die Anlage von einem PC, auf dem zudem eine Programmierschnittstelle für die Technik, aber auch ein Webbrowser installiert sind.

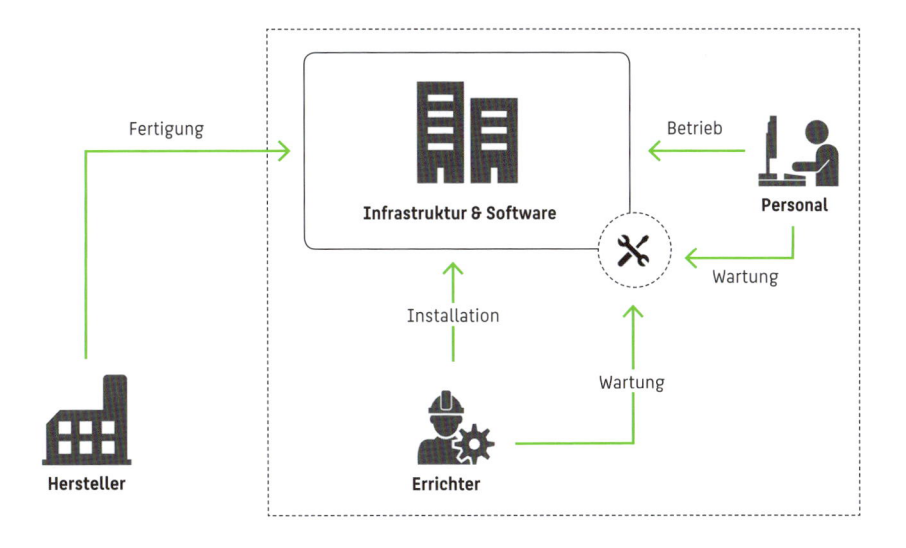

Abbildung 2: Getrennte Akteure

[5] https://www.itexperst.at/
cert-warnt-
gesundheitsanbieter-vor-
fest-eingespeicherten-
passwoertern-in-medizinischen-
geraeten-5332.html.
[Zugegriffen: 05-April-2017]

[6] https://dradiowissen.de/
beitrag/hacker-legen-
krankenhaus-lahm.
[Zugegriffen: 18-März-2017]

[7] http://www.cnet.de/
88167443/hacker-koennten-
muehelos-herzschrittmacher-
knacken/.
[Zugegriffen: 05-April-2017]

[8] http://www.spiegel.de/
netzwelt/web/erpressung-
durch-cyberattacken-angriffs-
ziel-industrieanlage-a-
1048034.html.
[Zugegriffen: 04-April-2017]

[9] https://www.bsi.bund.de/
DE/Publikationen/Lageberichte/
bsi-lageberichte.html
[Zugegriffen: 15-März-2017]

Getrennte Akteure: Die eingesetzte Technik wird in der Regel von verschiedenen Akteuren gefertigt (Hersteller), installiert (Errichter) und betrieben (Personal). Die Wartung erfolgt dann durch eine der letztgenannten beiden Parteien. Die Verantwortlichkeiten zum Beheben von Sicherheitslücken sind in dieser Konstellation oft nicht klar geregelt, insbesondere wenn die Gewährleistung bereits abgelaufen ist.

Veraltete Technik und keine Updates: Die vorgenannten Gründe, aber auch ein zögerliches Annehmen neuer Technik in beiden Branchen führt dazu, dass veraltete IT und nicht mehr gepflegte Betriebssysteme (darunter Windows 98, CE, NT, XP, aber auch alte Versionen von Linux-Kernen und Bibliotheken) zum Einsatz kommen. Auch Sicherheitslücken, die Softwarehersteller längst geschlossen haben, werden nicht durch Updates geschlossen, unter anderem auch, weil dafür ggf. neue Hardware erforderlich wäre. Manche Verträge sehen auch den Verlust der Gewährleistung bei Veränderungen am System vor, wie sie durch ein Update erfolgen würden.

Fehlende Fachkompetenz: Eine weitere Gemeinsamkeit der Branchen ist die fehlende Fachkompetenz im Bereich IT-Sicherheit beim Betreiber, mitunter auch beim Errichter und sogar beim Hersteller. Traditionell sind Hersteller und Errichter nicht oder nicht in erster Linie mit den Themen IT-Technologie und Netzwerksicherheit betraut. Das Einkaufen dieser Kompetenz erhöht wiederum die Anzahl der Akteure bei entsprechend ungeklärter Verantwortung und Nachsorge, falls Sicherheitslücken später bekannt werden. Im Gegensatz dazu sind professionell Hackende meist hoch spezialisiert.

Fehlende Verantwortung: Durch die genannten Gründe, aber auch die ungeklärte rechtliche Lage ist die Frage der Verantwortung für Schäden durch IT-Sicherheitslücken nicht beantwortet. Ein Hersteller mag vielleicht in einem Gerät ein Standard- oder gar kein Passwort setzen und erwartet vom Errichter, dass dieser das ändert. Der Errichter wiederum verlässt sich auf den Hersteller und wird in der Regel auch nicht vom Gerät zur Vergabe eines neuen Passwortes gezwungen. Zudem möchte er wenig Aufwand bei der Wartung und vergibt, wenn überhaupt, lediglich ein schwaches Passwort und/oder verwendet das gleiche bei sehr vielen Geräten. Der Betreiber sieht die Einrichtung inkl. Absicherung beim Errichter oder geht davon aus, dass bereits der Hersteller an das Thema IT-Sicherheit gedacht hat.

Dem versucht die Bundesregierung mit dem 2015 erlassenen „Gesetz zur Erhöhung der Sicherheit informationstechnischer Systeme" (IT-Sicherheitsgesetz) zu begegnen. Danach sind Unternehmen, die sogenannte „kritische Infrastruktur" betreiben, verpflichtet, für verstärkte IT-Sicherheit zu sorgen. Diese Unternehmen haben auch eine Meldepflicht bei einem Angriff. Krankenhäuser sind bisher nicht automatisch als kritische Infrastruktur klassifiziert. Diese sollen vielmehr selbstverantwortlich prüfen, ob sie kritische Infrastrukturen betreiben – und damit das Gesetz auch auf sie Anwendung findet. [10] Auch die Bäckerei oder Schraubenfabrik ist üblicherweise nicht als kritische Infrastruktur klassifiziert und fällt damit nicht unter die Meldepflicht.

Standard-Windows-Technik: Eine weitere Gemeinsamkeit der Branchen ist die Angriffsfläche, die durch die Verwendung von Microsoft Windows in der Büro-IT geschaffen wird. Statistiken zeigen, dass sich fast alle Angriffe über das Internet durch Lücken in diesen Systemen verbreiten.

Fernwartung: Da in Deutschland die Personalkosten einen signifikanten Anteil der Wartungskosten ausmachen, ist die Einrichtung einer zeitsparenden Fernwartung bei vielen Errichtern gängige Praxis. Ein Vollzugriff aus dem Internet auf die Geräte ist daher oft – vielleicht aufgrund fehlender Kenntnisse – ohne effektive Absicherung möglich.

Physikalischer Zugang durch potentielle Angreifer/innen: Das Absichern von IT-Systemen ist dann besonders schwierig, wenn der/die Angreifer/in physikalischen Zugriff zu dem Gerät hat. Im Hinblick hierauf unterscheidet sich das Krankenhaus dadurch deutlich vom Produktionsbetrieb, dass Betriebsfremde (Patientinnen und Patienten) stundenlang mit den Geräten und Netzwerkzugängen (WLAN, Netzwerkdosen in Behandlungs- und

[10] http://www.medscape.com/viewarticle/4903906. [Zugegriffen: 05-April-2017]

Patientenräumen oder auf dem Flur, wo vielleicht ein netzwerkfähiger Drucker oder Kopierer steht) alleine gelassen werden. So kann – auch ohne Absicht der Patient/innen – Schadsoftware über angeschlossene Fremdgeräte in ein Krankenhausnetzwerk oder in Geräte eindringen.

3. FAZIT

Ein grundlegendes Problem liegt in beiden Branchen – produzierendes Gewerbe und stationäre Gesundheitsversorgung – in der rechtlich unklaren Situation durch verschiedene Akteure: Inwiefern sind Hersteller bzw. Errichter von Technik einerseits und Unternehmen andererseits bereit oder sogar verpflichtet,

- Vorkommnisse (d. h. Angriffe) zu melden/anzuerkennen,
- Gegenmaßnahmen (akut und langfristig, d. h. korrektiv/präventiv) zu ergreifen und
- für Schäden zu haften (seien es Gesundheitsauswirkungen für Patienten oder Schäden an Produktionsanlagen)?

Solange niemand die rechtlichen Konsequenzen aus der Ermöglichung eines Cyberangriffs durch Sicherheitslücken (Nachlässigkeit bei der Programmierung, Konfiguration und Verfügbarmachung für den Angreifer) tragen muss, fehlt bei allen Akteuren ein wichtiger Motivationsgrund für die entsprechende Absicherung.

ORGANIZATIONAL CHANGE AND INDUSTRY 4.0 (ID4). A PERSPECTIVE ON POSSIBLE FUTURE CHALLENGES FOR HUMAN RESOURCES MANAGEMENT

Jürgen Radel

ABSTRACT

Even if information technology (IT) is considered to be the key driver for the full implementation of cyber-physical systems that characterize the next industrial revolution, the importance of human resources is constantly highlighted. [1] Human resources management (HRM) might be able to support the transition to ID4 and help organizations as well as individuals to cope with the change. Within this paper Activity Theory will be used as a framework to briefly describe the impact on HRM and to draw focussed conclusions for further research and organizational activities.

[1] E.g. Botthof, A./Hartmann, E. A. (Eds.). Zukunft der Arbeit in Industrie 4.0. Springer Vieweg 2015.

[2] E.g. Jones, S.E. Against technology: From the Luddites to neo-Luddism. Routledge 2013.

[3] In terms of negative impact one could even use the term „infected", when ripple effects are taken are observed as they occured during the financial crisis around the year 2008.

1. INTRODUCTION

In former times, during prior industrial revolutions, the change of the individual work had often been considered to be negative, and the Luddites [2] are well known in the context of critical, at that time even violent resistance to industrial change. Nowadays the change seems to be smoother on one hand, but still dramatic because of the broader and deeper impact that had shifted from a quite slow, regional or industry specific area to a global system that can be affected [3] in an extremely short period of time, as it is contrasted in **table 1** on the following page.

INDUSTRIAL REVOLUTIONS PRIOR TO ID4	INDUSTRY 4.0
Narrow focus (regional, national) with mainly independent market actors	Broad focus (global) with a high interdependency of market actors
Slow diffusion rate / dynamics	Extremely fast paced dissemination and dynamics
Impact on visible, tangible processes. Not an extremely high degree of complexity.	Deep impact on intangible and complex processes increases lack of transparency
Individualistic perspective: Possibility for an individual to solve problems or create innovations.	Collective / collaborative innovation and problem solving.

Table 1: Comparison of industrial revolutions with regards to complexity, interdependence and dynamics.

Following the discussion about ID4, this time the affected people and the trade unions seem to be much more involved and supported in most matters regarding their work, which might make the next industrial revolution a smoother one. However, there will be a major change for employees and organizations, and a 'smooth revolution' might even be a contradiction in itself. Sometimes it seems as if the number '4.0' is being used only to underline the importance and up-to-datedness of an idea or a concept, as it had been the addition '3.0' and the '2.0' before. Right now, it seems as if ID4 is not more than a digital refinement [4] – still far away from the vision of fully permeated cyber-physical systems.

It seems that we are only at a very early stage of the fourth industrial revolution and that we do not fully understand what its effects on the society, organizations and individuals might be. We are stumbling as the engineers stumbled during the transition from the steam engine to the electrical engine: It took approximately 30 years to realize that an electrical engine that simply replaces the steam engine does not increase the productivity that much and that an electric engine does not need to be placed close to the machines, as a steam engine had to. The real productivity effect had been realized only when the factory layouts changed according to the flow of the work. [5]

[4] E.g. Kagermann, H./Lukas, W.D. Industrie 4.0: Mit dem Internet der Dinge auf dem Weg zur 4. Industriellen Revolution. VDI Nachrichten. 22. Mai 2015, Ausgabe Nur 21 (2013).

[5] Brynjolfsson, E./McAfee, A. The second machine age: Work, progress, and prosperity in a time of brilliant technologies. WW Norton & Company 2014, p. 127 in the German edition.

[6] Wired: http://www.wired.com/2015/07/hackers-remotely-kill-jeep-highway/ last retrieval: 09/04/2015.

[7] E.g. http://www.wired.com/2015/08/video-shows-terrifying-drug-infusion-pump-hack-action/, last retrieval: 09/04/2015.

[8] Beer, S. Kybernetik und Management, 3. erw. Auflage, Hamburg 1967, p. 21.

[9] Engeström, Y. Lernen durch Expansion. BdWi-Verlag. Englisch title: Learning by expanding. 1999, p. 91.

[10] Engeström, Y. Developmental work research: Expanding activity theory in practice (Vol. 12). Lehmanns Media 2005, p. 51.

2. DISTANT FUTURE CHALLENGES

The "internet of things or services", the digitalization of companies and the dynamic, open interchange, ID4, might be a political goal in some countries, but organizations are dealing with the paradox of being open and keeping knowledge internally as it might be important to gain competitive advantage. At the same they are faced with the rising threat of massive IT security breaches. In 2015, "Hackers remotely kill[ed] a Jeep on the Highway [...]" [6] during an experiment and manipulated anaesthesia devices when Billy Rios and others showed how to manipulate an infusion pump via the web. [7]

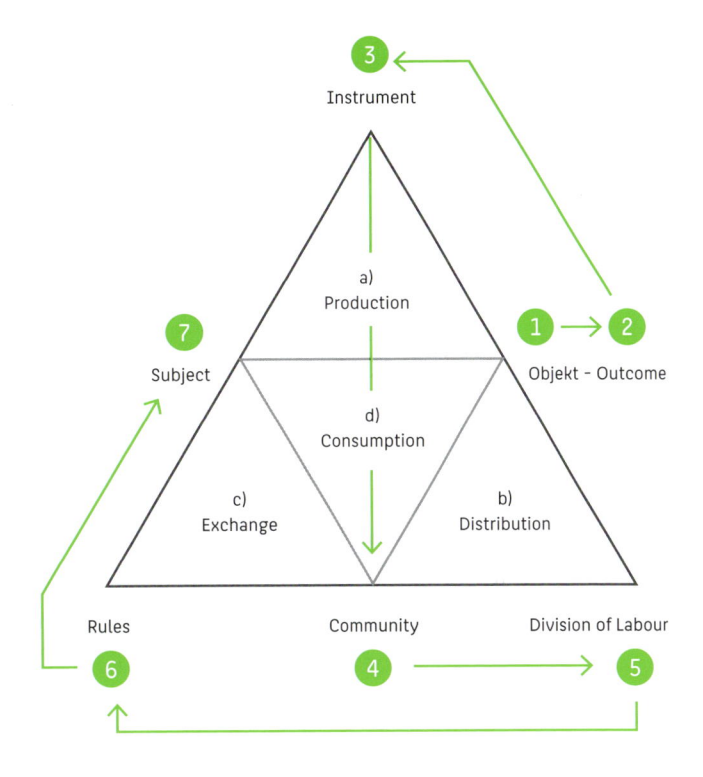

Figure 1: Activity System (own illustration that can be found in Radel 2011, p. 45, based on Langemeyer 2006, (14); Engeström 2005, p. 50 and 1999, p. 91.).

To minimize these risks, economically-oriented organizations have to create boundaries that will slow down or even inhibit ID4 efforts. They have to cope with a seemingly paradox of being internally stable and adaptive (viable) to external effects at the same time, [8] which also applies to people working in the context of these organizations.

To be able to focus on HRM, it might be helpful to relate to a framework that provides a structure for areas to which light has to be shed. The Activity Theory serves as a useful tool on a superordinate level before we are going to focus on HRM and its subfunctions.

3. ACTIVITY THEORY

The Activity System **[figure 1]** provides a framework to analyse the relations and interdependencies between different activities that lead to a desired outcome (2). With a reference to Marx, Engeström states that all aspects (a to d) of the system are connected with each other, influence each other and should be seen from a holistic point of view. [9] Additionally, in his 2005 publication Engeström discussed the Actor Network Theory (ANT) of Bruno Latour to describe the impact of infrastructure and physical objects "[...] as `comrades, colleagues, partners, accomplices, or associates in the weaving of social life`". [10]

Engeström describes a physical wall that is going to be constructed with reference to Latour; nevertheless, this example can also be transferred to virtual objects. While Engeström describes his example with the physical wall as probably being too structural for Latour, [11] the example with virtual objects might be artificial, but it raises the question if Leont'evs' concept of object [12] could be broadened by virtual objects, something that Latour himself did with a focus on networks in the digital age. [13] The physical and the virtual world will blend more, and machines might become objects or might even be seen as virtual personalities. Discussing all aspects of Engeström's Activity System or Latour's ANT would be too presumptuous in such a paper, but the very brief notion of both concepts will help to discuss the impact on production, distribution, exchange and consumption of objects, when we are moving towards a more and more digitized work environment and focus on HR later on.

Objects and *outcomes* seem to change, and one perspective on the development of innovation is recombinant innovation when "[...] people take resources and rearrange them in ways that make them more valuable." [14] *Instruments* and *tools* are turning more and more into (digital) services that are going to be *produced* on a global level, in interconnected, virtual teams at an extremely fast pace and sometimes with low costs. All this happens exponentially, digitally and in a combinatorial way, [15] while the *distribution* via platforms that operate on a global scale and make network effects possible is becoming more common. Increased transparency via different networks even increases this effect and influences the *exchange* of the production. The best product will be the all-or-nothing winner, and the more the products and services will be digitally available, the stronger this effect will be. [16] The *community* has access to these kinds of supportive information and even creates it. Two of the top three most frequented websites are user-generated. [17] Within the community, in virtual teams, the *division of labour* also seems to be affected by the new industrial revolution. Finally, *rules* turn out to be more and more complex when intellectual property rights are affected; discussions about data protection have reached a political level, and the laws to regulate work are like dinosaurs in a digital age. As it has been described above very briefly, *subjects* – human resources – are heavily affected on all levels of their activities by digitalization, and human employees are the most important aspect when it comes to interaction with machines in order to

[11] Ibid.

[12] Leont'ev 1978, p. 52 in: Engeström, Y. Developmental work research: Expanding activity theory in practice (Vol. 12). Lehmanns Media 2005, p. 49.

[13] Latour 2010, http://www.bruno-latour.fr/sites/default/files/121-CASTELLS-GB.pdf, last retrieval: 09/04/2015.

[14] Romer in: Brynjolfsson, E./ McAfee, A. The second machine age: Work, progress, and prosperity in a time of brilliant technologies. WW Norton & Company 2014, p. 98 in the German edition.

[15] Ibid., p. 51.

[16] Ibid., p. 193ff.

[17] acebook and YouTube, according to http://www.alexa.com/topsites, last retrieval: 09/04/2015.

Figure 2: Process-oriented HRM.

develop ideas or improve services. Organizations with an HRM that realizes these effects early and that offers support to cope with the change might lead to more successful organizations.

4. IMPACT ON HUMAN RESOURCE MANAGEMENT (HRM)

Using Activity Theory on a superordinate level, we will now briefly discuss HRM and in so doing, we will be able to recognize several aspects of Engeström's triangle again, but now from a more process-oriented HRM perspective **[see figure 2]**.

Figure 2 illustrates the HRM "life cycle", beginning with the planning of staff, and ending with the point in time when the employee leaves the company which initiates the planning again.

During the *planning* phase quantity and quality of the staff that is required at a certain point in time at a specific location in the company has to be defined. While repetitive, non-complex tasks that can be highly automated usually require less people, non-repetitive, innovation-oriented tasks (always) will require human work. Companies have to react faster to changing markets and have to be able to "inhale or exhale" more deeply, i.e., to hire and to fire according to demands that become less projectable.

The need to create a strong company brand not only exists in traditional marketing but also in the field of Human Resources (HR) Marketing (*Attraction*). These HR marketing activities have shifted from traditional, passive job ads in newspapers towards a very active sourcing via social networks. Even if traditional job seeking still takes place, companies seem to embrace the possible dialogue and connectedness via virtual networks.

After a successful attraction, there is also carried out *recruiting* of personalities that are important for companies to support the transition to ID4. So far it seems rather difficult to finally say what kind of personalities are needed, but innovation and creativity, ambiguity tolerance and mental flexibility, as well as mindful reflection and the skill to work with machines are likely to be valuable competencies to work in a work environment of ID4. Especially the combination of humans and machines seems to outpace a machine even at complex tasks. [18] Some authors state that you might be paid in the future according to how well you are being able to work together with machines. [19]

After a successful recruiting, existing staff has to be *supported* during its work which affects several areas. Legal issues are already surfacing when time constraints of daily work are mentioned. Repetitive HR tasks, like pay role, time keeping etc. will be completely automated to safe time for HRM that supports the business success. Especially leadership functions will have to be supported and enabled to focus more onto the people who are working at the permeable boundary of a company.

Another important aspect within the *areas of competence*, besides leadership and continuous training and development, will be the health of the workforce. Even if older employees become more digitally savvy, there is a risk of becoming more sedentary at the same time, not only at work but also in their private life. Another health issue is the number of mental illnesses that constantly rises during the last couple of years – even students are highly affected in their young age. [20] Besides the mental illnesses, medical homecare is one of the most pressing issues that will become more and more evident during the next decades. [21] Even if this is a highly emotional and financially demanding issue, digital work can at least help employees to deal with the problem of arranging work and home care. Otherwise people might be difficult to retain until the end of an increasingly longer working life.

Retention, as a key task for HRM, especially the retention of talents, is only possible if the organization is able to meet the needs of the workforce that can be very individual and manifold, as briefly illustrated above.

If it is impossible to retain the people, the *exit* is inevitable. Either if the employee decides to leave or if the company decides to discontinue the contract with the employee – both situations bear a chance and a risk for the employer. Virtual platforms like kununu or glassdoor.com are frequently used by (ex) employees to make a statement about the employer and to comment on various HRM related aspects within the company.

5. CONCLUSION AND OUTLOOK

As we have seen, ID4 seems to be mostly diffuse in many ways, since it is an idea so far and not able to analyse something that actually exists in the state it is theoretically intended. We are now facing a transition to ID4 but there are still too many things that cannot be answered at this point of the industrial development.

[18] Cf. Brynjolfsson, E./McAfee, A. The second machine age: Work, progress, and prosperity in a time of brilliant technologies. WW Norton & Company 2014, p. 228 in the German edition.

[19] Cf. ibid., p. 223.

[20] TK Gesundheitsreport 2015, http://www.tk.de/centaurus/servlet/contentblob/718612/Datei/143833/Gesundheitsreport-2015.pdf, last retrieval: 09/04/2015p, p. 110f.

[21] Frankl, F./Werner, C./Radel, J. Spannungsfeld Pflege. Herausforderungen für die Arbeitgeber der Generation Y. In: Schwuchow, K.H./Gutmann, J. (2015). Personalentwicklung 2016. Themen, Trends, Best Practices. Haufe. 2015.

However, ID4 is a broad challenge, especially for HRM as a change agent. During such a paper, different HRM topics can only be touched briefly, but it should have become clear that ID4 affects a lot of areas that we should keep in mind.

Digitalization seems to provide organizations with a lot of tools to support flexible work that would make it possible for employees to take care of their friends and family in medical home care; nevertheless, most companies seem to focus more onto their short term, economic advantage than onto the long term support of the individual employee. This behaviour might severely hurt the possibility of organizations to attract and retain employees who are already equipped with the skills needed to actively shape and work in an ID4 environment or who are willing to adapt to the changing industry.

DIGITALE GESCHÄFTSMODELLE A UNTERNEHMENSTRATEGI

Bots als Instrument des Marketing? (Don't) Believe the Hype **42**

Appleism & Googleism als neuer Managementansatz in der Industrie von morgen **50**

Betrug als Geschäftsmodell: Ad Fraud als Herausforderung für die Werbeindustrie **58**

Big Data – Big Business? **64**

Build to last: Blockchain – on the Cutting Edge of the Real World **74**

Die Nutzung von Robotic Process Automation in der Finanzfunktion **80**

Fit For Internationalization **90**

Fit für digitales Business? Mit SARA zur Leistungsbewertung digitaler Prozesse **96**

Herausforderungen der Unternehmensbesteuerung im digitalen Zeitalter **102**

Investitionen von KMUs in Industrie-4.0-Projekte **108**

Digitale Transformation für die Industrie von morgen – wie etablierte Unternehmen sich im Ländervergleich in Deutschland und den USA positionieren **116**

BOTS ALS INSTRUMENT DES MARKETING? (DON'T) BELIEVE THE HYPE

Carsten Totz

ABSTRACT

Der vorliegende Beitrag betrachtet das aufkeimende Phänomen von Chatbots aus der Perspektive des Marketing. Er beleuchtet Gründe für die zunehmende Popularität von Chatbots im Kontext des Marketing, umreißt exemplarische Anwendungsfelder und skizziert zentrale Potenziale ihres Einsatzes. Der Beitrag schließt mit einem Überblick aktueller Herausforderungen des Einsatzes von Chatbots und zeigt damit den Forschungsbedarf von Wissenschaft und Industrie zu ihrer Bewältigung.

1. GRÜNDE DER POPULARITÄT VON BOTS IM MARKETING

Bots bzw. Chatbots scheinen nach den sozialen Medien allgemein bzw. Facebook, YouTube, Instagram & Co. im Speziellen die große Hoffnung des Marketing zu sein. Kannte das Marketing Bots bislang primär aus dem Kontext digitaler Sabotage- oder Spam-Angriffe durch Botnetze (Botnets), [1] Versuchen der Beeinflussung der öffentlichen Meinung durch Twitterbots [2] oder das Microsoft-PR-Desaster durch den Missbrauch des Bots „Tay", [3] so entdeckt es sie zunehmend als Instrument des eigenen Wirkens.

Was sind Bots? Bots lassen sich ganz allgemein als Computerprogramme verstehen, die gemäß ihrer Bestimmung (Programmierung) standardisierte Aufgaben weitestgehend automatisch bzw. ohne Interaktion mit einem menschlichen Benutzer ausführen. Die Programmierung der Bots kann rein regelbasiert sein, oder auch auf Methoden und Verfahren der künstlichen Intelligenz fußen. Je komplexer und anspruchsvoller die Aufgaben sind, desto vielversprechender scheint dabei der Einsatz künstlicher Intelligenz zu sein. Grundsätzlich notwendig ist sie jedoch nicht, auch wenn die Begriffe aktuell häufig im Zusammenhang verwendet werden.

[1] Vgl. bspw. Zhang, J. et al., „The Rise of Social Botnets: Attacks and Countermeasures", in: IEEE Transactions on Dependable and Secure Computing, 19.12.2016, S. 1.

[2] Vgl. bspw. Fischer, D., „Social Bots im US-Wahlkampf – Der Roboter als Wahlkampfhelfer", in: Tagesspiegel Online, 30.10.2016, online: http://www.tagesspiegel.de/medien/social-bots-im-us-wahlkampf-der-roboter-als-wahlkampfhelfer/14756570.html (Abruf: 30.03.2017).

[3] Vgl. bspw. Beuth, P., „Twitter-Nutzer machen Chatbot zur Rassistin", in: Zeit Online, 24.03.2016, online: http://www.zeit.de/digital/internet/2016-03/microsoft-tay-chatbot-twitter-rassistisch (Abruf: 30.03.2017).

Chatbots stellen eine Form von Bots dar, bei der Bots im Auftrag ihrer Besitzer (bspw. Unternehmen) mit Nutzern in Form eines Chats bzw. über ein Chat-Interface interagieren und korrespondierende Aufgaben ausführen. In diesem Sinne simulieren sie eine menschliche Kommunikation und fungieren als digitaler Assistent des Nutzers. Durch die Simulation der menschlichen Konversation können sie als pseudo-menschliche Schnittstelle und Instrument der Re-Personalisierung von Anbieter-Nachfrager-Beziehungen angesehen werden.

„Lebensraum" der Chatbots sind die digitalen Dienste und Plattformen, die entsprechende Chats ermöglichen: Facebook Messenger, Kik, Slack, Telegram, Twitter, WeChat, WhatsApp sowie Websites, auf denen entsprechende Chat-Anwendungen laufen. Die Nennung dieser Dienste führt im Marketing aktuell zu einem beschleunigten Herzschlag, scheint doch die Aufmerksamkeit der Menschen immer weniger den sozialen Medien und Apps, sondern zunehmend den Chat-/Instant-Messaging-Diensten zu gehören. [4] Chatbots versprechen insofern ein Schlüssel zur unternehmensseitigen Kommunikation und Interaktion mit Nutzern zu sein: Sie versprechen eine Präsenz in einem an sich aufmerksamkeitsstarken Dienst [5] und ermöglichen so neue, weitere oder auch bessere Zugänge zu relevanten Zielgruppen.

2. Anwendungsfelder von Bots im Marketing

Grundsätzlich lassen sich Chatbots für fast jede denkbare Interaktion zwischen Anbieter und Nachfrager einsetzen. Der Gegenstand der Konversation kann von hochfunktionalen bis zu rein unterhaltenden Interaktionen alles umfassen. Der Fantasie sind dabei kaum Grenzen gesetzt. [6] Der Umfang der Aufgabe und Interaktion muss aktuell jedoch klar definiert sein. Wie einleitend skizziert, werden Bots für die Bearbeitung (mehr oder weniger) standardisierter Aufgaben entwickelt. Das bedeutet für das Marketing, dass Bots „Fachidioten" sind – sie können eine oder

[4] Vgl. Ekholm, J., „Mobile apps, how we love them!", Gartner Research Blog, 24.01.2017, online: http://blogs.gartner.com/jessica-ekholm/2017/01/24/mobile-apps-how-we-love-them/ (Abruf: 30.03.2017). Zudem scheint die Wirksamkeit von Präsenzen in sozialen Netzwerken hinter den Erwartungen zurückzubleiben - vgl. John, L. K. et al., „What's the Value of a Like?", in: Harvard Business Review, März-April 2017, S. 108-115.

[5] Ungefähre Nutzerzahlen populärer Chat-Apps laut eigenen Angaben in Pressemitteilungen, Websites und Blogs: Facebook Messenger – 900 Mio./Monat, Kik – 300 Mio., Slack – 2,3 Mio./Tag, Telegram – 100 Mio., WeChat –770 Mio./Tag, WhatsApp – +1 Mrd./Monat.

[6] In Anlehnung an den Apple iPhone und App Store Claim „There's an App for that" listet die Website „There is a bot for that" Chatbots für die unterschiedlichsten Plattformen und in unterschiedlichsten Kategorien (https://thereisabotforthat.com – Abruf: 30.03.2017).

[7] Kurzbeschreibungen der Funktionalitäten von verschiedenen Bots und Screenshots sowie Verweise auf die jeweiligen Anbieterseiten inkl. Installationshinweisen lassen sich über die Dienste „There is a bot for that" (https://thereisabotforthat.com) oder „Topbots" (http://www.topbots.com/brands/) finden.

[8] Vgl. Perez, S., „PayPal's first payments bot is a Slack app", in: Techcrunch, 07.02.2017, online: https://techcrunch.com/2017/02/07/paypals-first-payments-bot-is-a-slack-app/ (Abruf: 30.03.2017).

ANWENDUNGSFELD/ AUFGABEN	UNTERNEHMEN/MARKE (PLATTFORM)	ERLÄUTERUNG/ BESCHREIBUNG
Kommunikation: Informationen, Werbung, Aktivierung, Unterhaltung & Co.	KIA (FB Messenger)	Informationen und Unterhaltung in Frage-Antwort-Format zum Hybrid-Modell „Niro"
	WWF (Kik)	Wissens-Quiz, News und Bilder, Unterstützung von Kampagnen und Aktionen
Beratung: Suche, Planung, Tipps, individuelle Beratung & Co.	Lufthansa (FB Messenger)	Flugsuche nach „Best-Price-Prinzip" und ohne genaue Flughafen-Angabe, Link zu Web
	Sephora (FB Messenger, Kik)	Abfrage von persönlichen Informationen mittels Quiz, dann individuelle Beauty-Tipps
Vertrieb: direkter Vertrieb von Produkten und Leistungen, Cross- und Upselling & Co.	Burger King (FB Messenger)	Abfrage nächstgelegener Restaurant-Standorte, Bestellung von Fast-Food, Upselling
	Uber (FB Messenger)	Bestellung von Uber-/Taxi-Fahrten, inkl. Status-Updates und ETA-Infos an Freunde
Beziehungspflege: Produktbegleitende Dieste, Beschwerdemanagement, Kundendienst & Co.	Casper (SMS)	Gesellschaft/Ansprechpartner für schlaflose Personen in der Zeit zwischen 23:00 und 05:00 Uhr
	KLM (FB Messenger)	Fluginformationen, Check-In-Hinweise, Bordkarten und Co. nach Flugbuchung im Web

Tabelle 1: Exemplarische Anwendungsfelder und Beispiele von Chatbots im Marketing-Kontext.

wenige Sachen (hoffentlich) sehr gut, lassen sich aber nicht für alle Aufgaben bzw. Interaktionen gleichermaßen einsetzen. Sie liefern mir proaktiv oder auf Nachfrage unterhaltsame Informationen zur Wetterlage, können mir aber keine passende Verkehrsverbindung empfehlen. Sie helfen mir, den passenden Wein zum Abendessen zu finden, können ihn aber nicht unbedingt bestellen. Die Erschaffung eines Bots, der in der Lage ist, mit Menschen überzeugende Konversationen zu einer Vielzahl von Themen zu führen, wäre nur für wenige Unternehmen wirtschaftlich zielführend und somit auch aus Sicht des Marketings nicht erstrebenswert.

Tabelle 1 gibt anhand exemplarischer Praxisbeispiele einen Überblick über mögliche Anwendungsfelder vom Chatbots im Kontext des Marketing. [7] Darüber hinaus gibt es zweifelsfrei weitere marketing-relevante Einsatzmöglichkeiten von Chatbots. So ermöglicht bspw. ein PayPal-Bot auf der Plattform Slack die Überweisung von Geldbeträgen bis zu $ 10.000. [8] Der Dienst X.ai wiederum besteht quasi nur aus einem Bot („Amy"), der in die menschliche E-Mail-Korrespondenz einbezogen wird und dann für seinen Auftraggeber die Terminkoordination übernimmt. [9] Genauso wie bei PayPal wird der Bot damit das Interface der eigentlichen Leistungserbringung und Marke.

3. POTENZIALE DES EINSATZES VON BOTS IM MARKETING

Es sind nicht nur die einleitend angerissene Hoffnung auf den Zugang zu und die Aufmerksamkeit von relevanten Zielgruppen, die Chatbots aus Sicht des Marketing interessant wirken lassen. Es ist auch ihr immanentes Versprechen auf die Automatisierung menschlicher Interaktionen, inklusive der Aktivierung und des Verstehens des Interaktionspartners sowie der Fähigkeit, adäquat und unmittelbar reagieren zu können – ob durch einen passenden Kommentar, eine kluge Rückfrage oder die Präsentation einer informationellen oder funktionalen Lösung.

Und auch wenn die technische Faszination für regelbasierte Skripte, maschinelles Lernen, die maschinelle Verarbeitung der menschlichen Sprache, die künstliche Intelligenz und die Kopplung mit anderen informations- und kommunikationstechnischen Systemen groß und verständlich sein mag – im Kern haben Bots genau das zu produzieren, was erfolgreiche Marketing-Maßnahmen in Form von Botschaften oder Interaktionen seit jeher zu liefern haben: von Menschen individuell als relevant und wertschöpfend empfundene Erlebnisse.

Die zunehmende Nutzung digitaler Technologien und Medien hat Menschen im Hinblick auf Interaktionen mit Unternehmen anspruchsvoller und intoleranter werden lassen. In einem zunehmenden Kampf um die Aufmerksamkeit ist es die Personalisierung der Erlebnisse durch nutzerspezifische Botschaften, Informationen und Angebote, die erfolgsversprechend ist und kundenbindend wirkt. Haben soziale Medien unter Umständen bspw. dabei geholfen, die Kundenkommunikation und -pflege durch entsprechende Kanäle auf Facebook oder Twitter effizienter zu gestalten, so könnte sie von Bots in Zukunft automatisiert werden. Insofern ist der Einsatz von Bots im Marketing auch ein Versprechen auf die Skalierbarkeit anbieterseitig automatisierter, dabei jedoch personalisierter Interaktionen, die permanent verfügbar sind. Im Idealfall verspricht ein Bot vielleicht die ultimative Verbindung von Effizienz und Effektivität des Marketing. [10]

[9] Vgl. Huet, E., „The Humans Hiding Behind the Chatbots", in: Bloomberg, 18. April 2016, online: https://www.bloomberg.com/news/articles/2016-04-18/the-humans-hiding-behind-the-chatbots (Abruf: 30.03.2017).

[10] Vgl. Arthur, R., „From Automation To Empathy, AI Dominated The SXSW Conversation", in: Forbes Online, 20.03.2017, online: https://www.forbes.com/sites/rachelarthur/2017/03/20/from-automation-to-empathy-ai-dominated-the-sxsw-conversation/ (Abruf: 04.04.2017).

[11] Vgl. Elgan, M., „Why Bots Aren't Ready to Replace Mobile Apps.", in: eWeek, 21.04.2016, S. 1.

[12] Vgl. Aussage von Ted Livingston, Gründer der Chat-App Kik bei Olsen, P., „The Big, Fat Myth About Bots", in: Forbes Online, 17.08.2016, online: https://www.forbes.com/sites/parmyolson/2016/08/17/the-big-fat-myth-about-bots/ (Abruf: 30.03.2017).

In diesem Zusammenhang sollte bei der anbieterseitigen Betrachtung der Aspekt der Informations- und Erkenntnisgewinnung nicht vergessen werden. Sollte der eigene Bot die Aufmerksamkeit von Menschen gewinnen und deren Bereitschaft zur wiederkehrenden Interaktion mit ihm sicherstellen, so lassen sich aus den Interaktionsdaten aller Voraussicht nach reichhaltige Informationen gewinnen und Erkenntnisse ableiten: Wann wird der Bot wo genutzt? Wie bzw. in welcher Tonalität wird mit ihm kommuniziert? Wie reagiert der Nutzer auf verschiedene Arten und Tonalitäten von Antworten? Wie reagiert der Nutzer auf proaktive bzw. aktivierende Nachrichten? Welche Nutzergruppen lassen sich auf Basis des Interaktionsverhaltens identifizieren und zukünftig vielleicht spezifischer ansprechen?

4. HERAUSFORDERUNGEN DES EINSATZES VON BOTS IM MARKETING

Bei aller Euphorie über die spezifischen Potenziale von Chatbots oder das grundlegende Versprechen – die Entwicklung und der Einsatz von Chatbots für Kontexte des Marketing stellt Entwickler und Besitzer/Betreiber vor eine Vielzahl erheblicher Herausforderungen. Die folgende Liste von zu erwartenden Herausforderungen erhebt keinen Anspruch auf Vollständigkeit, sondern möchte lediglich sensibilisieren und zur Diskussion des korrespondierenden Forschungsbedarfs anregen.

- *Sichtbarkeit:* Die Website gehört dem Unternehmen, der Platz auf Facebook ist „gemietet", die Präsenz auf dem Smartphone durch ein App-Icon symbolisiert. Chatbots „leben" im Chat-Dienst, sind unsichtbar, wenn sie keine Nachrichten senden. Nutzer müssen sich ggf. an sie erinnern, wenn sie sie gebrauchen könnten.
- *Akzeptanz:* Die Interfaces der Chat-Dienste waren bislang privater Natur. Die Population der Dienste durch Bots kann u. U. als Eindringen in die Privatsphäre empfunden werden, auch wenn die Bots vom Nutzer selbst installiert worden sind. Wenn die „Pionier-Bots" keine überzeugenden Erlebnisse bieten, wird die Akzeptanz sinken und anderen Bots u. U. der Zugang verwehrt. [11]
- *Reichweite:* Die Nutzerzahlen der Nachrichtendienste (FB Messenger, Kik etc.) sind beeindruckend. Entscheidend ist jedoch, wie die eigenen Zielgruppen entsprechende Dienste nutzen. Nicht alle Menschen vertrauen den populären Chat Diensten und werden darin lebenden Bots u. U. keine privaten Daten anvertrauen.
- *Relevanz:* Die Nutzer werden Bots früher oder später mit anderen Optionen der Bedürfnisbefriedigung vergleichen. Textliche oder akustische Chat-Interfaces werden nicht für alle Kontexte und Aufgaben eine überlegene Lösung sein, andere Interfaces werden relevant bleiben. [12] Effektiv und effizient werden Bots aber nur sein können, wenn sie für eine ausreichend große Gruppe von Menschen eine relevante Option zur Bedürfnisbefriedigung darstellen.

- *Nachhaltigkeit:* Der Neuigkeitswert von Bots und der Drang der Nutzer, sie auszuprobieren, ist aktuell vergleichbar mit dem von Apps im Zuge der Vorstellung des Apple-App-Stores. Aus dieser Faszination und Neugier heraus wird ihnen u. U. auch verziehen, wenn das Erlebnis der Interaktion noch nicht uneingeschränkt überzeugen kann. Bots müssen insofern nicht nur schnell, sondern auch bei ansteigenden Erwartungshaltungen und zunehmendem Wettbewerb dauerhaft überzeugen. [13]
- *Verständnis & Intelligenz:* Menschliche Konversationen zu führen, ist für Maschinen nicht trivial. Die Identifikation der Intention, Tonalität und Stimmung, eine Rekapitulation der Gesprächshistorie sowie der Ausdruck von Empathie stellen Bots selbst bei massiver Unterstützung durch künstliche Intelligenz vor größte Herausforderungen. Abseits der Einsatzmöglichkeiten „dummer" Frage-Antwort-Skripte mittels Erkennung von Schlüsselwörtern müssen Bots im Hinblick auf wirklich überzeugende Interaktionen jedoch entsprechende Fähigkeiten besitzen. [14]
- *Persönlichkeit:* Jeder Kontakt des Menschen mit einem Unternehmen, seinen Mitarbeitern und Leistungen prägt die (Marken-)Wahrnehmung. Das Marketing bzw. die Markenführung hat insofern die Aufgabe, die Identität und Persönlichkeit der Marke an allen Kontaktpunkten, in allen Interaktionen zum Ausdruck zu bringen. Wie dies bei Bots gelingen kann, gerade wenn sie sehr spezialisiert sind und dadurch „eindimensional" oder dumm wirken, muss analysiert und getestet werden.
- *Vernetzung:* Weil die Fähigkeiten von Bots aktuell nur bedingt ausreichen, überzeugende Interaktionen zu gewährleisten, werden Nutzern Optionen des Ausstiegs in bzw. Umstiegs auf andere Kanäle geboten (Website, menschlicher Chat, Telefonat o. ä.). Bots sind als Teil von Erlebnisketten zu planen und mit anderen technischen Systemen wie auch menschlichen Mitarbeitern zu vernetzen. [15]

[13] Einen Ausblick auf zu erwartende Ernüchterungen geben aktuell die sozialen Medien und App Stores. So klagen viele App-Entwickler über eine „App Fatigue" – vgl. Darrow, B., „How App Fatigue Is Taking a Toll on Smartphone Owners", in: Forbes, 16.04.2016, online: http://fortune.com/2016/08/16/app-fatigue-is-taking-a-toll-on-smartphone-owners/ (Abruf: 30.03.2017).

[14] Vgl. Voss, O., „Chatbots sind schwer von Begriff", in: Tagesspiel – Digital Present, 03.04.2017, online: http://digitalpresent.tagesspiegel.de/chatbots-sind-schwer-von-begriff (Abruf: 04.04.2017).

[15] Vgl. zum Aspekt der Interaktionsketten: Totz, C./Werg, F.-U., „Interaktionen machen Marken: wie die Digitalisierung Interaktionen zum Kern der Markenführung macht", in: Dänzler, S./Heun, T. (Hrsg.), Marke und digitale Medien: der Wandel des Markenkonzepts im 21. Jahrhundert, Wiesbaden, 2017, S. 113–131; vgl. sonst: Wilde, T., „Übernehmen die Bots Marketing und Service?", in: Absatzwirtschaft Online, 23.11.2016 – online: http://www.absatzwirtschaft.de/uebernehmen-die-bots-marketing-und-service-93281/ (Abruf: 30.03.2017).

- *Aufwand:* Die Entwicklung und der Betrieb eines Chatbots wird immer auch ökonomischen Zielen folgen. Chatbots müssen in nicht unerheblichem Maße trainiert, gepflegt und weiterentwickelt werden – technisch und inhaltlich. Insofern sollten sie eher als bedeutende Servicemitarbeiter oder Social-Media-Redaktionen und nicht als automatisierte Kampagne verstanden und behandelt werden.

Wie gravierend diese Herausforderungen für Unternehmen der Industrie von morgen in der Praxis wirklich sind, kann nur im Einzelfall bewertet werden. Es wird aber deutlich, dass die Chatbot-Faszination aus Sicht des Marketings nachzuvollziehen ist, Wissenschaft und Praxis bei der Bewertung und Bewältigung der skizzierten Herausforderungen eng zusammenarbeiten müssen. Nur so werden Chatbots ihr immanentes Versprechen gegenüber Nutzern als auch Unternehmen einlösen können.

APPLEISM & GOOGLEISM ALS NEUER MANAGEMENT-ANSATZ IN DER INDUSTRIE VON MORGEN

Matthias Hartmann | Bastian Halecker | Ralf Waubke

ABSTRACT

Neueste Technologien sind nicht nur exponentiell, digital und kombinatorisch, sondern haben ihre Wirkung und ihren Nutzen erst ansatzweise entfaltet. Cyber-physische Systeme (CPS) sind die wesentlichen technologischen Treiber in der 4. Industriellen Revolution. Es ergeben sich zwei Fragen: (1) Wie lassen sich damit Widersprüche auf operativ-taktischer Ebene auflösen? (2) Definieren Apple und Google einen neuen strategischen Managementansatz? Dieser Beitrag liefert erste Antworten dazu.

1. INDUSTRIELLE REVOLUTIONEN AUS SYSTEMISCHER SICHT

In der aktuellen Revolution stellen die Cyber-physischen Systeme (CPS) den wesentlichen Treiber der Veränderungen aus technologischer Sicht dar **[siehe Abbildung 1]**. Hierbei werden immer mehr Geräte und Dinge mit dem Internet verbunden und dadurch smart.

Allerdings greift es zu kurz, die Industriellen Revolutionen nur aus technologischer Sicht zu betrachten. Es ist ebenso notwendig, die Managementebene der Industriellen Revolutionen zu begreifen. [1] Hierbei stellt sich heraus, dass eine technologische Neuerung immer eine Revolution im Management(-denken) bedingt. Jede technologische Revolution bietet

[1] Die Ebene des Managements sowie des Miss-Managements wird im Beitrag von Bastian Halecker und Matthias Hartmann ausführlicher beleuchtet (Digitale Revolution im Management, in: Digitalisierung: Menschen zählen Beiträge und Positionen der HTW Berlin, Hrsg. Matthias Knaut, BWV Berliner Wissenschafts-Verlag, Berlin 2016).

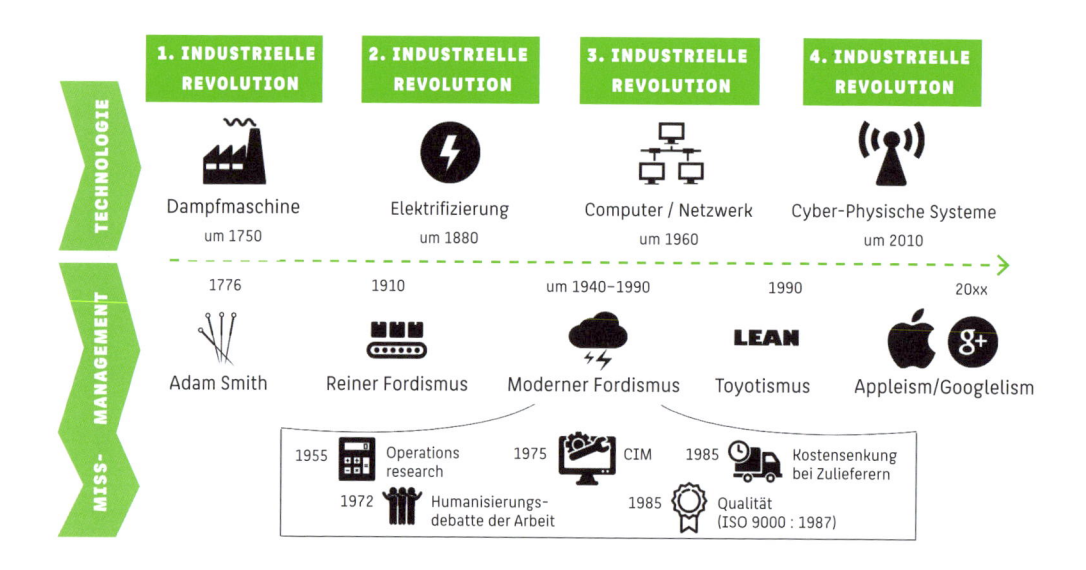

Abbildung 1: Zwei Perspektiven der Industriellen Revolutionen. [2]

die Möglichkeit, bisherige Widersprüche im Management und im Zusammenwirken einzelner Unternehmensfaktoren aufzulösen. [3] Das trifft sowohl auf die operativ-taktische Ebene (Einsatz von CPS) als auch auf die strategische Ebene (Plattformen und Vernetzung; aktuell dominiert von Apple und Google) zu.

2. DIE AUFLÖSUNG VON WIDERSPRÜCHEN IN DER PRODUKTION AUF OPERATIV-TAKTISCHER EBENE

In der Industrie gab es/gibt es Widersprüche im Management und in der Produktion, die mit dem Einsatz bisheriger Technologien nicht aufgelöst werden konnten. Neue Technologien der 4. Industriellen Revolution ermöglichen es, diese Widersprüche aufzulösen, wie an zwei Themenfeldern gezeigt werden soll.

2.1 Widerspruch Werkstattfertigung vs. Fließfertigung
Die Fließfertigung zeichnet sich grundsätzlich durch eine hohe Produktivität aus, die jedoch bei zunehmender Produktvielfalt und den daraus resultierenden Rüstkosten deutlich an Effizienz verliert. Aus diesem Grund gilt diese Fertigungsform als unflexibel. Demgegenüber ist die Werkstattfertigung deutlich anpassungsfähiger und ermöglicht eine hohe Produktvielfalt in der Fertigung. Diese Flexibilität wird jedoch durch höhere Herstellkosten erkauft. Ein hoher Planungsaufwand, hohe Bestandskosten aufgrund von Liege- und Wartezeiten sowie eine geringe Maschinenauslastung fallen bei dieser Fertigungsform ins Gewicht. Somit besteht zwischen diesen beiden Fertigungsvarianten ein Widerspruch zwischen Produktivität und Flexibilität, der bislang nicht aufgelöst werden konnte.

Durch den seit Jahren anhaltenden Individualisierungstrend der Nachfrage steigt der Druck weiter, flexibel zu produzieren. In der Folge steigen die Umrüstkosten in der Fließfertigung erheblich. Die Auswirkungen auf die Werkstattfertigung sind nicht weniger kostentreibend. Aufgrund des exponentiell steigenden Planungs- und Koordinationsaufwands, der zu hohen Reaktionszeiten führt, ergeben sich hohe Wartezeiten oder unausgelastete Maschinen.

Neue Technologien setzen genau an dieser Stelle an. So ermöglichen es CPS, dass alle Elemente innerhalb einer Fabrik miteinander kommunizieren (Smart Factory), sodass in Echtzeit auf jegliche Situationen reagiert wird, ohne dass ein Mensch eingreifen muss. In einer solchen Fabrik kommunizieren Maschinen darüber, wie hoch ihre Auslastung ist, und Werkstücke inkl. ihrer Transportmittel darüber, welche Stationen für die Weiterverarbeitung notwendig sind und wie sie am schnellsten ans Ziel kommen. Geringere Warte- und Liegezeiten und besser ausgelastete Maschinen sind die Folge, wodurch die Produktivität steigt.

Dass ein solches System keine Fiktion ist, zeigt z.B. Audi: So wurde im Werk Ingolstadt auf eine vollkommen vernetzte Werkstattfertigung umgestellt, in der vollautomatische Transportwagen die Werkstücke durch das Werk manövrieren und die Montageinseln mit der geringsten Kapazitätsauslastung ansteuern. In Summe konnte damit ein Produktivitätsgewinn gegenüber der Fließfertigung von 20% erzielt werden. [4]

2.2 Widerspruch Einzelfertigung vs. Massenfertigung

Der Vorteil der Massenfertigung ergibt sich aus den geringen Herstellkosten. Die Gründe dafür finden sich in allen Strukturelementen wieder. Beispielsweise bedarf es keiner Großzahl an Vertriebspersonal, um individuelle Kundenwünsche zu erfassen. Weiterhin kann ohne Umrüstung produziert werden, wodurch die vollen Vorteile der Fließfertigung ausgeschöpft werden können. Darüber hinaus können das Personal und die Sachmittel hochgradig spezialisiert sein und Massenrabatte im Einkauf erzielt werden. Folglich sind bei der Massenfertigung eine hohe Produktivität und verhältnismäßig geringe Produktionskosten möglich. Diese geringen Produktionskosten sind jedoch wenig von Bedeutung, wenn die Produkte keinen Absatzmarkt finden, weil keine Anpassung an das individuelle Nachfrageverhalten der Konsumenten erfolgt.

[2] Halecker, Bastian/Hartmann, Matthias, Digitale Revolution im Management, in: Digitalisierung: Menschen zählen Beiträge und Positionen der HTW Berlin, Hrsg. Matthias Knaut, BWV Berliner Wissenschafts-Verlag, Berlin 2016.

[3] Siehe das Fünf-Faktoren-Modell, in dem die Faktoren Input, Sachmittel, Personal, Organisation und Output immer in einer wechselseitigen Abhängigkeit stehen (vgl. Halecker, Bastian/Hartmann, Matthias, How can Systems Thinking add Value to Business Model Innovation?, XXIV ISPIM Conference – Innovating in Global Markets: Challenges for Sustainable Growth, Helsinki, Finnland, 16.-19. Juni 2013 [2013]).

[4] Vgl. Hofer, Joachim. Turnschuh-Hersteller setzt zum Produktionssprint an, in: Handelsblatt, 10.08.2016, http://www.handelsblatt.com/unternehmen/handel-konsumgueter/adidas-in-den-usa-turnschuh-hersteller-setzt-zum-produktionssprint-an/13996468.html, (zugegriffen am 23.02.2017)

Diese Individualisierung ist demgegenüber in der Einzelfertigung möglich, wodurch jedoch deutlich höhere Kosten im Einkauf, der Organisation, dem Personal und den Sachmitteln entstehen. Somit besteht ein Widerspruch aus dem Ziel, den Nutzen des Kunden durch einen hohen Individualisierungsgrad zu maximieren und gleichzeitig einen kostendeckenden sowie geringen Marktpreis anbieten zu können.

Der Trend hin zu immer individualisierteren Produkten zwingt Unternehmen somit zu einem Trade-off, der mit etablierten Technologien kaum zu meistern ist. Der Widerspruch aus einer hohen Produktivität und einem hohen Individualisierungsgrad lässt sich allerdings lösen. So können Endkonsumenten mithilfe von Konfiguratoren ihre Produkte auf der Herstellerwebsite oder via App an ihre eigenen Bedürfnisse anpassen und dieses Design direkt zum Hersteller versenden. Die Daten werden als Produktionsauftrag vollautomatisch erfasst und ebenso in die Produktion gegeben, wo alle relevanten Produktions- und Transportsysteme über ein CPS verbunden sind, um somit eine ideale Produktion zu gewährleisten und den Planungs- und Koordinationsaufwand zu minimieren.

In der Praxis befindet sich ein solches, in Losgröße 1 produzierendes System bereits in der im Jahr 2016 in Ansbach eröffneten Speedfactory von Adidas: So werden die Schuhe im Internet durch den Kunden designt, der daraus resultierende Kundenauftrag erfasst, dieser in die Produktion gegeben und schließlich der Schuh produziert. Dabei plant und koordiniert sich das CPS autonom und in Echtzeit. [5]

3. APPLEISM & GOOGLEISM ALS NEUER MANAGEMENTANSATZ IN DER 4. INDUSTRIELLEN REVOLUTION

Nach der operativ-taktischen Diskussion der Widersprüche stellt sich die Frage, wie die 4. Industrielle Revolution aus strategischer Sicht genutzt werden kann.

Die Verbesserung der Effizienz komplexer Supply Chains entlang der Wertschöpfungsstufen wurde bislang über Optimierungen versucht. Jedoch stellt die Supply Chain in der aktuellen Zeit nicht mehr das zentrale Objekt für Wertschöpfung dar. Es geht vielmehr um Netzwerke (Value Networks), welche Unternehmen und Individuen (!) zusammenführen und es ermöglichen, dass beide Seiten untereinander Werte austauschen können. Die Basis dafür bilden Plattformen und deren Geschäftsmodelle. Hierbei geht es weniger um die Produktion und Erstellung von Services, sondern um die Verbindung zwischen externen Produzenten und Konsumenten. Diese Umstellung vom „Center of Production" hin zum „Center of Exchange" macht besonders traditionellen Unternehmen zu schaffen.

Besonders deutlich wird die Macht der Plattformen, sobald die Unternehmenswerte der größten Plattform-Unternehmen weltweit in Be-

[5] Vgl. o. V., Audi will das Fließband abschaffen, in: FAZ, 27.05.2016, http://www.faz.net/agenturmeldungen/dpa/audi-will-das-fliessband-abschaffen-14544790.html., (zugegriffen am 12.01.2017).

[6] Vgl. Moazed, Alex/Johnson, Nicholas L., Modern Monopolies, St. Martin´s Press, New York 2016.

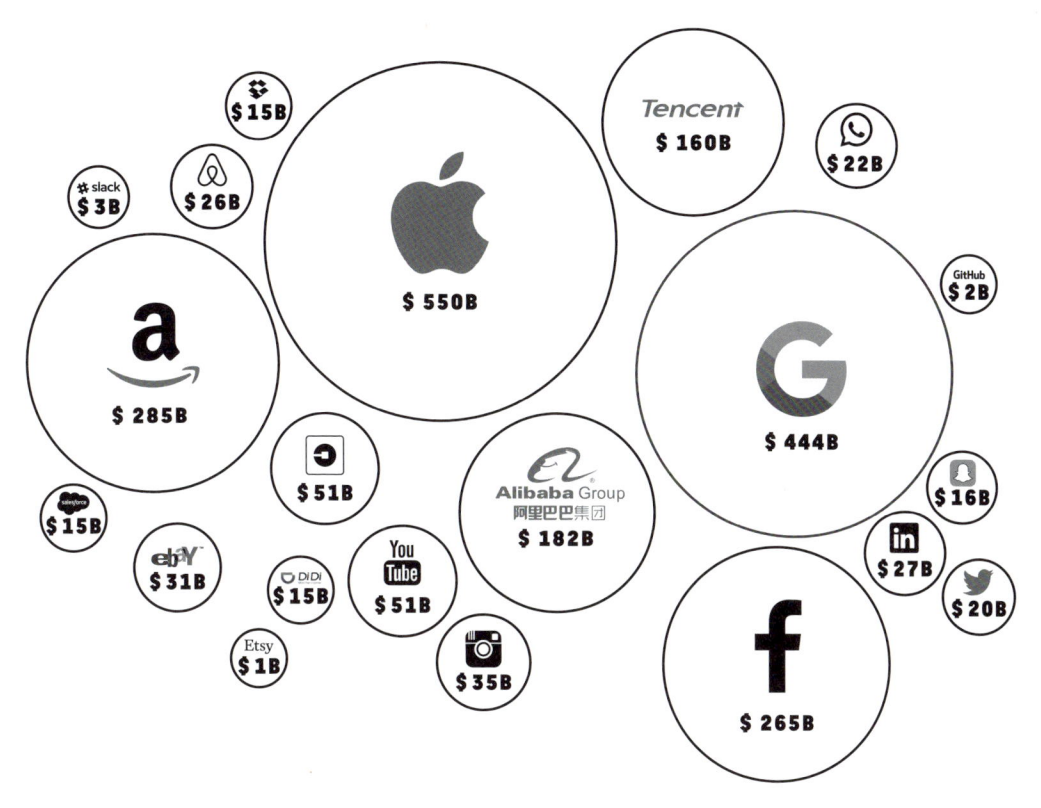

Abbildung 2: Marktkapitalisierung von Plattformen. **[6]**

tracht gezogen werden **[siehe Abbildung 2]**. Diese Unternehmen repräsentieren in ihrem jeweiligen Segment neue „moderne Monopole". **[6]** Sie profitieren aktuell von einem „Alles-oder-nichts-Prinzip" bzw. vom Ansatz „The Winner takes it all". Diese Plattformen sind nicht deshalb dominant, weil sie Ressourcen besitzen oder kontrollieren, sondern aufgrund des effizienten Vernetzens von Ressourcen bzw. von Nutzern. Dabei geht es immer darum, Transaktionskosten zu minimieren und gleichzeitig komplementäre Innovationen zu fördern.

Apple und Google (gehört zu Alphabet) fallen in der Betrachtung besonders ins Auge. Beide Unternehmen haben sich – durch ihren jeweiligen erfolgreichen Plattformansatz – zu den wertvollsten Unternehmen unserer Zeit entwickelt. Die iOS-Plattform verbindet Entwickler von Apps mit Nutzern. Die Google-Suchplattform verbindet Internetinhalte mit Nutzern bzw. Konsumenten. Somit stellen diese Unternehmen mit ihren Plattformansätzen ein Synonym für die 4. Industrielle Revolution aus Managementsicht **[siehe Abbildung 1]** dar. Folglich soll, angelehnt an der beschriebenen Historie, dieser Managementansatz als Appleism & Googleism bezeichnet werden. Wird die 4. Industrielle Revolution aus einer systemischen Sicht betrachtet, ist die Technologie wieder einmal der Treiber eines neuen Managementansatzes. Appleism & Googleism

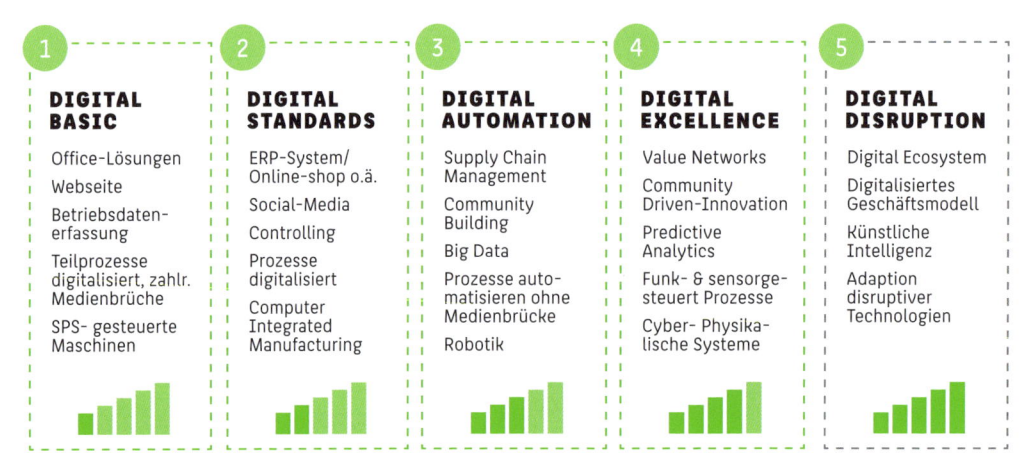

1 DIGITAL BASIC	2 DIGITAL STANDARDS	3 DIGITAL AUTOMATION	4 DIGITAL EXCELLENCE	5 DIGITAL DISRUPTION
Office-Lösungen	ERP-System/ Online-shop o.ä.	Supply Chain Management	Value Networks	Digital Ecosystem
Webseite	Social-Media	Community Building	Community Driven-Innovation	Digitalisiertes Geschäftsmodell
Betriebsdatenerfassung	Controlling	Big Data	Predictive Analytics	Künstliche Intelligenz
Teilprozesse digitalisiert, zahlr. Medienbrüche	Prozesse digitalisiert	Prozesse automatisieren ohne Medienbrüche	Funk- & sensorgesteuert Prozesse	Adaption disruptiver Technologien
SPS-gesteuerte Maschinen	Computer Integrated Manufacturing	Robotik	Cyber-Physikalische Systeme	

Abbildung 3: Berliner Reifegradmodell zur Bestimmung des Digitalisierungsgrads von KMU, eigene Darstellung

ist mithin ein Ergebnis der Entwicklung des Internets (Ende der 1990er Jahre: Informationsvernetzung) und wurde durch die Entwicklung von Smartphones und Apps (2000–2015: Information goes mobile) weiter befeuert. [7]

CPS lassen aus heutiger Sicht offen, wer bzw. was die nächste Revolution aus Managementperspektive auslöst. Denkbar ist, dass sich aus der rasanten Entwicklung der künstlichen Intelligenz und hier insbesondere des Machine Learnings neue Potenziale ergeben. Gerade mit Blick auf die hohen Datenmengen (Big Data), welche durch die immer größere Anzahl an „Dingen" im Netz erzeugt werden, entstehen eine Vielzahl an neuen Geschäftsmodellen. Diese Geschäftsmodelle nutzen die neuen datengetriebenen „Insights", um gezielter, persönlicher und vorhersehbarer („predictive") auf Kundenwünsche reagieren zu können. Es werden Unternehmen gewinnen, die von ihren Kunden die meisten Daten generieren und damit die besten Modelle anlernen, was wiederum zu neuen Kunden führt. [8] Gerade beim Thema künstliche Intelligenz und Machine Learning sind Apple und Google besonders aktiv (wieder einmal). Haben diese Unternehmen somit eine erneute Antwort auf die Vernetzung aller Dinge und bauen den Managementansatz Appleism & Googleism in der 4. Industriellen Revolution weiter aus?

[7] Vgl. Case, Steve, The Third Wave: An Entrepreneur's Vision of the Future, Simon & Schuster, New York 2016.

[8] Vgl. Domingos, Pedro, The Master Algorithm: How the Quest for the Ultimate Learning Machine Will Remake Our World, Basic Books, New York 2017.

[9] Eine detaillierte Übersicht über das Digital Value Anwendungszentrum findet sich bei Prof. Dr. Hartmann unter: http://people.f3.htw-berlin.de/Professoren/Hartmann/ oder unter: http://efre-digital-value.htw-berlin.de/, (jeweils zugegriffen am 04.04.2017).

[10] Es werden innerhalb des Projekts KMU untersucht. KMU sind kleine und mittlere Unternehmen bis 249 Beschäftigten und bis 50 Mio. € Jahresumsatz oder 43 Mio. € Bilanzsumme; vgl. dazu http://www.ifm-bonn.org/definitionen/KMU-definition-der-eu-kommission/ (zugegriffen am 16.12.2016).

4. MODELL ZUR ERFASSUNG DER DIGITALEN REIFE IM RAHMEN DER 4. INDUSTRIELLEN REVOLUTION

Im Rahmen des vom Europäischen Fonds für regionale Entwicklung (EFRE) geförderten Projektes „Digital Value Anwendungszentrum" [9] werden die oben genannten Ansätze und Sichtweisen mit Berliner Unternehmen (KMU) [10] diskutiert und ggfs. implementiert. Zur systematischen Bestimmung des aktuellen Digitalisierungsgrads eines Unternehmens sowie zur Bestimmung des Soll-Zustands wurde von Prof. Dr. Stefan Wittenberg (ebenfalls HTW Berlin) und Prof. Dr. Matthias Hartmann (Projektleiter) ein Reifegradmodell konzipiert.

Die Erfahrung in dem Projekt zeigt, dass die Digitalisierung in den Unternehmen stufenweise vorangetrieben wird. Ein Springen auf Stufe 5 (Digital Disruption) ist eher selten.

EUROPÄISCHE UNION
Europäischer Fonds für regionale Entwicklung

Das Digital Value Anwendungszentrum wurde kofinanziert
durch den Europäischen Fonds für regionale Entwicklung (EFRE).

BETRUG ALS GESCHÄFTS- MODELL: AD FRAUD ALS HERAUS- FORDERUNG FÜR DIE WERBE- INDUSTRIE

Katharina Simbeck | Mehmet Ali Kara | Birte Malzahn

ABSTRACT

Advertising (Ad) Fraud ist derzeit eine der größten Herausforderungen für die Werbeindustrie. Unter Ad Fraud werden verschiedene illegale Verfahren verstanden, die der Manipulation von Online-Werbemaßnahmen dienen. [1] Dieser Artikel zeigt verschiedene Arten von Ad Fraud im Bereich der Display-Werbung sowie Methoden, die zu deren Bekämpfung eingesetzt werden.

1. EINLEITUNG

Online-Werbung wird u. a. über die Platzierung von Werbemitteln wie Bannern auf Webseiten realisiert. Publisher (Seitenbetreiber) stellen *Advertisern* (Werbetreibenden) auf ihren Webseiten Werbeflächen gegen Entgelt zur Verfügung. Rund ein Drittel der Seitenbetreiber vermarktet seine Webseite nicht selbst, sondern wird durch professionelle Vermarkter von Online-Werbeflächen vertreten. [2] Werbetreibende Unternehmen gaben im Jahr 2016 allein im deutschen Markt ca. 1,78 Milliarden Euro für digitale Display-Werbung aus, was ein Wachstum von 6,5 Prozent zum Vorjahr bedeutet. [3] Doch nicht jede über das Internet platzierte Werbung kommt bei Menschen an, geschweige denn bei der gewünschten Zielgruppe. Eine im Jahr 2016 veröffentlichte Studie prognostizierte für das Jahr 2016 weltweit einen Schaden in Höhe von 7,2 Milliarden US-Dollar durch Ad Fraud. [4]

[1] Vgl. BVDW 2016

[2] Vgl. Lammenett 2017, S. 282, 43

[3] Vgl. Statista 2017

[4] Vgl. White Ops & ANA 2016, S. 6-7282, 43

2. AD FRAUD

2.1 Ad Fraud auf realen Webseiten

Das Einblenden einer Werbeanzeige wird als Impression bezeichnet. Beim „Pay per Impression"-Modell wird dem Advertiser die Anzahl der eingeblendeten Werbeanzeigen in Rechnung gestellt. [5] *Impression Fraud* ist die Erzeugung von Impressionen zu betrügerischen Zwecken. [6] Hierzu zählen u. a. Aktivitäten, die zu einer künstlichen Steigerung der Impressionen führen [7] und so eine Zahlung der Werbetreibenden verursachen. Beim „Pay per Click"-Modell erhält der Publisher für jeden Webseitenbesucher, der auf eine Werbeanzeige auf seiner Webseite klickt, eine Vergütung, [8] die meist 0,03 bis 0,25 Euro beträgt. [9] *Click Fraud* bezeichnet das Anklicken von Werbeanzeigen zu Betrugszwecken, d. h. ohne Interesse an der beworbenen Webseite. [10]

Ad Fraud auf realen Webseiten kann durch Bots oder menschliche Akteure geschehen: Ein Bot kann ein kompromittierter Rechner sein, auf dem ein Täter unbemerkt Malware installieren konnte. [11] Daneben gibt es Bots, die in Rechenzentren auf virtuellen Maschinen laufen. [12] Ein *Botnet* ist ein Netzwerk von Bots, das von einem sogenannten Bot-Master ferngesteuert wird. [13] Um Ad Fraud durchzuführen, werden mit dem Botnet Webseiten aufgerufen, Impressionen erzeugt und auch Klicks auf Werbeeinblendungen vorgenommen. [14] Des Weiteren existieren Methoden, bei denen Ad Fraud direkt durch Menschen verursacht wird. [15] Z. B. können Akteure für das Ausführen von Klicks bezahlt werden. [16]

Einige Publisher stehen im Verdacht, die Anzahl von Klicks und Impressionen künstlich zu erhöhen und diese dann den Werbetreibenden in Rechnung zu stellen. Auch ist es möglich, dass Werbetreibende auf die Anzeigen von Konkurrenten klicken und diesen dadurch Kosten verursachen. [17] Publisher kaufen Traffic von Drittseiten ein, z. B. um vereinbarte Besucherzahlen erfüllen zu können. [18] Auch wenn Fraud nicht

[5] Vgl. Lammenett 2017, S. 146, 282

[6] Vgl. Geddes et al. 2015, S. 29 f.

[7] Vgl. Media Rating Council 2015, S. 3

[8] Vgl. Zhang et al. 2011, S. 2

[9] Vgl. Lammenett 2017, S. 69

[10] Vgl. Zhang et al. 2011, S. 2

[11] Vgl. IAB & EY 2015, S. 19

[12] Vgl. TAG 2015, S. 1

[13] Vgl. Elisan 2012, S. 56 f.

[14] Vgl. Vratonjic et al. 2012, S. 24, 27

[15] Vgl. White Ops & ANA 2016, S. 42

[16] Vgl. IAB & EY 2015, S. 30

[17] Vgl. Vratonjic et al. 2012, S. 25

[18] Vgl. White Ops & ANA 2016, S. 41, 20

[19] Vgl. IAB & EY 2015, S. 29

[20] Vgl. Heine 2016

[21] Vgl. Casale 2014

[22] Vgl. Heine 2016

[23] Vgl. Vidakovic 2015 u. Kotila et al. 2016, S. 15

[24] Vgl. Hedemann 2016

[25] Vgl. Kotila et al. 2016, S. 8

[26] Vgl. Zhang et al. 2011, S. 5, 7

[27] Vgl. White Ops & ANA 2016, S. 35-37, 40

[28] Vgl. BVDW 2016, S. 1

die ursprüngliche Absicht des Publishers war, können hierdurch Bots auf die Seite gelenkt werden. [19] Bot-Master verdienen mit dem Verkauf von Botnets, die anschließend gewünschten Traffic erzeugen können. An dem eigentlichen Ad Fraud müssen die Bot-Master nicht beteiligt sein. [20]

2.2 Ausspielen von Werbung auf betrügerischen Webseiten
Beim sogenannten Domain Spoofing wird Werbung nicht – wie vom Advertiser gewünscht und bezahlt – auf der Webseite eines Premium Publishers ausgespielt, sondern auf einer Webseite, die z. B. illegale Inhalte anbietet. Dies ist möglich, weil Ad Exchanges die Auslieferung der Werbeanzeigen nicht im Einzelnen überprüfen. Die betrügerische Webseite fälscht dabei den sogenannten Ad Tag des Premium Publishers. [21] Eine weitere Methode beginnt mit dem Aufbau einer Webseite, die ausschließlich von Bots besucht wird, um Traffic zu simulieren. Anschließend wird versucht, die Webseite bei einer Ad Exchange zu registrieren. Gelingt dies, können bis zur Entdeckung Einnahmen mit Werbeanzeigen generiert werden, die nur von Bots gesehen und angeklickt werden. [22]

Der Markteintritt in das Ökosystem ist unkompliziert; prinzipiell jeder Advertiser bzw. Publisher kann Werbeflächen in unpersönlichen Transaktionen kaufen oder verkaufen. [23] Die intransparente Wertschöpfungskette ermöglicht Ad Fraud, da häufig nicht sichtbar ist, was zwischen der Kreation der Werbemittel und der Ausspielung im Inventar des Publishers passiert. [24]

3. ERKENNEN VON AD FRAUD

Zum Erkennen von Traffic, der durch Bots verursacht wird, existieren verschiedene Ansätze: Es werden u. a. Techniken eingesetzt, um die *Mausbewegung* eines Besuchers zu überprüfen. Eine solche wird als ein Indiz für nicht-betrügerisches Verhalten gewertet. Allerdings sind einige Bots in der Lage, Mausbewegungen zu simulieren. Verdächtig ist auch Traffic von IP-Adressen von Rechenzentren [25] bzw. wenn Nutzer nur eine sehr kurze oder eine auffällig eindeutige Zeit (genau 2 Sekunden) auf der Webseite verbringen. [26]

Als präventive Maßnahme wurde durch die Trustworthy Accountability Group ein Gütesiegel für Unternehmen etabliert, die sich für die Bekämpfung von Fraud einsetzen. Ebenfalls präventiv können Werbetreibende mit Publishern Vereinbarungen treffen, um Fraud zu erkennen und zu reduzieren. [27] Auch werden Blacklists eingesetzt, die u. a. potentiell betrügerische Webseiten führen. [28]

FAZIT

Advertiser können sich nicht sicher sein, dass Impressions und Klicks ihrer Werbeanzeigen tatsächlich von interessierten menschlichen Akteuren verursacht werden. Ad Fraud ist ein Geschäftsmodell, das für die beteiligten Akteure sehr profitabel ist. Es existieren verschiedene Ansätze, um Ad Fraud zu erkennen und zu reduzieren. Die Bekämpfung von Ad Fraud gleicht jedoch einem technologischen Wettrennen: Sowohl die Mechanismen, um Bots zu erkennen, als auch das Verhalten der Bots selbst werden immer ausgeklügelter. Eine endgültige Lösung wird es auch aufgrund der unendlichen Vielfalt der vermarkteten Internetseiten und der komplexen Wertschöpfungskette des Online Marketings nicht geben.

LITERATURVERZEICHNIS

BVDW (2016): Glossar Programmatic Advertising. URL: http://www.bvdw.org/medien/glossar-programmatic-advertising?media=7155 (Zugriff: 6.3.17).

Casale, A. (2014): The Publisher's Guide To Domain Spoofing. URL: https://adexchanger.com/the-sell-sider/the-publishers-guide-to-domain-spoofing/ (Zugriff: 3.3.17).

Elisan, C. C. (2012): Rootkits & botnets. A beginner's guide. McGraw-Hill. Geddes, B.; Anderson, V.; Cannon, H.; Tanner, C.; Khachaturyan, T.; Golovanyov, V. (2015): Introduction to Online Marketing: Simple marketing ways to attract and engage the digital generation. eLight Marketing LLC.

Hedemann, F. (2016): Warum Ad Fraud eine große Herausforderung für Digital Advertising ist. URL: http://sapexchange.media/de/blog/2016/march/warum-ad-fraud-eine-grosse-herausforderung-fuer-digital-advertising-ist/ (Zugriff: 3.3.17).

Heine, C. (2016): Here Are 4 Common Methods That Ad Fraudsters Use to Make Their Ill-Gotten Money. URL: http://www.adweek.com/news/technology/here-are-4-common-methods-ad-fraudsters-use-make-their-ill-gotten-money-169285 (Zugriff: 3.3.17).

Interactive Advertising Bureau (IAB) & EY (2015): What is an untrustworthy supply chain costing the U.S. digital advertising industry? URL: https://www.iab.com/wp-content/uploads/2015/11/IAB_EY_Report.pdf (Zugriff: 3.3.17).

Kotila, M.; Rumin, R. C.; Dhar, S. (2016): Compendium of ad fraud knowledge for media investors. URL: http://www.wfanet.org/pdf/WFA_Compendium_Of_Ad_Fraud_Knowledge.pdf (Zugriff: 3.3.17).

Lammenett, E. (2017): Praxiswissen Online-Marketing. Springer Gabler.

Media Rating Council (2015): Viewable Ad Impression Measurement Guidelines. URL: http://mediaratingcouncil.org/081815%20Viewable%20Ad%20Impression%20Guideline_v2.0_Final.pdf (Zugriff: 3.3.17).

Statista (2017): Nettoumsätze mit digitaler Display-Werbung in Deutschland. URL: de.statista.com (Zugriff: 6.3.17).

Trustworthy Accountability Group (TAG) (2015): Fraud Taxonomy. URL: http://www.tagtoday.net/wp-content/uploads/2016/05/TAG_Fraud_Taxonomy_March_10_2015.pdf (Zugriff: 6.3.17).

Vidakovic, R. (2015): Why programmatic advertising fraud exists. URL: http://marketingland.com/programmatic-advertising-fraud-exists-149927 (Zugriff: 6.3.17).

Vratonjic N., Manshaei, M. H.; Hubaux, J.-P. (2012): How Criminals Profit. In: Jakobsson, M. (Hrsg): The Death of the Internet. Wiley-IEEE Computer Society Press.

White Ops & Association of National Advertisers (ANA) (2016): The Bot Baseline: Fraud in Digital Advertising (full report). Download: http://www.ana.net/content/show/id/botfraud-2016 (Zugriff: 6.3.17).

Zhang, Q.; Ristenpart, T.; Savage, S.; Voelker, G. M. (2011): Got Traffic? An Evaluation of Click Traffic Providers. Proceedings of the 2011 Joint WICOW/AIRWeb Workshop on Web Quality, S. 19-26.

BIG DATA – BIG BUSINESS?

Regina Zeitner | Marion Peyinghaus

ABSTRACT

Big Data ist in der Immobilienwirtschaft ein viel diskutiertes Phänomen. Doch selten werden konkrete Konzepte oder Handlungsanweisungen zur Auswahl, Verarbeitung und Anwendung dieser umfangreichen, heterogenen und dynamischen Datenbasis gegeben. In einem Forschungsprojekt aus einer kombinierten quantitativen und qualitativen Analyse soll der Bedarf der Immobilienwirtschaft eruiert und ein Zielmodell Big Data als Handlungsrahmen entwickelt werden.

1. EINLEITUNG

Die Gesellschaft erfährt einen wahren Digitalisierungshype. Big Data wird als Wundermittel für neue Erkenntnisse und Wohlstand angepriesen. Dieser Euphorie halten Wissenschaftler entgegen: Für die Lösung komplexer Entscheidungsprozesse sind Computerprogramme noch nicht ausgelegt. Bei dieser Debatte wird vor allem eines klar: Die Vorteile und Grenzen von Big Data entziehen sich bislang einer eindeutigen Bewertung.

Um zur Aufklärung beizutragen, hat das CC PMRE eine kombinierte quantitative und qualitative Marktanalyse lanciert. Ziel der Studie „Big Data – Big Business?" ist die transparente Aufbereitung des Phänomens Big Data in der Immobilienwirtschaft und die Identifizierung möglicher Potenziale wie auch erforderlicher Investitionen. Im Ergebnis wird die Frage beantwortet, ob Geschäftsmodelle mit Big Data in der Immobilienwirtschaft wirtschaftlich attraktiv sind und welche Modelle sich entwickeln werden.

2. DEFINITION BIG DATA

Der Begriff Big Data wird in der Presse und in Fachkreisen lebhaft diskutiert. Auch in der Immobilienwirtschaft gibt es zahlreiche Foren, die sich mit den Chancen und Potenzialen einer umfangreichen Datenbewirtschaftung auseinandersetzen. In einer Studie von Catella Research [1] werden insbesondere die Faktoren Umfang, Komplexität und Geschwindigkeit für die begriffliche Bestimmung von Big Data hervorgehoben. Auch in der Studie „Digitalisierung in der Immobilienwirtschaft" [2] wird auf diese Kriterien hingewiesen, jedoch ergänzend ausgeführt, dass diese Datensätze nicht mehr mit „klassischen Analysemethoden" [3] auszuwerten sind. In branchenunabhängigen Definitionen wird zudem betont, dass die Daten sowohl Wahrhaftigkeit (Veracity) als auch einen gewissen Wert (Value) besitzen müssen. Unter dem ersten Aspekt wird die Aussagekraft der Daten bzw. die Qualität der ausgewerteten Informationen bewertet. [4] Der zweite Aspekt betrifft den Unternehmenswert, der durch Big-Data-Anwendungen

[1] Beyerle, Thomas/Müller, Leon: Big Data in der Immobilienwirtschaft, Frankfurt a. M. 09/2015, S. 4.

[2] Rottke, Nico B. (Hrsg.): Digitalisierung in der Immobilienwirtschaft, EBS Diskussionspapiere zur Immobilienwirtschaft, Nr. 5, Wiesbaden 07/2014.

[3] Rottke, Nico B. (Hrsg.): Digitalisierung in der Immobilienwirtschaft, EBS Diskussionspapiere zur Immobilienwirtschaft, Nr. 5, Wiesbaden 07/2014, S. 11.

4] Meier, Andreas/Kaufmann, Michael: SQL- & NoSQL-Datenbanken. 8. Aufl., Berlin 2016, S. 13.

gesteigert werden soll.[5] Inhaltlich wird zudem bestimmt, dass diese großen Datenmengen aus unterschiedlichen Bereichen stammen, wie „Internet und Mobilfunk, Finanzindustrie, Energiewirtschaft, Gesundheitswesen und Verkehr".[6]

Trotz dieser Auseinandersetzungen und Begriffsbestimmungen bestehen im Kontext der Immobilienwirtschaft Unklarheiten. Durch die enorme Vielfalt an Gebäude-, Mietvertrags- oder Nutzungsdaten ist man den Umgang mit großen Datenmengen in der Branche gewohnt, gelegentlich wird daher die eigene Datenbasis bereits als Big Data bezeichnet. An anderer Stelle wurde diskutiert, dass die Ergänzung der bestehenden Datenbasis durch Immobilienmarktdaten als Big Data zu verstehen ist. So unterschiedlich die Begriffsdiskussionen auch sind, deutlich wird, dass die Auseinandersetzung mit dem eigenen Bestand an Immobiliendaten und die Verwendung von Immobilienmarktdaten nicht ausreichend ist. Der Einbezug externer Quellen fehlt.

Als Grundlage zur Durchführung der vorliegenden Marktanalyse und zur Schaffung eines gemeinsamen Verständnisses wird im Folgenden eine Definition aufgestellt, die Big Data innerhalb der Immobilienbranche abgrenzt:

Big Data sind große Mengen von Daten aus verschiedenen Bereichen [7] und Quellen, [8] die über den Bestand der eigenen Immobiliendaten hinausgehen und weit mehr als immobilienbezogene Marktdaten umfassen [vgl. Abbildung 1]. Die besondere Herausforderung von Big Data liegt in der Erfassung, Verarbeitung und Verwertung des großvolumigen, heterogenen und dynamischen Datenbestands.[9]

3. POTENZIALE UND GRENZEN VON BIG DATA

In der Managementliteratur ist man sich einig: Durch Big Data lassen sich vielfältige Potenziale nutzen. So werden die Vorteile von Big Data für Unternehmen in der erleichterten Bildung klarer Entscheidungsgrundlagen, der Optimierung von Geschäftsprozessen, der präziseren Kalkulation von Risiken oder in der Steigerung der Profitabilität

[5] Fasel, Daniel/Meier, Andreas (Hrsg.): Big Data – Grundlagen, Systeme und Nutzungspotenziale, Wiesbaden 2016, S. 6.

[6] Bendel, www.wirtschaftslexikon.gabler.de/Definition/big-data.html, Abruf 14.03.2017, 13:31 Uhr.

[7] Bevölkerungsstruktur, Finanzindustrie, Energiewirtschaft, Gesundheitswesen, Verkehr etc.

[8] Datenbanken, RFID-Tags, Intelligente Agenten, soziale Medien, Kredit- und Kundenkarten, Smart-Metering-Systeme, Überwachungskameras etc.

[9] Rottke, Nico B. (Hrsg.), Digitalisierung in der Immobilienwirtschaft, EBS Diskussionspapiere zur Immobilienwirtschaft, Nr. 5, Wiesbaden, 07/2014, S. 11

[10] PWC, Big Data – Bedeutung, Nutzen, Mehrwert, 06/2013, S. 19.

[11] PWC, Big Data – Bedeutung, Nutzen, Mehrwert, 06/2013, S. 19.

[12] Beyerle, Thomas/Müller, Leon: Big Data in der Immobilienwirtschaft, Frankfurt a. M. 09/2015, S. 7.

[13] ZIA, Einsatz digitaler Technologien in der Immobilienwirtschaft, Berlin 09/2016, S. 15.

[14] Brown, Brad/Marwaha, Sam/Scopa, Enrico: Perspectives on Digital Business, McKinsey Center on Business Technology 01/2012.

[15] Rottke, Nico B. (Hrsg.): Digitalisierung in der Immobilienwirtschaft, EBS Diskussionspapiere zur Immobilienwirtschaft, Nr. 5, Wiesbaden 07/2014, S. 12

[16] Zeitner, Regina/Peyinghaus, Marion (Hrsg.): PMRE Monitor Spezial, IT-Excellence in der Immobilienwirtschaft, HTW Berlin 2014 und Zeitner, Regina/Peyinghaus, Marion: PMRE Monitor 2016, Warum IT-Projekte scheitern, HTW Berlin 2016..

MARKT

(Wirtschaft, Politik, Gesellschaft etc.)

IMMOBILIENMARKT

(Fremde Immobilieneigentümer, Dienstleister)

IMMOBILIE

(Eigener Immobilienbestand)

BIG DATA

Abbildung 1: Einordnung Big Data im Kontext immobilienwirtschaftlicher Daten

gesehen.[10] Auch mit Blick auf die Vermarktung von Leistungen und Produkten werden Pluspunkte erzielt: Die großvolumige Datenbasis hilft, sich verstärkt am Kunden zu orientieren, Preise dynamisch zu gestalten und Marktpotenziale auszuschöpfen.[11] Auch die Akteure der Immobilienwirtschaft sehen in der Nutzung von Big Data Vorzüge: neben den oben genannten Aspekten wird die Liste der Vorteile um die Punkte genauere Prognosen/Vorhersagen und Markttransparenz sowie Erkennen ungenutzter Potenziale und schnellere und umfassendere Analysen ergänzt.[12] Angesichts dieser Vorteile ist nachvollziehbar, dass die Bedeutung von Big Data in der Immobilienbranche wächst. Aktuelle Befragungen zur Nutzung von Technologien lassen die Prognose zu, dass sich der Einsatz von Big Data in den nächsten fünf Jahren verdoppeln wird.[13]

Voraussetzung dafür, dass dieses Szenario eintritt, ist die Bereitstellung einer entsprechenden Datenbasis. Erste wissenschaftliche Erkenntnisse weisen auf die spezifischen Konditionen der Datenbearbeitung hin. Besonders hervorgehoben werden in diesem Zusammenhang die Datendichte und Beschaffungsfrequenz sowie die korrekte Aufbereitung der Daten – also die Datenqualität.[14] Bereits diese Grundvoraussetzungen von Big Data in der Immobilienwirtschaft zeigen erste Grenzen auf. In der Studie „Digitalisierung in der Immobilienwirtschaft" heißt es: „Aufgrund der relativ geringen Datendichte der Immobilienwirtschaft sowie ihres recht geringen Grades der Digitalisierung ist Big Data weniger von Bedeutung als eine konsequente Verbesserung der konventionellen Daten und deren Verarbeitung."[15] Auch vorausgehende Studien des CC PMRE belegen einen Nachholbedarf in der Datenstandardisierung, die eine zwingende Voraussetzung für die Verarbeitung und Verknüpfung großer Datenmengen mit dem eigenen Datenbestand ist.[16]

Aber nicht nur bei der Erfüllung der Grundvoraussetzungen treten erste Schwierigkeiten auf. Wissenschaftler stellen den Einsatz von Big Data generell infrage: „Legionen von PR- und Marketingleuten sind zurzeit dabei, der Menschheit einzureden, die Computerindustrie könne künstliche Intelligenz hervorbringen und durch Big Data, also mehr Zahlen, schlauer werden als je zuvor." [17] Es gelte das Motto: Viel hilft viel. Je schneller ein Computer rechne, desto „klüger" sei er, so die Annahme. Doch das, so das Fazit, „[...] ist vor allem eines: sehr dumm." [18] In einem Beratungsprojekt für ein großes Schweizer Unternehmen kam der Wissenschaftler und Spezialist für Management-Entscheidungen ARTINGER zu folgendem Ergebnis: Die Einführung eines komplexen Big-Data-Entscheidungstools lohnt sich nicht. [19] Im Vorhinein lasse sich errechnen, dass angesichts der vorhandenen Daten selbst bei optimaler Nutzung allenfalls eine minimale Verbesserung möglich wäre. In Anbetracht von Aufwand und Risiken bei der Einführung großer IT-Projekte wäre eine Entscheidung für das System „hochgradig irrational". Auch der Sozialwissenschaftler des Max-Planck-Instituts GIGERENZER weist auf Grenzen hin: „Nach unseren Untersuchungen werden in internationalen, börsennotierten Unternehmen gut 50 Prozent aller wichtigen professionellen Entscheidungen am Ende intuitiv getroffen." Denn: „[...] anders, als uns die Big-Data-Philosophie glauben machen will, genügen die Zahlen nicht, um zu einer Entscheidung zu kommen. Es geht nicht ohne Erfahrung, persönliches Gespür." [20]

Aus dem zunehmenden Datenvolumen werden zusätzliche Entscheidungsgrundlagen generiert. Fakten, die den Unternehmen als Wegweiser dienen und strategische Richtungsentscheidungen unterstützen. Aus dieser erweiterten Datengrundlage erwachsen jedoch auch zwei Risiken: GIGERENZER stellt fest, dass in Organisationen bei vielen Entscheidungen oft nur die zweitbeste Option gewählt wird. Nämlich jene, die am leichtesten zu begründen ist. Der Wissenschaftler bezeichnet das als

[17] Lotter, Wolf: „Zündstoff", in: brand eins, 11/2016 (36–46), S. 38.

[18] Lotter, Wolf: „Zündstoff", in: brand eins, 11/2016 (36–46), S. 38.

[19] Ramge, Thomas: Management by Null und Eins, in: brand eins, 11/2016 (76–83), S. 80.

[20] Lotter, Wolf: „Zündstoff", in: brand eins, 11/2016 (36–46), S. 46.

[21] Gigerenzer, Gerd/Gaissmaier, Wolfgang: Intuition und Führung – Wie gute Entscheidungen entstehen, Wiesbaden 2015, S. 11.

[22] Reiss, Matthias/Reiss, Steven: Das Reiss Profile: Die 16 Lebensmotive. Welche Werte und Bedürfnisse unserem Verhalten zugrunde liegen, Offenbach 2009.

[23] Reiss, Matthias/Reiss, Steven: Das Reiss Profile: Die 16 Lebensmotive. Welche Werte und Bedürfnisse unserem Verhalten zugrunde liegen, Offenbach 2009.

[24] Lotter, Wolf: „Zündstoff", in: brand eins, 11/2016 (36–46), S. 46.

[25] Beyerle, Thomas/Müller, Leon: Big Data in der Immobilienwirtschaft, Frankfurt a. M. 09/2015, S. 7.

[26] Datenintegration, Datenqualitätssicherung und Datenanalyse.

[27] Beyerle, Thomas/Müller, Leon: Big Data in der Immobilienwirtschaft, Frankfurt a. M. 09/2015, S. 7.

defensives Entscheidungsverhalten. [21] Mit zunehmender Faktenfülle steigt also das Risiko, dass diese Option nicht aufgrund klarer Argumente ausgeschlossen werden kann und somit auch das Risiko, suboptimale Ergebnisse zu produzieren.

Ein zweites Risiko liegt in der menschlichen Natur. Gemäß dem Psychologen und Wissenschaftler REISS verfügen Menschen über unterschiedliche Machtmotive. [22] Normalverteilt strebt ein Teil der Menschen eine Machtposition an und empfindet Freude dabei, Entscheidungen für sich und andere zu treffen. Menschen mit einer geringen Machtmotivation hingegen vermeiden es, Entscheidungen zu fällen und ziehen es vor, sich anleiten zu lassen. Mit zunehmender Faktendichte tendieren Menschen mit einem geringen Machtmotiv stärker dazu, sich hinter diesen Daten zu verstecken. [23] Es besteht also neben dem „Nicht-Können" aufgrund des Argumentationshindernisses als weiteres Risiko das „Nicht-Wollen". Die Entscheidung wird an einen Algorithmus, an das System delegiert. Auch hier kommentiert GIGERENZER: „Es nährt […] die Unverbindlichkeit in Gesellschaft, Wirtschaft und Politik. Niemand ist mehr verantwortlich." [24]

Auch Fach- und Führungskräfte der Immobilienwirtschaft sehen erste Hindernisse. Die Relevanz von Big Data wird als nicht für alle Unternehmen im Immobilienmarkt gleichrangig empfunden. Zudem wird insbesondere auf den hohen Kostenaufwand für die Implementierung hingewiesen. [25] Die Kosten für die Nutzung von Big Data sind hoch, denn sie umfassen sowohl interne, konzeptionelle Vorarbeiten als auch die Schaffung der IT-Voraussetzungen und das laufende Datenmanagement. [26] Diese Kosten fallen umso höher aus, je stärker das eigene Datenmodell von Marktstandards abweicht. Als weitere Risikofaktoren gelten der Datenschutz und mögliche Schwarmdummheit. [27] Noch ist unklar, wie die Informationen, die auch personenbezogene Daten (z. B. Mieterdaten und Nutzerverhalten) umfassen, angewendet werden dürfen. Unter dem dritten Risiko, einer möglichen Schwarmdummheit, ist die Gefahr zu verstehen, dass Zusammenhänge aus den Daten herausgelesen werden, die nicht der Realität entsprechen.

4. FORSCHUNGSMODELL UND ZIELKONZEPT BIG DATA

Die kontroverse Diskussion der Potenziale und Grenzen von Big Data zeigt, dass sich hinter der Nutzung großer Datenmengen sowohl Chancen als auch Risiken – hier insbesondere die hohen Kosten – verbergen. Die Frage stellt sich also, welcher Datenumfang sinnvoll ist, welche Einsatzgebiete denkbar sind und welches Datenvolumen finanzierbar ist.

Zur Konkretisierung wurde ein Forschungsmodell abgeleitet, das folgende Aspekte von Big Data umfasst: Datenumfang, Einsatzgebiete, Datenbereitstellung und Wirtschaftlichkeit [vgl. Abbildung 2]. Darüber hinaus werden generelle Trends zum Stellenwert von Big Data für das Unternehmen und die Immobilienwirtschaft ermittelt sowie Veränderungen in der Branchenstruktur durch neue Anbieter von Big Data erfasst.

Bereitschaft des Unternehmens → Datenumfang → Einsatzgebiete → Datenbereitstellung → **Wirtschaftlichkeit Big Data**

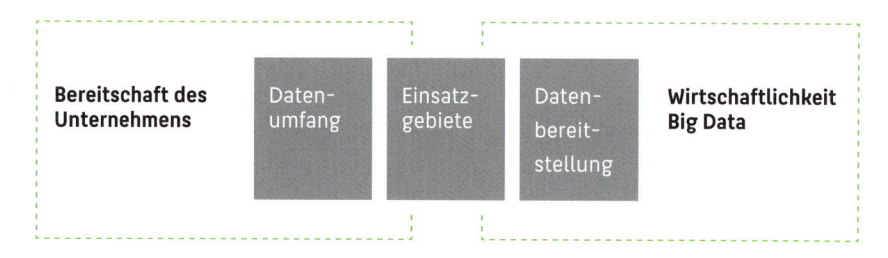

Abbildung 2: Forschungsmodell Big Data.

4.1 Datenumfang

Um die Frage nach dem sinnvollen Datenumfang zu beantworten, werden verschiedene Differenzierungskriterien herangezogen. Gemäß der Definition von Big Data stammen die Datenmengen aus unterschiedlichsten Quellen. Daher gehört zu der ersten Spezifikation des Zielmodells die Auswahl der relevanten Informationsfelder. Pro Informationsfeld (bspw. Finanzen) werden dazu Detailkriterien (bspw. Zinssätze) hinsichtlich ihrer Relevanz bewertet.

Diese Daten können geografisch eingegrenzt werden: Werden Informationen in der lokalen Umgebung der Objektstandorte benötigt oder besteht Interesse an globalen Marktdaten? Abschließend wurde die Frage nach der Fokusgruppe gestellt. Dabei reicht das Spektrum der Daten von Informationen aus der Gesellschaft bis hin zu spezifischen Mieter-/Nutzerinformationen.

4.2 Einsatzgebiete

Werden Big Data für immobilienwirtschaftliche Zwecke eingesetzt, ist zu differenzieren, ob diese Daten zur Optimierung des Bestands verwendet werden sollen oder ob sie zur Identifizierung und Bewertung von Akquisitionsobjekten dienen. Zudem kann die Frage gestellt werden, ob im Fokus der Optimierung die Immobilien stehen oder das Unternehmen selbst. Ein zweiter Aspekt ist die Prozessoptimierung und eine daraus resultierende Effizienz- oder Qualitätssteigerung (bspw. Optimierung des Prozesses zur Einbringung von Mietrückständen) durch den Einsatz von Daten. Drittes und letztes Kriterium zur Eingrenzung des Einsatzgebiets ist der Zeitbezug. Anhand dieses Kriteriums wird unterschieden, ob mit Big Data die aktuelle Ist-Situation optimiert oder eine zukünftige Entwicklung antizipiert werden soll.

4.3 Datenbereitstellung

Wie sollten Big Data zukünftig bereitgestellt werden? Diese Frage bezieht sich auf die Unterscheidung zwischen einer individuellen Auswahl und dem Erfassen der Daten durch das einzelne Unternehmen und der Beauftragung von zentralen Anbietern, die Daten erfassen, aufbereiten und den Marktteilnehmern zum Erwerb zur Verfügung stellen.

[28] Zeitner, Regina/Peyinghaus, Marion: PMRE Monitor 2016, Warum IT Projekte scheitern, HTW Berlin 2016.

Das Ergebnis dieser Fragestellung zieht eine weitere nach sich: Wer ist für solch eine zentrale Rolle geeignet? Aus der Entscheidung für neue Akteure kann eine Veränderung der Branchenstruktur resultieren. Neue Player treten in die Branche ein, wie bspw. Technologieunternehmen, die bisher keine Verknüpfung zum Immobilienmarkt haben. Neben dem Akteur zur Datenbereitstellung wird unter diesem Kriterium zudem die Frequenz (z. B. tagesaktuell, jährlich) bestimmt, in der die Daten abgerufen werden. Die Frequenz des Datenimports ist ein Aufwands- und Kostentreiber, denn selbst bei automatisierten Datenschnittstellen muss der Import überwacht und müssen die Daten qualitätsgesichert werden.

4.4 Bereitschaft der Unternehmen
Die Bereitschaft der Unternehmen zur Implementierung von Big Data wird maßgeblich durch zwei Aspekte beeinflusst. Sind bereits Strukturen vorhanden, um Big Data im eigenen Unternehmen einzusetzen? Zudem wird geprüft, ob die unternehmenskulturellen Voraussetzungen, also die Mitarbeiter, einem Einsatz von Big Data positiv gegenüberstehen. In der letztjährigen Marktstudie des CC PMRE wurde nachgewiesen, dass der Rückhalt in der Belegschaft für den Erfolg eines IT-Projekts von zentraler Bedeutung ist. **[28]**

4.5 Wirtschaftlichkeit
Unter der Wirtschaftlichkeit wird der anvisierte Nutzen den möglichen Implementierungskosten gegenübergestellt. Dazu zählen die internen Kosten zur konzeptionellen Entwicklung, mögliche Lizenzkosten sowie die Bereitstellung der erforderlichen IT-Infrastruktur und der IT-Betriebsressourcen. Zur ökonomischen Prüfung werden sowohl die Implementierungskosten insgesamt bewertet als auch die Kosten für einzelne Datensätze (bspw. Bevölkerungsentwicklung). Die Nutzenpotenziale sind qualitativer oder quantitativer Natur. Im Detail werden dazu einzelne Geschäftsfälle im Immobilienmanagement untersucht (bspw. Vermietung).

5. FORSCHUNGSMETHODIK

Das Forschungsmodell wird im Rahmen einer kombinierten qualitativen und quantitativen Studie im Zeitraum Januar bis April 2017 im deutschsprachigen Immobilienmarkt getestet. Im Fokus der qualitativen Analyse steht eine Online-Umfrage mit über 150 detaillierten Informationsfeldern. Die Teilnehmer der Umfrage werden gebeten, die Relevanz des Informationsfelds anzugeben und den maximalen Betrag zu nennen, den sie investieren würden. Aufgrund von Häufigkeitsanalysen wird die Bedeutung der Informationsfelder insgesamt ermittelt. Die detaillierte Gruppenanalyse ermöglicht die Untersuchung der Relevanz für einzelne Akteure der Immobilienwirtschaft (bspw. Asset Manager).

In begleitenden strukturierten Interviews werden rund 35 Fach- und Führungskräfte der Immobilienbranche nach dem erforderlichen Datenvolumen, den anvisierten Einsatzgebieten, der realisierbaren Form der Datenbereitstellung und der potenziellen Wirtschaftlichkeit befragt. Die Aussagen in den Interviews haben einen offenen Charakter und lassen Freiräume für die einzelnen Perspektiven der Teilnehmer. Durch die Strukturierung der Fragestellungen ist jedoch eine übergreifende Auswertung und die Erstellung eines Zielbildes Big Data möglich.

[29] Zeitner, Regina/Peyinghaus, Marion: PMRE Monitor 2016, Warum IT-Projekte scheitern, HTW Berlin 2016, S. 46.

6. FAZIT UND AUSBLICK

Die kontroverse Diskussion um Big Data, die Vielfalt der potenziellen Anwendungsmöglichkeiten und die zu erwartenden Implementierungskosten erfordern eine Konkretisierung des Datenbedarfs und die Festlegung eines Zielmodells. Aufgrund des innovativen Charakters und der Kostenintensität ist das Risiko von Fehlinvestitionen hoch. Insbesondere IT-Projekte haben eine hohe Abbruchrate und erzielen oftmals nicht die anvisierten Ergebnisse. [29]

Ergebnis dieser Studie ist die Entwicklung eines Zielmodells, das Handlungsempfehlungen für die Auswahl der erforderlichen Datensätze und für die Einführung von Methoden zum Umgang mit Big Data gibt. Neben diesen Empfehlungen wird die Studie erste Anzeichen für eine Veränderung in der Branchenstruktur aufzeigen. Die Inhalte der Studie werden darstellen, ob radikale Veränderungen in den Geschäftsmodellen erwartet werden und welche neuen Akteure innerhalb der Immobilienbranche auftreten.

BUILD TO LAST: BLOCKCHAIN – ON THE CUTTING EDGE OF THE REAL WORLD

Katarina Adam

ABSTRACT

Die Blockchain Technology, entwickelt als technisches Rückgrat der Krypto-Währung Bitcoin, beflügelt derzeit die Fantasie vieler Menschen. So wird diese Technik auch gern als die Meta-Ebene des Internets bezeichnet. Mittels dieser Technik lassen sich völlig neue Anwendungsmöglichkeiten und neue Ökosysteme entwickeln und begründen. Nachfolgend werden daher die Technology sowie einige interessante Use Cases betrachtet, um zu prüfen, ob diese Technik in der realen Welt ankommen kann.

BLOCKCHAIN TECHNOLOGY – DER ÜBERGANG VON VIRTUELLEN ZU REALEN ANWENDUNGEN

Im Jahr 2009 schuf Satoshi Nakamoto die digitale Währung „Bitcoin" und entfesselte die dahinterstehende Technologie namens Blockchain. [1] Seitdem hat die Blockchain Technology einen viel größeren Einfluss gehabt als der Finanzsektor und ist zu einer ganzheitlichen Methodik für viele Facetten der digitalen Welt geworden.

Bei der Blockchain handelt es sich vereinfacht gesagt um eine gigantische und verschlüsselte Textdatei, die sämtliche in ihr getätigte Transaktionen abspeichert. Die Blockchain ist daher zunächst eine große, jedoch dezentrale Datenbank. Einige Besonderheiten zeichnen diese Technik/Datenbank aus, wie etwa, dass eine valide Transaktion nicht rückgängig gemacht werden kann, sämtliche Transaktionen transparent und schnell sind, keine zentrale Instanz benötigt wird und alle Transaktionen durch kryptografische Verschlüsselung sicher sind. Transaktionen können inhaltlich quasi alles sein: Es kann ein Geldbetrag ebenso übertragen werden wie vertragliche Vereinbarungen über Rechte (Musik, sonstige Künstlerrechte, Eigentumsrechte usw.), Informationen etc. Hierzu werden die Transaktionen über kryptografische Verfahren verschlüsselt, aneinandergereiht und mittels einer darübergelegten Hash-Funktion [2] in Blöcken gespeichert, so dass die Originalnachricht nur noch als ein stark verkleinerter Zahlenwert erscheint.

[1] Vgl. Nakamoto, Satoshi (2008): Bitcoin: A Peer-to-Peer Electronic Cash System.

[2] Eine Hash-Funktion ist eine Funktion, die eine große Eingabemenge auf eine kleinere Zielmenge reduziert.

BLOCKCHAIN

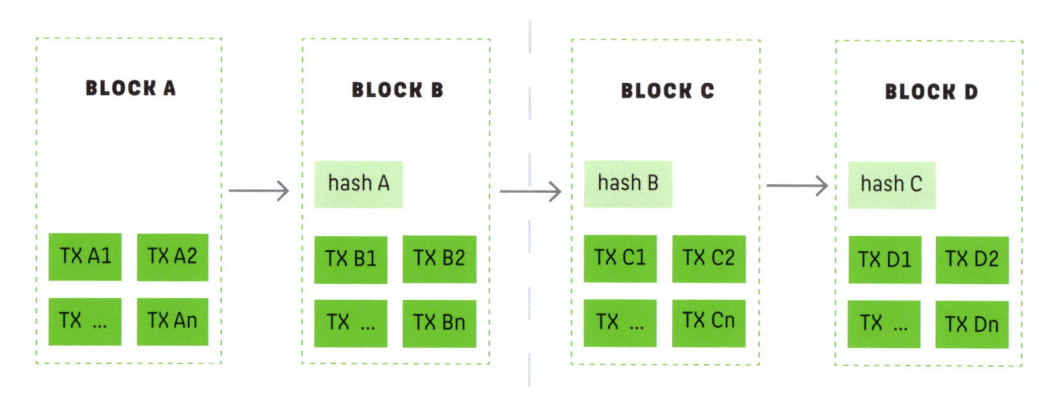

BLOCK A	BLOCK B	BLOCK C	BLOCK D
	hash A →	hash B →	hash C →
TX A1 · TX A2	TX B1 · TX B2	TX C1 · TX C2	TX D1 · TX D2
TX … · TX An	TX … · TX Bn	TX … · TX Cn	TX … · TX Dn

Quelle: ACS plus.

Abbildung 1: Blockchain. [3]

Ein Bitcoin-Block beispielsweise hat eine maximale Größe von 1 Megabyte und beinhaltet mehrere hundert Transaktionen. Die Block-„Chain" ist somit eine chronologische Aneinanderreihung der mit Transaktionen gefüllten Blöcke, die durch die Teilnehmer eines solchen Netzwerkes (Peer-to-Peer) zuvor validiert worden sind.

Die Teilnehmer eines Blockchain-Netzwerkes ersetzen die bisherigen Intermediäre wie z. B. Banken, Notare, Treuhänder, Zwischenhändler etc. Die Regeln, nach denen diese Teilnehmer gemeinsam in Echtzeit darüber beschließen, ob eine Transaktion valide ist oder nicht, werden in einem vorab festgelegten Blockchain-Protokoll bestimmt.

Diese Technologie ist in dieser Form neu, und gleichzeitig wird ihr das Potential zugestanden, unsere gesamte Welt auf den Kopf zu stellen. Sie bringt große Veränderungen in der Art und Weise, wie die Welt Vertrauen, Sicherheit und den Schutz des geistigen Eigentums betrachtet. Mittels der Blockchain Technology können im Wesentlichen alle Produkte geschützt werden, die online verkauft oder übertragen werden können.

Es gibt eine Vielzahl an Blockchian-Varianten, die je nach angestrebtem Businessmodell public, enterprise oder consortial agieren. **[4]**

[3] Public bedeutet demnach, dass sie – wie die Bitcoin Blockchain – jedermann offen zur Verfügung steht, sich jeder, der will, daran beteiligen kann. Bei der enterprise Blockchain können sich an dem Vorgang der Validierung lediglich die Abteilungen, Divisionen, Niederlassungen des entsprechenden Unternehmens beteiligen. Es handelt sich um eine private Blockchain-Anwendung, da der Teilnehmerkreis begrenzt ist. Diese Begrenzung ist erweiterbar auf andere Unternehmen, die sich zusammenschließen, um gemeinsam einen Geschäftszweck zu verfolgen und um als Konsortium Synergien zu heben.

[4] https://www.cbinsights.com/blog/bitcoin-blockchain-startup-global-map/?utm_source=CB+Insights+Newsletter&utm_campaign=b80ff008ea-Top_Research_Briefs_3_11_2017&utm_medium=email&utm_term=0_9dc0513989-b80f-f008ea-88486209, eingesehen am 12.03.2017, um 7:30 Uhr.

Nachfolgend wird die technische Durchführbarkeit einer Blockchain nicht in Zweifel gezogen. Der einer Blockchain zugrundeliegende Algorithmus kann so programmiert werden, dass ein fehlerfreies Funktionieren der Blockchain als sicher anzusehen ist. Von größerer Bedeutung ist vielmehr die Überlegung, wie der sogenannte „Middelman" aus den heute bestehenden Prozessen herausgelöst werden kann und welche Effekte sich daraus ergeben. Die Blockchain lässt nicht nur das Erschaffen digitaler Währungen zu, sondern ermöglicht als Anwendung sogenannte Smart Contracts als webbasierte, vollautomatisierte Computerprotokolle.

SMART CONTRACTS

sind intelligente und dezentrale Verträge, die über einen programmierten Algorithmus den Vertragsablauf autonom steuern und überwachen. Vertrauen in die einzelnen Vertragsparteien wird durch die charakteristischen Merkmale der Blockchain ersetzt. Die Einsatzmöglichkeiten von Smart Contracts gehen über das Vertragscontrolling im Sinne von Abwicklung, Honorierung bzw. Sanktionen hinaus. Aus Blockchain-Sicht herrscht „Code is the law". Aber, juristisch gesehen, bedarf es zweier Willenserklärungen, um einen Vertrag rechtskräftig wirksam werden zu lassen.

Nachfolgend wird davon ausgegangen, dass Smart Contracts, basierend auf der Blockchain Technology, für die Anwendung vielfältiger Business-Modelle eingesetzt werden können, da sie eine hinreichend große Sicherheit für die Vertragsabwicklung bei gleichzeitiger Effizienzsteigerung und Kostenreduzierung versprechen. Ähnlich wie bei den bisher bekannten Prozessen der Vertragsgestaltung und -abwicklung sind auch bei Smart Contracts die Einsatzmöglichkeiten nahezu unbegrenzt. Eine kleine, unvollständige Auflistung gewährt einen ersten Einblick in die Vielfältigkeit.

ANWENDUNGSMÖGLICHKEITEN

Das Startup dbinsight analysiert regelmäßig, in welchen Industrien die Blockchain Technology bereits in den Anwendungen getestet wird. Neben der Finanzindustrie wird diese Technology immer wieder im Zusammenhang mit der Supply Chain, E-Governance, dem Handel, der Immobilienbranche, dem Gesundheitssektor, Energiebereich, und neuerdings auch sehr stark im Bereich Recht betrachtet.

Zwei Beispiele aus Deutschland sollen nachstehend als Stellvertreter für das große Potential der Blockchain Technology herangezogen werden:

Einerseits die Energie-Wirtschaft, die mit dem „Peer-to-Peer-Trading" ermöglicht, dass die produzierte Energie von beispielsweise kleinen Produzenten (Hauseigentümer etc.) ihren Strom nicht mehr an das Oligopol der Stromwirtschaft abgibt, sondern direkt an den Markt. Bisher erlauben dies weder die Gesetzgebung noch die (fiktiven) Transaktionskosten. Durch den Einsatz der Blockchain Technology werden Echtzeit-Märkte denkbar inklusive der dazugehörigen Preisbildung gemäß Angebot und Nachfrage. [5]

Als weiteres Beispiel können sämtliche Notardienste herangezogen werden. Eintragungen in beispielsweise das Handelsregister können mittels Smart Contract automatisiert werden.

Insbesondere dann, wenn der zeitliche Verzug einer Eintragung mit rechtlichen und finanziellen Konsequenzen verbunden ist, erscheint die Abwicklung über ein Blockchain-Modell sehr attraktiv. Fehler werden minimiert, die Transaktionen und der Status quo im Prozess nachvollziehbar, schneller und auch kostengünstiger. Allein, um diesen Aspekt ein bisschen tiefer zu beleuchten, kann die Übertragung von Immobilien-Eigentumsrechten in Deutschland herangezogen werden. Kauft man heute eine Immobilie in Deutschland, so ist man nach der vertraglichen Beurkundung noch lange nicht Eigentümer der entsprechenden Immobilie. Der Kaufvertrag, bestehend aus zwei miteinander korrespondierenden Willenserklärungen, wird Zug um Zug abgewickelt, damit weder Verkäufer noch Käufer an irgendeiner Stelle im Prozess benachteiligt werden und daraus einen Vermögensschaden erleiden.[6] Damit unterteilt das Abstraktionsprinzip den Kaufvorgang in ein Verpflichtungs- und Verfügungsgeschäft. Dieses Stretching des Prozesses hat zur Folge, dass ein Käufer zunächst zur Sicherung seiner Rechte [7] in Abteilung II des Grundbuches eingetragen wird. Damit ist das Eigentum für den Käufer gesichert und alle weiteren notwendigen Schritte zum Übertrag und Übergang des Eigentums können folgen. Dieser Eintrag in Abteilung II ist eine Vormerkung zu Gunsten des Erwerbers. Der beurkundende Notar leitet alle notwendigen Schritte in die Wege, so auch den Antrag auf Eintragung der Vormerkung zugunsten des Erwerbers. Insgesamt soll der Prozess von der Kaufvertragsbeurkundung bis zum Eintrag der Auflassungsvormerkung in Deutschland durchschnittlich 14 Tage dauern – gemäß Aussagen des Bundesjustizministeriums und der Bundesnotarkammer. Leider entspricht das nur selten dem Bild in der Praxis. Daher hat die Verfasserin dieses Beitrages ein Projekt gestartet, um diesen Umstand durch den Einsatz der Blockchain Technology zu beheben. Das Projekt ist in dem entsprechenden White Paper [8] detaillierter nachzulesen. Festzuhalten ist jedoch, dass ein Prozess, der im optimalen Falle zwei Wochen lang dauert, über das Verfahren in weniger als einer Stunde geleistet werden kann. Und genau hierin liegen das große Potenzial und die Begeisterung derer, die sich mit dieser Technik auseinandersetzen. Vorgänge werden erheblich schneller, kostengünstiger und transparent, ohne dabei die vorhandenen Sicherheitsstandards aufzugeben.

[5] Vgl. Voshmgir, Shermin (2016): Blockchains, Smart Contracts und das Dezentrale Web. Technologiestiftung Berlin, S. 24.

[6] Vgl. § 433 BGB i. V. m. §§ 873, 925 BGB (Bürgerliches Gesetzbuch (2016), München).

[7] Beispielsweise, dass es sich der Verkäufer nicht anders überlegt und an einen nächsten Dritten die Immobilie veräußert bzw. die Immobilie noch einmal mit z. B. einem Kredit belastet.

[8] Vgl. Adam, Katarina: (2017) White Paper: Project Hurricane – or how to implement Blockchain Technology in German Real Estate transactions..

Der Middleman – in diesem Falle der Mitarbeiter beim Grundbuchamt – wird zumindest für diesen ersten Schritt in der gesamten Prozesskette der Eigentumsübertragung nicht mehr benötigt. Er kann seine Aufmerksamkeit auf die nächsten Schritte in der Prozesskette richten.

Die Autorin ist überzeugt, dass ab 2017 verstärkt tatsächliche Anwendungen auf dem Markt drängen werden, die im Hintergrund auf die Blockchain Technology zurückgreifen.

DIE NUTZUNG VON ROBOTIC PROCESS AUTOMATION IN DER FINANZ- FUNKTION

Sascha Dawo

ABSTRACT

Seit Jahren besteht in Unternehmen unterschiedlichster Branchen der Trend, Optimierungspotenziale nicht nur in den produktiven Bereichen zu realisieren, sondern auch die administrativen Unterstützungsprozesse und hier insbesondere das Rechnungswesen fortlaufend in Bezug auf Qualität und Effizienz zu optimieren. Mit Robotic Process Automation (RPA) wird das bestehende Optimierungsportfolio um ein weiteres Instrument erweitert. Darunter sind Software-Anwendungen zu verstehen, die repetitive, gleichförmige Tätigkeiten übernehmen können, die bislang Menschen ausgeführt haben. Die Frage ist, ob es sich nur um einen weiteren Technologietrend handelt, der das stetig wachsende Instrumentenportfolio der Prozessoptimierung erweitert, oder ob hierdurch eine signifikante Umwälzung in der Art und Weise ausgelöst wird, wie administrative Tätigkeiten in Unternehmen zukünftig durchgeführt werden.

1. RATIONALISIERUNG IM FINANZBEREICH

Seit den frühen 1970er Jahren wird die elektronische Datenverarbeitung (EDV) in breitem Umfang im Rechnungswesen genutzt, wodurch signifikante Rationalisierungsvorteile erreicht worden sind. Heutige IT-Anwendungen zur Unterstützung des Finanzbereichs sind in größeren Unternehmen Teil der Unternehmenssoftware bzw. sogenannter ERP-Systeme. [1] Darunter sind betriebswirtschaftliche EDV-Lösungen zu verstehen, die die operative Steuerung von Geschäftsprozessen, also von betrieblichen Abläufen, über nahezu alle Unternehmensbereiche hinweg unterstützen. Die Finanzfunktion ist bei ERP-Systemen eine wesentliche, aber nicht die einzige unterstützte Unternehmensfunktion. Alle Unternehmensbereiche sind durch ein gemeinsames Datenmodell verbunden, so dass die Bearbeitung von Geschäftsvorfällen in den Bereichen Einkauf, Absatz, Materialwirtschaft usw. oftmals automatisch Buchungen im Finanzbereich auslöst, ohne dass es dazu gesonderter Aktivitäten im Rechnungswesen bedarf. Vor diesem Hintergrund erstaunt es nicht, dass in den vergangenen Jahren die Weiterentwicklung der ERP-Systeme sowie deren Integration mit Vor-Systemen im Fokus stand. Beide Maßnahmen befördern die Möglichkeit, Finanzbuchungen automatisch zu erzeugen und gleichzeitig die Qualität zu steigern.

Gegenwärtig entwickeln sich zusätzliche neue Technologietrends, die die Effizienz und die Qualität im Rechnungswesen weiter erhöhen. Ein Beispiel ist die Bereitstellung von ERP-Services als sog. Cloud-Angebote mit dem Versprechen, die IT-Infrastruktur wesentlich kostengünstiger als bisher bereitzustellen und gleichzeitig die Flexibilität zur Nutzung der ERP-Systeme zu erhöhen. Daneben ist die Nutzung der „In-Memory-Technologie" (z. B. SAP HANA) zu nennen, die zu einer signifikanten Ausweitung der Auswertemöglichkeiten von Daten führt. Parallel werden klassische EDV-basierte Optimierungen durch technologische Fortschritte permanent verbessert (z. B. automatisches Scannen von Eingangsrechnungen).

Trotz dieser Entwicklung werden bislang nicht alle Buchungen im Rechnungswesen automatisch erzeugt. Nach wie vor finden sich in den meisten Prozessen aus ganz unterschiedlichen Gründen manuelle Arbeitsschritte.

Die nach wie vor bestehenden manuellen Tätigkeiten sollen in immer kürzerer Zeit möglichst ohne Fehler durchgeführt werden. Dies kann erreicht werden durch die Optimierung und Standardisierung des jeweiligen Prozesses. Dazu nutzen Unternehmen seit vielen Jahren auch organisatorische Ansätze. Die bedeutendste Organisationsform ist hierbei das Shared Service Center (SSC), das seit den 1990er Jahren in Europa immer häufiger Anwendung findet. Darunter sind rechtlich oder organisatorisch abgegrenzte Organisationseinheiten zu verstehen, in denen unternehmensweit benötigte Unterstützungsprozesse für andere Organisationseinheiten des Unternehmens als Dienstleistungen durchgeführt werden.[2] Dabei sind zwei Grundformen zu unterscheiden, die sich im Laufe der Zeit herausgebildet haben:[3]

- *Center of Scale (CoS)* sind auf die Bündelung und Bereitstellung standardisierter, transaktionsorientierter, repetitiver Prozesse mit hohem Transaktionsvolumen ausgerichtet wie z. B. die Buchhaltungsprozesse. Die ständige Optimierung und Standardisierung des Prozessablaufs führt zur effizienten Prozessdurchführung und gleichzeitig geringer Fehlerhäufigkeit.
- *Center of Expertise (CoE)* sind auf die Bündelung und Bereitstellung von Expertenwissen ausgerichtet. Sie bieten wissensorientierte Leistungen für alle anderen Organisationseinheiten des Unternehmens an wie z. B. Rechtsberatung oder Analysetätigkeiten. Dadurch wird sichergestellt, dass Expertenwissen nur an einer Stelle im Unternehmen aufgebaut und optimal genutzt wird.

Damit wird deutlich, dass für die hier zu betrachtende Fragestellung die CoS im Mittelpunkt stehen (im Folgenden ist immer ein SSC in der Ausprägung eines CoS gemeint), da dort die für RPA in Frage kommenden transaktionalen Prozesse betrieben werden. Bislang war das SSC-Konzept insbesondere ein Konzept, das bei Großunternehmen von Bedeutung war. Die große Mehrheit der deutschen Großunternehmen hat bereits ein SSC implementiert oder befasst sich mit der Einführung.[4] Allerdings zeigen aktuelle Studien, dass SSC auch im Bereich von mittelständischen Unternehmen mehr und mehr genutzt werden.[5]

Ergänzend zu erwähnen ist an dieser Stelle das Outsourcing, das einen dem SSC-Ansatz ähnlichen, aber letztlich weitergehenden Ansatz darstellt. Denn dabei werden Prozesse nicht nur gebündelt, sondern zusätzlich an einen externen Dritten ausgelagert. Dem Outsourcing-Partner wird die dauerhafte Verantwortung für die Erbringung der ausgelagerten Leistung übertragen. [6] Obwohl „Prozesse des Rechnungswesens […] in der Literatur als gut geeignet für Outsourcingmaßnahmen" [7] gelten, ist das SSC die bislang von den Unternehmen favorisierte Organisationsform zur Optimierung von Unterstützungsprozessen. [8]

Der SSC-Ansatz lässt sich mit dem Offshoring-Ansatz kombinieren. Offshoring bezeichnet die Auslagerung von Prozessen in Länder mit meist geringerem Lohnniveau, [9] wobei im Einzelfall auch andere Gründe für die Verlagerung ausschlaggebend sein können (z. B. die Nähe zu operativen dezentralen Einheiten). Die Kombination beider Ansätze führt dazu, dass Tätigkeiten in einem Niedriglohnland als SSC betrieben werden. Die Möglichkeiten des Offshorings werden bislang insbesondere von großen Unternehmen genutzt (35 %), demgegenüber hat sich ein wesentlicher Teil der deutschen Unternehmen (42 %) bisher noch nicht mit dem Offshoring befasst. [10]

Der SSC-Ansatz geht Hand in Hand mit der IT-Optimierung von technologieunterstützen (Finanz-)Prozessen. So ist beispielsweise das Vorhandensein eines einheitlichen ERP-Systems ein Erfolgsfaktor für die konsequente Erreichung der mit der SSC-Einführung angestrebten Ziele. [11] Optimierungen eines ERP-Systems, auf dem die Buchhaltungsprozesse eines SSC betrieben werden, wirken sich direkt auf alle durch das SSC betreuten Prozesse aus. Technologische Innovationen im Bereich der ERP-Systeme beeinflussen daher die Effizienz von SSC. RAP als neuartiger Optimierungsansatz wird sich in den eingespielten „Kanon" der Optimierungsoptionen einfügen. Dabei stellt sich die Frage, ob RPA bisherige technologische Ansätze ergänzt oder verdrängt, und welche Auswirkungen sich auf die Vorteilhaftigkeit organisatorischer Ansätze ergeben.

2. BEGRIFFSBESTIMMUNG RPA UND VERHÄLTNIS VON RPA ZUR IT-BASIERTEN PROZESSOPTIMIERUNG

Unter RPA ist eine Anwendung (Software) zu verstehen, die dazu geeignet ist, als virtuelle Arbeitskraft mit unterschiedlichen Schnittstellen herkömmlicher IT-Anwendungen zu kommunizieren mit dem Ziel, in diesen Anwendungen Transaktionen durchzuführen, Daten zu verändern und über mehrere IT-Anwendungen zu kommunizieren. RPA-Anwendungen arbeiten in einer vergleichbaren Art und Weise auf dem „User Interface" herkömmlicher IT-Anwendungen, wie es Menschen tun. [12] Dadurch unterscheidet sich RPA signifikant von der traditionellen Integration von Informationstechnologie. [13] Denn für die Nutzung von RPA reicht es in der Regel aus, alleine die Präsentationsschicht von Anwendungen anzusprechen. Im Gegensatz zur Integration mittels Schnittstelle muss nicht die Geschäftslogik der zugrundeliegenden Anwendungen oder deren Datenmodell adressiert werden. RPA-Software setzt sich je nach Ausrichtung aus verschiedenen

Komponenten zusammen, die unterschiedliche Aufgaben übernehmen wie etwa das Sammeln von Daten durch Bildererkennung, Auslesen von Tabellen oder Webseiten. [14] Welche Komponenten das im Einzelnen sind, hängt von den Anforderungen des geplanten Einsatzes ab.

Die Vorgehensweise zur Einführung von RPA-Anwendungen entspricht im Grunde der Einführung herkömmlicher IT-Anwendungen. [15] Allerdings besteht nur ein vergleichsweise geringer Integrationsaufwand mit den bestehenden IT-Anwendungen, da die RPA-Software in der Regel nur die Darstellungsschicht adressiert. Infolgedessen muss keine Integration auf der Ebene des Datenmodells erfolgen. [16] RPA-Software lässt sich daher einfacher als bisherige Software in eine komplexe IT-Landschaft einfügen.

Mit RPA-Anwendungen stehen damit neue Automatisierungsinstrumente zur Verfügung, die das bisherige Optimierungsportfolio erweitern. Gleichzeitig ist Automatisierung nach wie vor ein Top-Handlungsfeld im Bereich von SSC, wie Umfragen unter SSC-Verantwortlichen auch aktuell zeigen. [17] Dort, wo auch die klassische IT-Integration einen Rationalisierungseffekt erreichen kann, tritt RPA damit in Konkurrenz zur klassischen Optimierung der bestehenden IT-Anwendungen. Die bislang beobachtbaren Implementierungsbeispiele lassen vermuten, dass RPA bei der punktuellen Optimierung einzelner Prozessschritte oftmals die wirtschaftlichere Alternative sein wird. [18] Der Grund liegt vor allem in der schnellen und einfachen Implementierung. [19]

3. MÖGLICHE ANWENDUNGSBEREICHE IM FINANZBEREICH

Vor diesem Hintergrund wird die Nutzung von RPA im Bereich der Unterstützungsprozesse derzeit intensiv diskutiert. Viele der etablierten Anbieter, die bislang Dienstleistungen im Bereich Prozessoptimierung und Automatisierung anbieten, wie z. B. KPMG, EY, Deloitte, Accenture usw., haben das Thema bereits in ihr Portfolio mit aufgenommen. Daneben finden sich auch Anbieter aus dem IT Bereich wie z. B. Blue Prism, UIPath, IPSoft usw. [20]

Gleichwohl ist die Zahl von SSC- und Prozessverantwortlichen, die bereits aktive Implementierungserfahrungen aufweisen, bislang noch gering. [21] Bereiche, wo RPA bereits früh produktiv eingesetzt wurde, sind beispielsweise das IT-Infrastrukturmanagement [22] (Funktion) oder Versicherungsunternehmen [23] (Branche). Im Bereich der Finanzfunktion bietet sich der Einsatz von RPA in erster Linie in Organisationen an, in denen die Tätigkeiten bereits standardisiert sind und regelbasiert ablaufen. Das trifft insbesondere auf solche Rechnungswesenprozesse zu, die in einem SSC organisiert sind. In einer Befragung von SSC- und Prozessverantwortlichen sahen diese den Hauptanwendungsfall von RPA im Bereich der Kreditorenbuchhaltung und der Reisekostenabrechnung gefolgt von Anlagevermögen und Hauptbuchhaltung. [24] Diese Schwerpunkte verwundern nicht. Seit Jahren sind diese Sachgebiete Ziel von Optimierungen im Rechnungswesen. Auf Basis der bisher beobachtbaren Anwendungsfälle zeigt sich, dass für die Identifizierung von zu automatisierenden Prozessschritten im Finanzbereich insbesondere folgende Kriterien relevant sind: [25]

- Standardisierter, immer gleicher Prozessablauf
- Regelbasierter Ablauf, d. h. alle notwendigen Entscheidungen in einem Prozessschritt können anhand der Input-Daten und festen Entscheidungsregeln getroffen werden
- Hohes Transaktionsvolumen
- Hohe Fehleranfälligkeit bei manueller Durchführung
- Hohe Compliance-Anforderungen
- Eine alternative Änderung der in dem Prozess relevanten ERP oder sonstigen IT-Systeme ist aufwendig

Diese Punkte sind in einem Implementierungsprojekt zu prüfen. Dabei ergibt sich in Abhängigkeit vom Einzelfall eine unterschiedliche Relevanz und Bedeutung der einzelnen Kriterien. In Bezug auf die Prozessschritte, die in den Anwendungsbereich von RPA fallen, lassen sich u. a. folgende Vorteile erzielen: [26]

- *Schnelligkeit:* RPA kann sich wiederholende Tätigkeiten schneller und unermüdlicher durchführen als menschliche Arbeitskräfte.
- *Skalierbarkeit:* Die Anzahl der aktiven RPA-Software-Roboter kann je nach Bedarf erhöht oder verringert werden.
- *Fehlerfreiheit:* Implementierte Prozesse werden fehlerfrei abgearbeitet. Dadurch können Compliance-Anforderungen zuverlässig erfüllt werden. [27]
- *Regulatorische Änderungen:* RPA ermöglicht die schnelle Umsetzung regulatorischer Anforderungen ggf. auch als Zwischenlösung bis zu einer Implementierung in einem ERP-System, was die Dringlichkeit für Änderungen von ERP-Systemen verringert.
- *Agilität:* RPA ermöglicht eine schnelle Reaktion auf (regelmäßige) Änderungen der operativen Prozesse ohne Anpassung der ERP-Systeme.

Vor diesem Hintergrund wird die Ausführung von repetitiven, standardisierten und zugleich häufig anfallenden Tätigkeiten durch RPA statt durch menschliche Mitarbeiter als Möglichkeit gesehen, um signifikante Kostenvorteile zu erzielen. [28]

Die bisherigen Aussagen diesbezüglich beruhen auf einzelnen Anwendungsbeispielen. In der Tendenz kann jedoch erwartet werden, dass die Kosten für die Durchführung von Tätigkeiten zwischen 25 % bis 70 % sinken können, [29] was immer auch davon abhängt, wie die Tätigkeit vorher organisiert war. [30]

4. VERHÄLTNIS VON RPA ZU ORGANISATORISCHEN ANSÄTZEN

Wie oben schon dargestellt, steht RPA zum Teil in Konkurrenz zur IT-basierten Automatisierung mittels Anpassung von ERP-Systemen oder Vor-Systemen. Die Frage ist, welchen Einfluss RPA darüber hinaus auf die Attraktivität der bisher angewandten Organisationskonzepte nimmt.

Mit Blick auf die gerade dargestellten Anwendungskriterien für RPA ist festzustellen, dass ein SSC die Finanzprozesse standardisiert und damit optimal für die Anwendung von RPA vorbereitet. Auf Basis der bisherigen Erfahrungen kann daher davon ausgegangen werden, dass RPA den SSC-Ansatz ergänzt. [31] In SSC können einzelne Prozessschritte nach und nach durch RPA übernommen werden, so dass es zu einer Dualität von automatisierten und manuellen Prozessschritten kommt, wobei sich der Automatisierungsgrad in Abhängigkeit von der technischen Entwicklung ändern wird.

In Bezug auf Offshoring kommt es darauf an, ob Lohnvorteile der ausschlaggebende Grund für die Vorteilhaftigkeit von Offshoring sind. Wenn die durch Offshoring erzielbaren Kostenvorteile nachhaltig auch bei einer Anwendung des RPA-Konzepts in Kombination mit einem Onshore-Standort realisiert werden können, kann RPA im Ergebnis dazu führen, dass Offshoring nicht mehr attraktiv ist. [32] Damit könnte die Nutzung von RPA eine Alternative zu Offshoring sein und dazu führen, dass in der Vergangenheit in Niedriglohnländer verlegte Aktivitäten wieder zurückkommen. Denn durch die Nutzung von RPA ließen sich die Nachteile des Offshoring, wie z. B. räumliche Trennung oder sprachliche Distanz zwischen Leistungsempfänger und Leistungserbringer, vermeiden. Gleichzeitig könnte durch RPA ein Kostenniveau realisiert werden, das einem durch Offshoring erzielbarem Kostenniveau entspricht.

AUSBLICK

Wie der Beitrag zeigt, hat RPA das Potenzial, die Art und Weise, wie Prozesse im Rechnungswesen zukünftig durchgeführt werden, mit zu beeinflussen. Allerdings steckt die Forschung hierzu noch in den Anfängen. Derzeit ist noch unklar, ab welchem Transaktionsvolumen RPA wirtschaftlich eingesetzt werden kann, und damit auch, inwieweit RPA auch außerhalb von SSC Strukturen z. B. in mittelständischen Unternehmen Einzug halten wird. Unklar ist auch, welche Tätigkeiten in naher Zukunft übernommen werden können. Das hängt davon ab, ob RPA-Software zukünftig noch komplexere Aufgaben übernehmen kann als heute.

Andererseits wird die Digitalisierung dazu führen, dass der Integrationsgrad der IT-Landschaft eines Unternehmens insgesamt weiter steigt, wodurch das Anwendungspotenzial für RPA reduziert wird.

Daher ist letztlich noch offen, in welchem Umfang RAP z. B. menschliche Arbeit in administrativen Bereichen mittel- bis langfristig ersetzen kann bzw. wird. Gegenläufige Effekte in Bezug auf die Beschäftigungswirkung sind z. B. aus der Konkurrenz von RPA zu Offshoring zu erwarten, da hierdurch ggf. ganze SSC nicht mehr ausgelagert werden, gleichzeitig aber nicht alle Tätigkeiten durch RPA (oder sonstige Automatisierungen) übernommen werden. Vor diesem Hintergrund wird das Thema sowohl für die Praxis als auch aus Forschungssicht weiter an Attraktivität gewinnen und kontinuierlich auf dem Radarschirm verbleiben.

[1] ERP steht für Enterprise Ressource Planning.

[2] Vgl. zu dem Begriff SSC ausführlich: Kolburg, Anja: Effizienz im Rechnungswesen, Wiesbaden 2013, S. 46 ff.

[3] Vgl. z.B. Becker, Wolfgang; Bluhm, Katja; Kunz, Christian; Mayer, Benjamin: Gestaltung von Shared Service Centern in internationalen Konzernen, Bamberger betriebswirtschaftliche Beiträge, Bd. 158, Bamberg 2008, S. 11 ff.

[4] Vgl. Kolburg, Anja: Effizienz im Rechnungswesen, Wiesbaden 2013, S. 49 m. w. N.

[5] Vgl. hierzu ausführlich: Studie KPMG und Universität Göttingen: Shared Service Center im Mittelstand, 2014.

[6] Vgl. Kolburg, Anja: Effizienz im Rechnungswesen, Wiesbaden 2013, S. 51.

[7] Kolburg, Anja: Effizienz im Rechnungswesen, Wiesbaden 2013, S. 51 m. w. N.

[8] Vgl. Dreßler, Sören: Die Controlling-Organisation in globalen Unternehmen vor dem Hintergrund von Offshoring-Möglichkeiten, in: Gleich, Ronald; Michel, Uwe: Organisation des Controlling – Grundlagen, Praxisbeispiele, Perspektiven, München 2007, S. 307.

[9] Dabei bezeichnet „Nearshoring" die Verlagerung innerhalb eines Kontinents und „Offshoring" die Verlagerung auf einen anderen Kontinent. Schließlich ist mit „Onshoring" die Verlagerung in eine andere Region im eigenen Land gemeint.

[10] Vgl. Kolburg, Anja: Effizienz im Rechnungswesen, Wiesbaden 2013, S. 55 m.w.N.

[11] So auch hierzu ausführlich: Studie KPMG und Universität Göttingen: Shared Service Center im Mittelstand, 2014, S. 24.

[12] Vgl. Horton, Richard: The Robots are coming, A Deloitte Inside Report, 2015. S. 5.

[13] Vgl. hierzu ausführlich Allweyer, Thomas: Robotic Process Automation – Neue Perspektiven für die Prozessautomatisierung, Hochschule Kaiserslautern, 2016, https://www.kurze-prozesse.de/blog/wp-content/uploads/2016/11/Neue-Perspektiven-durch-Robotic-Process-Automation.pdf (09.03.2017), S. 2 f.

[14] Vgl. hierzu auch Schatsky, David; Muraskin, Craig; Iyengar, Kaushik: Robotic process automation. A path to the cognitive enterprise, Deloitte, 2016, www.DUPress.com (31.01.2017).

[15] Vgl. zum Einführungsprozess Kalaimani, Pradeep Kumar: Putting Robots to Work for Higher Efficiency in Finance and Accounting Processes, White Paper, Tata Consulting Service, www.tcs.com (17.12.2016), S. 9 ff.

[16] Vgl. Kalaimani, Pradeep Kumar: Putting Robots to Work for Higher Efficiency in Finance and Accounting Processes, White Paper, Tata Consulting Service, www.tcs.com (17.12.2016), S. 12.

[17] Vgl. Horton, Richard: The Robots are coming, A Deloitte Inside Report, 2015. S. 3.

[18] So berichtet Willcocks, dass in einem untersuchten Anwendungsfall die Rendite für eine RPA-Implementierung im ersten Jahr bei etwa 200 Prozent lag mit einer Implementierungszeit von drei Monaten. Eine alternative Änderung der IT-Systeme mit derselben Wirkung hätte eine dreijährige Amortisationszeit zur Folge gehabt und die Implementierung hätte neun Monate gedauert, vgl. Lhue, Xavier: The next acronym you need to know about: RPA (robotic process automation), <http://www.mckinsey.com/business-functions/digital-mckinsey/our-insights/the-next-acronym-you-need-to-know-about-rpa (02.03.2017) mit weiteren Beispielen.

[19] Vgl. für weitere Vorteile auch Lhue, Xavier: The next acronym you need to know about: RPA (robotic process automation), <http://www.mckinsey.com/business-functions/digital-mckinsey/our-insights/the-next-acronym-you-need-to-know-about-rpa (02.03.2017).

[20] Vgl. für einen Marktüberblick Transparency Market Research: "IT Robotic Automation Market – Global Industry Analysis, Size, Share, Growth, Trends and Forecast 2016–2024", 2016, http://www.transparencymarketresearch.com (28.02.2017).

[21] Vgl. Horton, Richard: The Robots are coming, A Deloitte Inside Report, 2015. S. 5.

[22] Vgl. überblicksartig: Müller, Dietmar; Violino, Bob: Der neue Jobkiller in der IT-Branche ?, http://www.computerwoche.de/a/der-neue-job-killer-in-der-it-branche,3096563,2 (08.02.2017)

[23] Nach der Erfahrung von Accenture kann in einigen der Prozesse eine 40-80-prozentige Reduktion der Bearbeitungszeiten erreicht werden und gleichzeitig die Qualität verbessert werden, vgl. Accenture: A holistic approach to insurance automation, 2016, www.accenture.com (28.02.2017), S. 4.

[24] Vgl. auch Horton, Richard: The Robots are coming, A Deloitte Inside Report, 2015. S. 7, dabei kommen grundsätzlich für die Anwendung von RPA alle Prozessbereiche in Frage, vgl. auch die Auflistung bei Ernst & Young: Robotic process automation in the Finance function of the future, 2016, www.ey.com (17.12.2016), S. 6.

[25] Vgl. Allweyer, Thomas: Robotic Process Automation – Neue Perspektiven für die Prozessautomatisierung, Hochschule Kaiserslautern, 2016, https://www.kurze-prozesse.de/blog/wp-content/uploads/2016/11/Neue-Perspektiven-durch-Robotic-Process-Automation.pdf (09.03.2017), S. 4.

[26] Vgl. zu Nutzenpotentialen auch Allweyer, Thomas: Robotic Process Automation – Neue Perspektiven für die Prozessautomatisierung, Hochschule Kaiserslautern, 2016, https://www.kurze-prozesse.de/blog/wp-content/uploads/2016/11/Neue-Perspektiven-durch-Robotic-Process-Automation.pdf (09.03.2017), S. 5 f.; Ernst & Young: Robotic process automation in the Finance function of the future, 2016, www.ey.com (17.12.2016), S. 4 u. 5.

[27] Vgl. Lhue, Xavier: The next acronym you need to know about: RPA (robotic process automation), <http://www.mckinsey.com/business-functions/digital-mckinsey/our-insights/the-next-acronym-you-need-to-know-about-rpa (02.03.2017).

[28] Nach den Erfahrungen von Deloitte belaufen sich die Kosten für RPA nur auf ein Neuntel der Personalkosten für „onshore"-Mitarbeiter, vgl. Horton, Richard: The Robots are coming, A Deloitte Inside Report, 2015. S. 7.

[29] Vgl. exemplarisch Ernst & Young: Robotic process automation in the Finance function of the future, 2016, www.ey.com (17.12.2016), S. 4 und 6, die genannten Zahlen variieren dabei in Bezug auf die Maximalwerte, vgl. auch Kalaimani, Pradeep Kumar: Putting Robots to Work for Higher Efficiency in Finance and Accounting Processes, White Paper, Tata Consulting Service, www.tcs.com (17.12.2016), S. 5 f.

[30] Diese Ergebnisse entsprechen auch den Erfahrungen aus anderen Anwendungsbereichen von RPA, vgl. hierzu ausführlich Lhue, Xavier: The next acronym you need to know about: RPA (robotic process automation), <http://www.mckinsey.com/business-functions/digital-mckinsey/our-insights/the-next-acronym-you-need-to-know-about-rpa (02.03.2017).

[31] So auch Ernst & Young, vgl. Ernst & Young: Robotic process automation in the Finance function of the future, 2016, www.ey.com (17.12.2016), S. 6.

[32] Vgl. Ernst & Young: Robotic process automation in the Finance function of the future, 2016, www.ey.com (17.12.2016), S. 6; Horton, Richard: The Robots are coming, A Deloitte Inside Report, 2015. S. 6.

FIT FOR INTER- NATIONALI- ZATION

Christina Saulich | Veit Wohlgemuth | Tine Lehmann

ABSTRACT

Internationalization is a highly relevant issue for small and medium-sized enterprises (SMEs) in the context of globalized business environments. This paper provides an overview of the diverging patterns for SME internationalization. It further discusses how a cooperation between SMEs and Higher Education Institutions (HEI) can support the internationalization process of small firms.

1. INTRODUCTION

The increasing internationalization of markets has created new business opportunities. At the same time small and medium-sized enterprises (SMEs) are facing increased competition from foreign firms. In the light of these developments, the internationalization of SMEs has become a multi-faceted field of research with high practical relevance for SMEs, policy makers, and researchers alike.

SME internationalization refers to the "process of adapting firms' operations (strategy, structure, resource, etc.) to international environments". [1] Research on SME internationalization has revealed that SMEs follow different patterns when embarking on the process of internationalization. These patterns vary with respect to the timing of entry into foreign markets, the scope and scale of international activities, as well as the outcomes of internationalization. This paper therefore asks the question: What are the predominant patterns of SME internationalization and how can Higher Education Institutions (HEI) support SMEs in their internationalization process?

2. INTERNATIONALIZATION PATTERNS

Throughout the past four decades of empirical research on international SMEs researchers have identified three predominant internationalization patterns **[see Table 1]**:

1. incremental internationalization;
2. radical internationalization;
3. late internationalization.

These patterns differ in terms of the timing of entry into foreign markets, the scope (i.e. the number of countries and regions in which a firm operates), and the scale of internationalization (i.e. a firm's operation modes and its intensity of foreign engagement as measured by the foreign to total sales ratio). The internationalization process of an SME is not necessarily linear, but highly individual and situation-specific. This implies that a) patterns may change over time; and b) firms live through different internationalization episodes, including periods of increased, rapid internationalization and of de-internationalization. [2]

[1] Calof, J. L., & Beamish, P. W. (1995). Adapting to Foreign Markets: Explaining Internationalization. International Business Review, 4(2), 115–131, p. 116.

[2] Kuivalainen, O., Sundqvist, S., Saarenketo, S., & McNaughton, R. (2012). Internationalization Patterns of Small and Medium-sized Enterprises. International Marketing Review, 29(5), 448–465.

INCREMENTAL INTERNATIONALIZATION: UPPSALA MODEL	RADICAL INTERNATIONALIZATION: BORN-GLOBAL MODEL	LATE INTERNATIONALIZATION: BORN-AGAIN GLOBAL MODEL
Gradual entry and increase of commitment to foreign markets older firms	Internationalization from inception or shortly after firm's founding young firms	Internationalization triggered by critical incident(s) older firms
Traditional manufacturing industries	Knowledge-intensive industries	Traditional manufacturing and service-intensive industries
Domestic expansion first, gradual worldwide expansion second	Rapid worldwide expansion	Domestic expansion first, sudden, rapid worldwide expansion second
Small/medium share of foreign sales	Large share of foreign sales	Large share of foreign sales
Reactive internationalization	Proactive internationalization	Reactive internationalization

Table 1: Predominant Patterns of SME Internationalization. Source: the authors, based on Oleijnik [3]

2.1 Incremental Internationalization: The Uppsala Model
The so-called Uppsala model [4/5] views a firm's internationalization as a process with gradually increasing commitments to foreign markets. Internationalization is understood as a self-reinforcing learning process throughout which firms gradually gain deeper knowledge about foreign markets and in turn increase their commitment. The model proposes four incremental stages along the establishment chain: stage 1) no regular export activities; stage 2) export via independent representatives (agents); stage 3) sales subsidiary; and stage 4) production/manufacturing. Proponents of incremental internationalization argue that SMEs first enter foreign markets with a low psychic distance and – once they have acquired sufficient knowledge – successively expand to markets with greater psychic distance.

In the light of more recent research on SME internationalization, the Uppsala model has attracted some criticism. Despite some empirical evidence of incremental internationalization not all firms internationalize in a gradual and linear, forward moving manner.

2.2 Radical Internationalization: The Born Global Model
Born globals, born regionals or international new ventures follow a pattern of radical internationalization. [6] These types of firms are "business organization[s] that, from inception, seek [...] to derive significant competitive advantage from the use of resources and the sale of outputs in multiple countries". [7] Born globals are committed internationalists that internationalize from inception or shortly (two to five years) after their founding. This internationalization pattern is predominant among smaller, technology-intensive firms operating in highly

specialized global niches. Such firms perceive the world as one market place, hence, psychic distance does not determine the selection of foreign markets. In contrast to gradually internationalizing firms, born globals follow a proactive and more structured approach towards internationalization.

2.3 Late Internationalization: The Born-Again Global Model

The third and final internationalization pattern refers to long-established firms, commonly from traditional industries, which suddenly expand into foreign markets, i.e. are re-born as globally operating firms. **[8,9]** In most cases, a critical incident or a combination of incidents precipitates this sudden turn towards committed internationalization. Usually, late internationalization results from a change in ownership and/or management. In some cases, firms suddenly internationalize in order to follow a domestic client into new markets or as a response to market innovations or new information technologies. Born-again global firms differ from born globals in so far as they internationalize much later and can already draw on a pool of resources for their internationalization process.

3. SUPPORTING INTERNATIONALIZATION THROUGH COOPERATION BETWEEN SMES AND HEI

Internationalization is a complex process that requires entrepreneurs/a firm's management to take far-reaching decisions on which the success of an SME's international activities depends. However, due to their organizational structure and limited resource base small firms face specific challenges regarding their internationalization. Among others, they are often confronted with a lack of intercultural skills, a lack of knowledge about international markets, and limited financial resources, e.g. to hire consultants to compensate for these disadvantages. Despite these challenges and the high amount of resources required for internationalization, SMEs are ill-advised to ignore potential business opportunities offered by the globalization of markets as this is likely to be detrimental to their survival.

[3] Olejnik, E. (2014). International Small and Medium-Sized Enterprises: Internationalization Patterns, Mode Changes, Configurations and Success Factors. Wiesbaden: Springer Gabler.

[4] Johanson, J., & Vahlne, J.-E. (1977). The Internationalization Process of the Firm – A Model of Knowledge Development and Increasing Foreign Market Commitments. Journal of International Business Studies, 8(1), 23-32.

[5] Johanson, J., & Wiedersheim-Paul, F. (1975). The Internationalzation of the Firm – Four Swedish Cases. Journal of Management Studies, 12(3), 305-322.

[6] Knight, G. A., & Cavusgil, S. T. (2004). Innovation, Organizational Capabilities, and the Born-Global Firm. Journal of International Business Studies, 35(2), 124-141.

[7] Oviatt, B. M., & McDougall, P. P. (1994). Toward a Theory of International New Ventures. Journal of International Business Studies, 25(1), p. 49.

[8] Bell, J., McNaughton, R., Young, S., & Crick, D. (2003). Towards an Integrative Model of Small Firm Internationalisation. Journal of International Entrepreneurship, 1(4), 339-362.

[9] Schueffel, P., Baldegger, R., & Amann, W. (2014). Behavioral Patterns in Born-Again Global Firms. Multinational Business Review, 22(4), 418-441.

Establishing collaborations between Higher Education Institutions (HEI) and local SMEs is a promising path to overcome this dilemma. A cooperation between local SMEs and HEI could involve tailor-made student consultancies for small firms which seek to internationalize. Students can support SMEs through research on target markets and country comparison analyses as well as assessments of firms' resources or of possible risks of internationalization.

Such collaborations are beneficial for all parties involved: First, they increase the employability of students as they gain a deeper knowledge of entrepreneurship issues, international and intercultural experience, and an increased international professional network. Second, SMEs advance their internationalization process and broaden their regional and international network. Finally, HEIs become more entrepreneurial [10] by integrating practical elements into their educational concepts and establishing networks with local firms that ultimately contribute to the overall regional development.

[10] OECD & European Commission. (2012). A Guiding Framework for Entrepreneurial Universities. Retrieved from https://www.oecd.org/site/cfecpr/EC-OECD%20Entrepreneurial%20Universities%20Framework.pdf [10.03.2017]. 305–322.

FIT FÜR DIGITALES BUSINESS? MIT SARA ZUR LEISTUNGSBEWER- TUNG DIGITALER PROZESSE

Thomas Pietsch

ABSTRACT

Beim Thema Digitalisierung ist in Wissenschaft und Praxis derzeit noch sehr vieles in Bewegung. Vor allem KMU wissen oft nicht, was das für sie bedeutet und was sie dafür tun müssen. Mit SARA (Structural Ability Rating Application) wird ein Werkzeug für die Leistungsbewertung von Prozessstrukturen in KMU geschaffen. Diese Bewertung wird den Unternehmen zeigen, wo sie stehen, und ihnen helfen, Maßnahmen für die digitalisierte Industrie von morgen besser zu planen und durchzuführen.

1. AUSGANGSSITUATION

Die Idee der vierten industriellen Revolution klingt gut, fraglich ist jedoch, welche Bedeutung sie derzeit hat und welche Bedeutung sie in der Zukunft haben wird. Vor allem die in Deutschland die Wirtschaft maßgeblich tragenden mittelständischen Unternehmen fragen sich,

- können wir diesen Weg gehen und werden wir die entstehenden Herausforderungen meistern?
- wo stehen wir strukturell, wenn bei uns ein Digitalisierungsprojekt gestartet werden soll?
- sind wir gerüstet, um die Anforderungen an eine vierte industrielle Revolution zu erfüllen?
- verlieren wir den Anschluss, weil die Voraussetzungen bei uns noch nicht gegeben sind?

Bei den Voruntersuchungen zu dem hier beschriebenen Vorhaben wurde festgestellt, dass kleine und mittelständische Unternehmen (KMU) sehr unterschiedlich aufgestellt sind. [1] Jedes KMU hat seine ganz individuelle Ausgangssituation für das Thema Digitalisierung.

2. DURCHGEFÜHRTE UNTERSUCHUNG

In einem anwendungsorientierten Wissenschafts-Praxis-Projekt der ML!PA Consulting GmbH und dem Studiengang Wirtschaftsinformatik der HTW Berlin wurde die Positionierung von KMU zum Thema Digitalisierung untersucht. Hierbei wurde ermittelt, dass die Situation in KMU sehr uneinheitlich ist: Je nach Branche, Unternehmen, und teilweise sogar unternehmensintern nach Standort, wurden verschiedene Konzepte verfolgt.

---

[1] Vgl. Kettner, Benjamin; Pietsch, Thomas: Einfluss der Digitalisierung auf Produktions- und Wertschöpfungssysteme von kleinen und mittelständischen Unternehmen, in: Pinnow, C.; Schäfer, St. (Hrsg.): Industrie 4.0 – Grundlagen und Anwendungen, Beuth Verlag, Berlin u. a., 2015, S. 302 f.

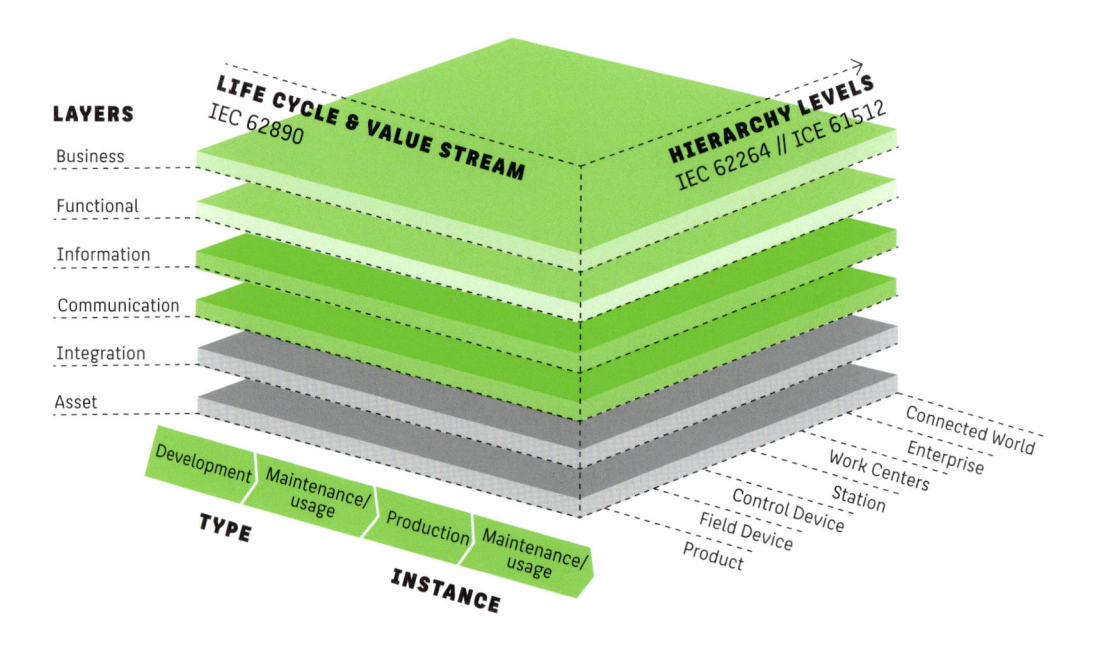

Abbildung 1: Referenzarchitekturmodell Industrie 4.0

Viele Stakeholder in und außerhalb von KMU wissen allerdings nicht einmal, was Digitalisierung genau ist. Aber auch wenn das bekannt ist, herrscht Unsicherheit darüber, was Digitalisierung für sie konkret bedeutet, was sie dafür machen müssen, wo ihr eigenes Unternehmen hinsichtlich der Industrie von morgen steht und welchen Aufwand sie dafür kalkulieren müssen.[2] Und vor allem wissen sie nicht, wo und wie sie anfangen sollen und wie sie das Thema Digitalisierung mit Leben füllen können.

Hilfe versprechen sie sich vom einzigen derzeit existierenden Framework für Digitalisierung, dem Referenzarchitekturmodell Industrie 4.0 **[RAMI 4.0, siehe Abbildung 1].[3]**

Das RAMI 4.0 ist allerdings sehr komplex und abstrakt und es enthält keine konkreten Anleitungen, wie die Digitalisierung in Unternehmen aufgebaut, eingeführt und betrieben werden soll. Hier soll ein neu zu entwickelndes Werkzeug helfen, das auf der Basis eines Reifegradmodells arbeitet.

3. MODELLENTWICKLUNG SARA

Wegen der Vielfalt der Ausgangszustände von KMU muss das Bewertungsmodell modular aufgebaut sein, um den verschiedenen Positionen gerecht zu werden. Auf einer zentralen Datenbasis müssen sowohl eine standardisierte Referenzauswertung als auch verschiedene, individuell anpassbare Auswertungen auf unterschiedlichen Abstraktionsebenen und Sichten auf die Daten möglich sein. Die im hier vorgestellten Projekt zu entwickelnde Architektur soll als mandantenfähige SaaS-Architektur (Software as a Service) in der Cloud umgesetzt werden.

Auf der Basis zu entwickelnder Standardkennzahlen, die die Digitalisierungsfähigkeit des Unternehmens abbilden, wird in dieser IT-Applikation der Ist-Status des Unternehmens dargestellt und bewertet. Dieser wird als „Structural Ability" bezeichnet und stellt das Fähigkeitsniveau der Unternehmen auf einer Referenzskala dar.[4]

SARA (Structural Ability Rating Application) soll als universelle Bewertungsanwendung zur Verfügung gestellt werden, mit der nach dem erstmaligen Einsatz kontinuierlich der Entwicklungsprozess des Unternehmens überwacht und gesteuert werden kann. Innerhalb der Anwendung werden verschiedene Sichten auf die zu untersuchenden Fragestellungen implementiert, die für verschiedene Benutzerkreise angepasst werden.

4. KOMPONENTEN DES BEWERTUNGSMODELLS

Um die strukturelle Leistungsfähigkeit eines Unternehmens ermitteln zu können, sind zuerst die zu bewertenden Strukturelemente zu definieren:

Menschen: Wenn Vernetzung und intelligente, sich selbst optimierende Prozessketten Realität werden sollen, sind Menschen als Designer und Verantwortungsträger gefragt. Der im Bereich des Mitarbeiterpotentials vorliegende Ist-Zustand ist somit zu bewerten.

[2] Schmidt, Holger: Die Tipping Points der Digitalisierung, 2015, URL: https://netzoekonom.de/2015/11/03/die-tipping-points-der-digitalisierung/

[3] Vgl. Plattform Industrie 4.0: Umsetzungsstrategie Industrie 4.0 – inklusive Referenzarchitekturmodell Industrie 4.0 (RAMI 4.0), gemeinsames Projekt der Verbände BITKOM e. V., VDMA e. V. und ZVEI e. V., Kehrberg Druck, Berlin 2015, S. 41 ff.

[4] Pietsch, Thomas; Vural, Sinem: SARA – Industrie-4.0-Fähigkeiten IT-gestützt evaluieren, in: Cleve, Jürgen und Alde, Erhard (Hrsg.): WIWITA 2016 – Industrie 4.0, Proceedings der 10. Wismarer Wirtschaftsinformatiktage, Wismarer Diskussionspapiere (WDP), Sonderheft 1/2016, S. 48 ff.

Produkte: Das Bewertungsmodell muss u. a. messen und bewerten, wie smart die Produkte des Unternehmens bereits sind oder gemacht werden können. Das Kriterium Produkte zeigt deren Entwicklungsgrad anhand geeigneter Unterkriterien, wie z. B. Automatisierungsgrad, Produktionszyklus und Services auf.

Kommunikation: Digitalisierte Prozesse und Verantwortungsbereiche können unterschiedlich mit Leben gefüllt werden. Das Kriterium Kommunikation ermittelt Strukturen und den Ablauf des Datenaustauschs zwischen Menschen, Maschinen und Produkten.

Prozesse: Die Qualität der Produkte hängt von der Qualität der Prozesse ab. Sie sind deshalb hinsichtlich ihrer Effektivität und Effizienz zu bewerten. Hierzu gehört u. a. die Exaktheit der Reproduktion. Dieses Unterkriterium differenziert den Grad der genauen Wiederholbarkeit eines Prozesses und stuft diesen auf einer Skala von einmalig analog bis selbstoptimierend ein.

Abbildung 2: Reifegradmodell für Digitalisierung.

Infrastruktur: Leistungsfähigkeit, Passgenauigkeit und Ausfallsicherheit der Infrastruktur sind wichtige Grundlagen für erfolgreiche Digitalisierungsprojekte. Deshalb bewertet das Kriterium Infrastruktur, inwieweit die technischen Voraussetzungen für die Digitalisierung bereits erfüllt sind.

Sicherheit: Die Sicherheit ist ein wesentliches Bewertungskriterium in der geplanten Anwendung. Dazu gehören die Identifikation potenzieller Bedrohungen, im Unternehmen existierende Schwachstellen und die zu deren Beseitigung getroffenen Maßnahmen.

Vernetzung: Alle oben aufgeführten Kriterien stellen die Grundlage für das Erreichen der Intention der vierten industriellen Revolution dar, die Vernetzung. Diese Vernetzung ermöglicht die Kommunikation aller beteiligten Objekte, also Maschinen, Menschen und Produkte.

5. ERMITTELN DES REIFEGRADES

Bei der Reifegradermittlung wird zwischen einer Standardversion und einer unternehmensspezifischen Fortgeschrittenenversion unterschieden. Die Standardbewertung läuft bei allen Unternehmen gleich ab und ermöglicht z. B. den Vergleich mit einem Durchschnittswert der Reifegrade anderer Unternehmen.

In der Fortgeschrittenenversion werden unter Einsatz von Business-Analytics-Methoden unternehmensspezifische Fragen zu ausgewählten Interessensgebieten beantwortet und somit eine tiefgehende Kenntnis dieser Betrachtungsbereiche erworben, um gezielt an Veränderungen zu arbeiten.

Schritt 1: Erheben von Basisdaten zum Unternehmen
Basisdaten sind charakterisierende Daten, wie z. B. die Unternehmensgröße nach Umsatz und Anzahl der Mitarbeiter, das Alter des Unternehmens sowie die Anzahl der Standorte und die Branche, in der das Unternehmen tätig ist.

Schritt 2: Erheben und Bewerten des Ist-Zustands
Hier werden dem Kunden Fragen zu den oben aufgeführten Untersuchungskriterien gestellt, mit denen es möglich ist festzustellen, auf welchem Reifegradniveau sich das Unternehmen befindet. Dazu wurde ein umfangreicher Fragen-/Antwortenkatalog entwickelt, mit dem der Reifegrad einzelner Untersuchungskriterien und des gesamten Unternehmens ermittelt wird.

Schritt 3: Errechnen und Ausgeben der Reifegrad-Scores
In der Auswertung wird der Reifegrad-Score ermittelt und ausgegeben. In der

Standardversion können sich Unternehmen (falls gewünscht, anonymisiert) vergleichen und herausfinden, wo sie hinsichtlich ihres strukturellen Leistungsvermögens stehen.

Schritt 4: Ermitteln der Ziele, die mit der Digitalisierung erreicht werden sollen
Hier geht es vor allem darum herauszufinden, was das Unternehmen erreichen möchte. Soll das Bewertungsinstrument vor allem dazu genutzt werden, die Strukturen des Unternehmens transparent zu machen und auf ein angestrebtes, hohes Niveau zu bringen? Oder sollen z. B. ganz gezielt alle infrastrukturellen Voraussetzungen geschaffen werden, um die vorhandenen Produkte smart zu machen und den Kunden diese smarten Features bereitzustellen?

Schritt 5: Analysieren des Zustands und Entwickeln von Handlungsempfehlungen
Anhand der zuvor ermittelten Zustandsdaten und der erarbeiteten Ziele werden die Daten gezielt ausgewertet. Im Rahmen dieser Auswertung werden Handlungsempfehlungen erarbeitet, die das Unternehmen seinen Zielen näherbringen sollen.

Schritt 6: Erarbeiten eines konkreten, terminierten Maßnahmenplanes
In diesem Schritt werden die Handlungsempfehlungen operationalisiert und als Maßnahmen formuliert. Diese Maßnahmen werden hinsichtlich Aufwand und Zeitbedarf explizit eingeplant, nach ihrer logischen Abfolge chronologisch sortiert und exakt terminiert.

6. EFFEKTE FÜR DIE ANWENDER

Das Referenzmodell und die Software-Applikation SARA schaffen einen Standard für die Leistungsbewertung („Structural Ability") von Prozessstrukturen in KMU. Die Leistungsbewertung wird das oben skizzierte Problem lösen, das KMU hinsichtlich der Industrie von morgen haben: Es wird ihnen genau zeigen, wo sie stehen.

SARA stellt dar, in welchen Bereichen das Unternehmen für die Digitalisierung schon gut gerüstet ist und wo es noch Defizite hat, denn es liefert eine verständliche Referenzstruktur und ordnet das Unternehmen in diese Referenzstruktur ein. Damit haben Anwender den Vorteil, ihre Unsicherheiten bezüglich der realistischen Einschätzung ihres Fähigkeitsniveaus zu beseitigen und Digitalisierungsmaßnahmen besser planen und durchführen zu können. Das Bewertungsmodell hilft dem Anwender, seine Prozesse dabei stets unter Kontrolle zu halten und sie zu optimieren.

Darüber hinaus wird es Empfehlungen aussprechen, in welchen Bereichen welche Maßnahmen durchzuführen sind, um die vorhandenen Defizite auszugleichen. Damit wird der notwendige zu betreibende Aufwand transparent, und die Geschäftsführung kann fundierter entscheiden, ob und wie sie den Weg der Digitalisierung gehen will.

Herausforderungen der Unternehmensbesteuerung im digitalen Zeitalter

Peter Zaumseil

ABSTRACT

Das geltende Besteuerungssystem für Unternehmen ist an den Gegebenheiten der nationalstaatlichen Industriegesellschaft ausgerichtet und stellt sich als weitgehend inadäquat für die Besteuerung des transnationalen E-Commerce dar. Ein Paradigmenwechsel im Besteuerungssystem mit dem Ziel der leistungsbezogenen Erfassung digitaler Unternehmensaktivitäten ist langfristig unvermeidbar. Bis dahin können Unternehmen ohne Erfordernis einer physischen Repräsentanz in einem bestimmten Staat den internationalen Steuerwettbewerb nutzen. Bereits heute ergeben sich jedoch aufgrund des digitalisierten Besteuerungsverfahrens gestiegene Anforderungen an Unternehmen hinsichtlich der Kooperation mit den Steuerbehörden.

1. GRENZÜBERSCHREITEND TÄTIGE UNTERNEHMEN IM E-COMMERCE

Für die Besteuerung von Unternehmensgewinnen kommt es grundsätzlich auf den Ort ihres rechtlichen Sitzes (Ansässigkeitsprinzip) oder einer Betriebsstätte außerhalb des Ansässigkeitsstaates (Betriebsstättenprinzip) an. Traditionell besteuert in diesem System der Quellenstaat, in dem sich eine Betriebsstätte befindet, die Betriebsstättengewinne, während der Ansässigkeitsstaat die weltweiten Unternehmensgewinne besteuert und die so entstehende Doppelbesteuerung durch Anrechnung oder Freistellung der ausländischen Quelleneinkünfte entlastet. Anknüpfungspunkt für die Besteuerung von Unternehmensgewinnen sind damit der vom Unternehmen gewählte Sitz und die vom Unternehmen im Ausland errichteten Betriebsstätten.

Im Verständnis der Betriebsstätte als jede feste Geschäftseinrichtung oder Anlage, die der Tätigkeit eines Unternehmens dient [1] und sich damit durch den physischen Bezug zu einem bestimmten Teil der Erdoberfläche ausweist, [2] stellt sich die Frage nach der Abdeckung des in vielfacher Hinsicht nicht an derartige physische Einrichtungen oder Anlagen gebundenen E-Commerce. [3] Soweit eine Betriebsstätte hierfür nicht erforderlich ist und – ggf. aufgrund bewusster Entscheidung – nicht errichtet wird, [4] erfolgt außerhalb des Ansässigkeitsstaats trotz im Ausland erzielter Gewinne dort grundsätzlich keine Besteuerung. Die Betriebsstätte wird damit zur objektiven Eingriffsschwelle der Quellenbesteuerung im Rahmen der beschränkten Steuerpflicht, [5] die bei Kundenunternehmen im E-Commerce jedoch häufig keine Rolle für das Geschäft spielt. [6] Werden diese Besteuerungsvoraussetzungen im Quellenstaat nicht erfüllt, besteuert der Ansässigkeitsstaat das Besteuerungssubstrat allein. [7]

Die aggressive Steuerplanung, d. h. die bewusste Verlagerung von Besteuerungssubstrat in Niedrig- oder Nichtsteuergebiete durch buchmäßige Einkommensverschiebung, [8] ist eine Folge des globalisierten nationalstaatlichen Steuerwettbewerbs [9] und kann von Unternehmen des E-Commerce besonders leicht durch die von ihnen zu treffende Entscheidung über die Errichtung oder Vermeidung einer Betriebsstätte außerhalb des Ansässigkeitsstaates gestaltend genutzt werden. [10] Generell ermöglicht Digitalisierung damit die Marktnutzung unter Vermeidung bzw. bewusster Schaffung von Besteuerungsvoraussetzungen im Rahmen des Ansässigkeits- und des Betriebsstättenprinzips. [11]

2. STRUKTURBEDINGTE NICHTANWENDUNG VON STEUERGESETZEN IM E-COMMERCE

Im Hinblick auf diese Anknüpfungspunkte der Unternehmensbesteuerung und die sich damit ergebenden Vermeidungsstrategien sind bisher vor allem reaktive Maßnahmen der nationalen Steuergesetzgeber erkennbar. [12] Dies betrifft etwa die zahlreichen und aus Unternehmenssicht kaum noch zu überblickenden steuerlichen Missbrauchsvermeidungsvorschriften in Deutschland, deren Entstehungsgeschichte regelmäßig auf das Verbot zuvor legaler Gestaltungen der Beratungspraxis im Einzelfall abzielt. In der Folge hat sich ein nur noch aus seinen Verbotsansätzen heraus verständliches Normensystem gebildet, dessen Tendenz – ausgelöst durch immer neue Gestaltungen der Praxis – im weiteren normativen Wucherwachstum besteht. Diese Tendenz stellt aber kein Spezifikum des deutschen Gesetzgebers dar, denn auch andere Staaten versuchen, reaktiv aggressive Steuergestaltungen einzudämmen, etwa durch die Erhebung von Steuern auf die Repatriierung von Gewinnen in den USA. [13]

Zur Lösung dieses Konflikts werden diverse neue Ansätze für die Unternehmensbesteuerung vor dem Hintergrund der digitalisierten Wirtschaft vorgeschlagen. [14] Neben der Suche nach Formen wettbewerbsfähiger Besteuerung, etwa durch Konsum- oder Cash-Flow-Orientierung, [15] steht vor allem die Revision des durch unternehmerische Selbstbestimmung gelenkten Prinzips der Betriebsstättenbesteuerung auf dem Prüfstand. [16] Dabei wäre eine über die Existenz fester Einrichtungen oder Anlagen hinausgehende Betriebsstättendefinition ebenso denkbar [17] wie eine Neugestaltung des Besteuerungsansatzes in Anlehnung an die für die Umsatzsteuer innerhalb der EU vorhandenen Regelungen im Sinne eines nicht zwingend physisch vorzuhaltenden Wirkungsorts der unternehmerischen Tätigkeit bzw. die Anknüpfung des Steuertatbestands an eine erhebliche digitale Präsenz. [18]

3. UNKLARE ANWENDUNG BESTEHENDER STEUERGESETZE AUF DIGITALE SACHVERHALTE

Da das bestehende Steuersystem in weiten Bereichen den rechtlichen und tatsächlichen Bedingungen der physisch produzierenden und handelnden Industriegesellschaft folgt, ergeben sich für die digitale Wirtschaft außerdem vielfach Unklarheiten bei der Anwendung von Steuergesetzen. Dabei stellt sich die Gewerbesteuer aufgrund ihrer Objektbesteuerung als besondere Herausforderung des E-Commerce dar, die beispielhaft für eine Vielzahl von Steuernormen stehen kann, deren Anwendung auf digitale Sachverhalte unklar ist. Während sich bereits der grundsätzliche Anknüpfungspunkt für die Gewerbesteuerpflicht, die Existenz einer im Inland befindlichen Betriebsstätte für die gewerbliche Tätigkeit des Unternehmens, als erste Besteuerungshürde darstellt, eröffnet auch die Ermittlung ihrer Besteuerungsgrundlage Unklarheiten. So werden etwa nach § 8 Nr. 1 Buchst. f GewStG Aufwendungen für die zeitlich befristete Überlassung von Rechten anteilig hinzugerechnet und erhöhen so die gewerbesteuerliche Bemessungsgrundlage. Diese Regelung greift jedoch dann nicht ein, wenn das Eigentum an diesen Rechten übertragen wird. Bei der Softwareüberlassung kommt es deshalb auf die zivilrechtlich zu klärende Frage an, ob Software im Wege des Eigentums übertragen oder auf Zeit zur Nutzung überlassen wurde. [19] Diese Frage wird aufgrund unterschiedlichster Vertragsgestaltungen der Praxis, die regelmäßig auch von den Vertragstypen des BGB abweichende und damit nicht eindeutig zuordenbare Gestaltungen beinhalten, [20] nicht immer zweifelsfrei zu beantworten sein.

4. DIGITALISIERTES BESTEUERUNGSVERFAHREN

Im Gegensatz zu den bisher kaum an die digitale Wirtschaft angepassten Einzelsteuergesetzen haben sich in jüngster Vergangenheit durch den schrittweisen Übergang zum digitalisierten und automatisierten Besteuerungsverfahren bereits erhebliche Veränderungen ergeben, [21] die Unternehmen vor neuartige Herausforderungen stellen. Im Hinblick auf eine Vielzahl gesetzgeberischer Einzelmaßnahmen im Zuge dieser Reform lassen sich hier mehrere Tendenzen erkennen:

4.1 Verlagerung von Pflichten vom Staat auf das Unternehmen
Während bisher das Verständnis einer Steuerveranlagung durch die Steuerbehörden auf der Grundlage der vom Steuerpflichtigen eingereichten und im Rahmen behördlicher Möglichkeiten durch den Amtsträger auf Richtigkeit geprüften Steuererklärungen vorherrschte, geht der Gesetzgeber schrittweise zur Selbstveranlagung (etwa im Bereich der Umsatzsteuer) sowie zur automatischen Steuerveranlagung mit nur ausnahmsweiser Beteiligung eines Amtsträgers über. [22] In diesem Zuge sind Unternehmen gesetzlich verpflichtet, die dabei verwendeten Daten unter Verwendung amtlicher Software als elektronische Datensätze an die Steuerbehörden zu übermitteln. Die fachliche Qualifikation des Unternehmens zum elektronischen Datenaustausch ist damit indirekt zur gesetzlichen Pflicht erwachsen, die entweder durch das Unternehmen selbst oder durch externe Angehörige der steuerberatenden Berufe zu erfüllen ist.

4.2 Gestiegene Anforderungen an die Tax Compliance
Mit dieser Modernisierung des Besteuerungsverfahrens ist im Hinblick auf den Ablauf des Besteuerungsverfahrens ein weiterer Paradigmenwechsel

verbunden. Denn mit der automatisierten Besteuerung geht die Einrichtung eines automationsgestützten Risikomanagementsystems der Steuerbehörden einher, [23] das die von Steuerpflichtigen elektronisch übersendeten Daten nach amtlichen, nicht veröffentlichten Risikokennzahlen bewertet. [24] Dadurch verändert sich die Art der Zusammenarbeit des Unternehmens mit den Steuerbehörden, denn die auf einem Risikomanagement basierende Steuerveranlagung eröffnet bei im Voraus nicht erkennbaren Abweichungen von amtlichen Kennzahlen eine Rechtfertigungssituation für betroffene Steuerpflichtige. [25]

4.3 Multilaterale Ausrichtung der Kooperation mit Steuerbehörden
Vor allem im Zusammenhang mit grenzüberschreitendem E-Commerce sind Unternehmen in der Pflicht, mit Steuerbehörden verschiedener Staaten nach unterschiedlichen Steuergesetzen zu kooperieren. Neben den dadurch entstehenden erhöhten Kosten für den Gesetzesvollzug durch Unternehmen ergeben sich auch Risiken aufgrund der Schwierigkeiten bei der Verhandlung in unterschiedlichen und grundsätzlich nicht harmonisierten Steuersystemen. Außerdem besteht das Risiko der abweichenden rechtlichen Bewertung desselben Sachverhalts durch die Steuerbehörden der beteiligten Staaten. [26]

FAZIT
Das geltende Besteuerungssystem ist geprägt durch Nationalstaatlichkeit und Verknüpfung des Besteuerungsrechts an juristische oder physische Merkmale, wodurch grenzüberschreitender E-Commerce wegen des Betriebsstättenprinzips asymmetrisch besteuert wird. Der internationale Steuerwettbewerb wird derzeit durch zumeist nationalstaatliche, auf den Einzelfall bezogene Missbrauchsvermeidungsvorschriften zwar beschränkt, aber nicht ausgeschlossen. Durch die inzwischen fortgeschrittene Digitalisierung des Besteuerungsverfahrens ist eine indirekte gesetzliche Verlagerung von Steuerpflichten auf die Unternehmen mit dadurch verursachten gestiegenen Kosten für die Gesetzesanwendung erfolgt. Aus Sicht der Unternehmensbesteuerung bedeutet Digitalisierung damit einerseits die Eröffnung von Möglichkeiten eines globalisierten Markts sowie andererseits gesteigerte Anforderungen hinsichtlich der Tax Compliance.

[1] Definition der Betriebsstätte nach § 12 Satz 1 AO, die im Hinblick auf grenzüberschreitende Sachverhalte abweichend geregelt sein kann; vgl. hierzu etwa Gersch in Klein, Abgabenordnung, 13. Aufl. 2016, § 12 Rn. 2 f, und Rn. 19.

[2] Vgl. etwa Koenig in Koenig, Abgabenordnung, 3. Aufl. 2014, § 12, Rn. 9 m.w.N. zur Rechtsprechung.

[3] Dazu grundlegend Leisner-Egensperger, Betriebsstättenbegriff und Besteuerung des E-Commerce, StuW 2014, 298.

[4] Zur Wahl des Ortes der Betriebsstätte vgl. etwa Leisner-Egensperger, Betriebsstättenbegriff und Besteuerung des E-Commerce, StuW 2014, 299.

[5] Schön, Zur Zukunft des Internationalen Steuerrechts, StuW 2012, 219.

[6] Leisner-Egensperger, Betriebsstättenbegriff und Besteuerung des E-Commerce, StuW 2014, 300.

[7] Zur Frage, ob ein Server eine Betriebsstätte im Sinne der DBA-Definition sein kann, vgl. etwa BFH v. 5.6.2002 – I R 86/01, IStR 2002, 134.

[8] Neben der hier erörterten Betriebsstättenzurechnung, insbesondere auch durch Transferpreise und Finanzierung, vgl. etwa Watrin/Ebert, Multinationale Unternehmen und Besteuerung – Aktueller Stand der betriebswirtschaftlichen Forschung, StuW 2013, 302 f.

[9] Schön, Zur Zukunft des Internationalen Steuerrechts, StuW 2012, 213; Ehrke-Rabel, Steuervollzug im Umbruch? StuW 2015, 103.

[10] Fehling, Die steuerlichen Herausforderungen bei der Digitalen Wirtschaft, IStR 2014, 639; Schön, Zur Zukunft des Internationalen Steuerrechts, StuW 2012, 214.

[11] Die Verteilungsdiskussion wird wohl auch zukünftig auf der Basis von Ansässigkeit und Quelle als internationales Besteuerungsprinzip erfolgen, vgl. etwa Fehling, Die steuerlichen Herausforderungen bei der Digitalen Wirtschaft, IStR 2014, 640 sowie Schön, Zur Zukunft des Internationalen Steuerrechts, StuW 2012, 213.

[12] Für den zunehmenden Einfluss des EU-Rechts auf das Steuerrecht der Mitgliedsstaaten vgl. etwa Valta, Patentboxen und IP-Boxen – eine verbotene Beihilfe? StuW 2015, 262.

[13] Watrin/Ebert, Multinationale Unternehmen und Besteuerung – Aktueller Stand der betriebswirtschaftlichen Forschung, StuW 2013, 310 f.

[14] Vgl. etwa die Ansätze bei Leisner-Egensperger, Betriebsstättenbegriff und Besteuerung des E-Commerce, StuW 2014, 301 ff.

[15] Lang, Unternehmensbesteuerung im internationalen Wettbewerb, StuW 2011, 153 ff.

[16] Vgl. etwa Leisner-Egensperger, Betriebsstättenbegriff und Besteuerung des E-Commerce, StuW 2014, 303.

[17] Im Sinne einer Adaption bestehender Steuergesetze etwa Lang, Unternehmensbesteuerung im internationalen Wettbewerb, StuW 2011, 156 f.

[18] Fehling, Die steuerlichen Herausforderungen bei der Digitalen Wirtschaft, IStR 2014, 642.

[19] Ritzer, Hinzurechnung von Finanzierungsanteilen nach § 8 Nr. 1 GewStG, DStR 2013, 564.

[20] Vgl. etwa Kirn/Müller-Hengstenberg, Überfordert die digitale Welt der Industrie 4.0 die Vertragstypen des BGB?, NJW 2017, 433 ff.; Hoffmann, Die Entwicklung des Internetrechts bis Ende 2016, NJW 2017, 525 ff.

[21] Gesetz zur Modernisierung des Besteuerungsverfahrens v. 18.07.2016, BGBl. I S. 1679.

[22] Seer, Modernisierung des Besteuerungsverfahrens – Gedanken zum Referentenentwurf zur Modernisierung des Besteuerungsverfahrens, StuW 2015, 321 f.

[23] Durch das Gesetz zur Modernisierung des Besteuerungsverfahrens v. 18.07.2016, BGBl. I S. 1679, geänderter Untersuchungsgrundsatz nach § 88 AO.

[24] Zaumseil, Die Modernisierung des Besteuerungsverfahrens, NJW 2016, 2772; Gläser/Schöllhorn, Die wesentlichen Neuerungen in der AO nach dem Gesetz zur Modernisierung des Besteuerungsverfahrens DStR 2016, 1577.

[25] Zu weiteren Risiken der digitalen Besteuerung vgl. etwa Roderburg/Richter, Verlagerung der elektronischen Buchführung ins Ausland, IStR 2016, 456 ff.

[26] Vollert/Ekel/Sureth, Advance Pricing Agreements (APAs) als Instrument von Verrechnungspreiskonflikten – eine kritische Betrachtung, StuW 2013, 374 f. m.w.N.

INVESTITIONEN VON KMUS IN INDUSTRIE-4.0-PROJEKTE

Stefan Wittenberg

ABSTRACT

Großunternehmen investieren bereits im großen Stil in Industrie 4.0. In KMUs wird sich dem Themenfeld jedoch nur zögernd genähert, denn der Nutzen von Investitionen in Industrie 4.0 ist mit den klassischen Investitionsrechnungsverfahren oftmals nur schwer zu ermitteln. In diesem Beitrag wird daher die Nutzwertanalyse als Ergänzung zu den Investitionsrechnungsverfahren vorgestellt, welche die strategischen Aspekte einer Industrie-4.0-Investition in die Entscheidungsfindung einbezieht.

1. GRUNDLAGEN

In diesem Abschnitt wird zunächst kurz der Hintergrund des Begriffes „Industrie 4.0" erläutert. Anschließend erfolgt überblicksartig eine Darstellung der wichtigen Grundlagen zu Investitionen im Kontext von Industrie 4.0.

1.1 Industrie 4.0

„Industrie 4.0" als Schlüsselbegriff wurde als Bestandteil der High-Tech-Strategie der Bundesregierung erstmals auf der Hannover Messe 2011 geprägt. Er steht nach Ansicht der Autoren eines Empfehlungspapiers zur High-Tech-Strategie für die vierte industrielle Revolution auf Basis sogenannter Cyber-Physischer-Systeme (CPS). Zuvor waren die Dampfkraft (erste industrielle Revolution), elektrische Energie (zweite industrielle Revolution) sowie die Computertechnik und zunehmende Vernetzung (dritte industrielle Revolution) vorangegangen. [1] „Nach Mechanisierung, Elektrifizierung und Informatisierung der Industrie läutet der Einzug des Internets der Dinge und Dienste in die Fabrik eine 4. industrielle Revolution ein. Unternehmen werden zukünftig ihre Maschinen, Lagersysteme und Betriebsmittel als Cyber-Physical Systems (CPS) weltweit vernetzen." [2] Dieses Zitat fasst den Kern der Bemühungen im Bereich Industrie 4.0 zusammen: Im Fokus steht der Wunsch, alle Produktionsmittel und -prozesse sowie deren unterstützende Logistikprozesse miteinander zu vernetzen. „Physische" Bestandteile der Produktion, wie etwa Maschinen oder Logistiksysteme, erhalten einen virtuellen „Cyber-Zwilling" und sind in der Lage, miteinander zu interagieren – somit entstehen Cyber-Physische-Systeme (CPS). Mit dem

[1] Vgl. Kagermann, Henning/Lukas, Wolf-Dieter/Wahlster, Wolfgang: Industrie 4.0: Mit dem Internet der Dinge auf dem Weg zur 4. industriellen Revolution, in: VDI Nachrichten, Nr. 13, 2011.

[2] Vgl. Kagermann, Henning/Wahlster, Wolfgang/Helbig, Johannes: Deutschlands Zukunft als Produktionsstandort sichern: Umsetzungsempfehlungen für das Zukunftsprojekt Industrie 4.0, Abschlussbericht des Arbeitskreises Industrie 4.0, S. 5.

Einsatz von CPS ist die Hoffnung verbunden, im Rahmen einer dezentralen Steuerung in smarten Fabriken bisher auf Massenproduktion ausgelegte Produkte wirtschaftlich in der Losgröße 1 zu produzieren. Jedes einzelne Werkstück erhält in der Fertigung eine eigene „Identität" und wird digital lückenlos nachverfolgt. Ergänzend zu den bisher schon vorhandenen Maschinendaten werden zukünftig auch Daten zahlreicher Sensoren und Aktoren der Maschinen erhoben und erzeugen im Sekundentakt riesige Datenmengen. Der Umgang mit diesen großen Datenmengen wird unter dem Buzzword „Big Data" als weitere Chance im Bereich Industrie 4.0 diskutiert. So befinden sich beispielsweise Anwendungen in der Pilotphase, welche auf Basis der Auswertung von Sensordaten der Maschinen den voraussichtlichen Ausfallzeitpunkt einer Maschine vorhersagen. Mit dieser als „Predictive Maintenance" bezeichneten Methode lassen sich Ausfälle vermeiden und die Wartungen zustandsbasiert planen. Bisher starre Wartungszyklen sollen damit der Vergangenheit angehören.

1.2 Investitionen

Eine Investition ist die Verwendung finanzieller Mittel für längerfristige Bindung in Vermögenswerten, in der Regel über mehrere Jahre. Meist sind Investitionen bilanzierungsfähig. Dabei lassen sich Sachinvestitionen von Finanzinvestitionen und immateriellen Investitionen abgrenzen. Sachinvestitionen sind mit der Herstellung bzw. der Anschaffung von Vermögenswerten, wie etwa Grundstücken, Gebäuden, Anlagen und Maschinen, verbunden. Finanzinvestitionen sind typischerweise Aktien und Beteiligungen an anderen Unternehmen. Immaterielle Investitionen werden vorwiegend in Patente und Lizenzen getätigt. Im Rahmen der Investitionsplanung wird ein Investitionsvorhaben ausgehend von den Investitionszielen analysiert, bewertet und im Verlauf der Investitionslebensdauer kontrolliert. [3] In diesem Beitrag wird die Bewertung von Sachinvestitionen detaillierter betrachtet, da zahlreiche Unternehmen vor dem Problem stehen, Sachinvestitionen im Bereich Industrie 4.0 zu bewerten. Typische Sachinvestitionen in Industrie 4.0 sind die Ausstattung von Maschinen mit Sensortechnik, die Einführung eines Manufacturing Execution Systems, Nutzung von Technologien im Bereich Augmented Reality, 3-Druck oder der Aufbau von Big-Data-Anwendungen.

[3] Vgl. Becker, Hans-Paul: Investition und Finanzierung: Grundlagen der betrieblichen Finanzwirtschaft; 7. aktualisierte Auflage, 2016, S. 29 ff.

[4] Vgl. Hoffmeister, Wolfgang: Investitionsrechnung und Nutzwertanalyse: Eine entscheidungsorientierte Darstellung mit vielen Beispielen und Übungen, 2. Auflage, 2008, S. 278 ff.

[5] Vgl. PWC-Studie: Industrie 4.0: Building the digital Enterprise (Ergebnisse Deutschland), 2016, http://www.pwc.de/de/digitale-transformation/assets/pwc-praesentation-industrie-4-0-deutsche-ergebnisse.pdf, Abruf am 30.03.2017.

[6] Vgl. Illner, Bianca/Bünting, Frank: Industrie 4.0 – Finanzierung von Investitionen, VDMA- Whitepaper, 2016, https://www.vdma.org/documents/105628/878344/Investitionen+in+Industrie+40.pdf/abafbde7-51d8-4281-af3e-f567361ef979, Abruf am 30.03.2017.

Die Bewertung von Investitionen hat die Aufgabe, die betreffenden Investitionsmöglichkeiten unter technischen, rechtlichen, wirtschaftlichen und sonstigen Kriterien zu bewerten. Die wirtschaftliche Vorteilhaftigkeit einer Investition, wie etwa die Rentabilität, wird meist mit Investitionsrechnungen bestimmt. Zur Beurteilung der Vorteilhaftigkeit einer Sachinvestition werden im Rahmen von statischen Investitionsrechnungsverfahren Kosten und Erlöse einer Wirtschaftsperiode verglichen. Werden die Zahlungszeitpunkte der Ein- und Auszahlungsströme über die gesamte Investitionsdauer mit einem für die Betrachtung geeigneten Zinssatz hinterlegt, spricht man von dynamischen Investitionsrechnungsverfahren. In der Praxis zählen die Kapitalwertmethode, die Methode des internen Zinssatzes und die Annuitätenmethode zu den gängigen Methoden. Investitionsrechnungen können ausschließlich quantitative Werte einer Investition beurteilen und stoßen bei der Einbeziehung qualitativer Größen an Ihre Grenzen. Einige Investitionsvorhaben, wie etwa die Entscheidung für einen Fabrikstandort oder die Investition in eine Zukunftstechnologie wie Industrie 4.0, können oftmals nicht ausschließlich quantitativ bewertet werden. Eine optimale Investitionsentscheidung sollte demnach auch qualitative nicht-monetäre Entscheidungsgrößen einbeziehen. Eine Methode zur Einbeziehung qualitativer Faktoren in die Entscheidungsfindung ist die Nutzwertanalyse. Sie integriert auch qualitative Faktoren und ermöglicht die Bewertung von verschiedenen zur Verfügung stehenden Alternativen. Das Unternehmen legt im Rahmen einer Nutzwertanalyse qualitative Kriterien fest, gewichtet diese und bewertet anschließend die zur Verfügung stehenden Investitionsalternativen.[4] Im Kapitel 2 wird am Beispiel einer Investition in ein Industrie-4.0-Projekt eine Nutzwertanalyse dargestellt.

1.3 Investition in Industrie-4.0-Vorhaben
In einer Umfrage von PWC unter 513 Industrieunternehmen versprechen sich die Unternehmen im Mittelwert Kostensenkungen von 3,1 % und Umsatzsteigerungen von 2,7 % innerhalb von 5 Jahren durch Industrie 4.0. Damit verbunden ist eine Bereitschaft zur Investition in Industrie 4.0 von immerhin 4,6 % des Jahresumsatzes. In der gleichen Studie wurden die größten Herausforderungen im Bereich Industrie 4.0 abgefragt: Neben der Feststellung, dass zu wenig qualifizierte Mitarbeiter existieren, sind ein hoher Investitionsbedarf und ein unklarer betriebswirtschaftlicher Nutzen die Top-Antworten der Unternehmen. [5] Eine Umfrage des VDMA ergab auf die Frage nach Hürden bei der Finanzierung von Industrie-4.0-Investitionen als Top-Antwort die Schwierigkeiten bei der Bewertung und Berechnung von Nutzen und Ertrag. Als weitere Hemmnisse wurden die Berechnung der Kostenseite, Akzeptanz bei Banken und fehlende Berechnungsmodelle hervorgehoben.[6]

Zahlreiche Industrie-4.0-Technologien befinden sich noch in der Pilotphase bzw. erst seit kurzer Zeit in industriellen Einsätzen, sodass nur rudimentäres Datenmaterial bzgl. der Wirtschaftlichkeit der Investitionen vorliegt. Lässt sich der wirtschaftliche Nutzen nicht oder nur unzureichend berechnen, werden Investitionsentscheidungen oftmals im Rahmen einer strategischen Investitionsplanung getroffen. Als Ersatz oder in Ergänzung für die typischen Beurteilungskriterien (Kosten, Erlöse, ROI etc.) werden Eigenschaften gesetzt, bei denen man die Annahme trifft, dass ihnen in Bezug auf den zukünftigen Unternehmenserfolg bzw. die Existenz des Unternehmens eine hohe Bedeutung zukommt. [7] Der Aufbau einer neuen IT-Infrastruktur als Vorbereitung zur Einbindung von Maschinensensoren oder als Basis für Big-Data-Anwendungen ist ein Beispiel für eine strategische Investition: Die neue Infrastruktur bringt zunächst möglicherweise keinen messbaren Nutzen, ist aber die grundlegende Basis für den Aufbau weiterer Anwendungen, um die Zukunftsfähigkeit des Unternehmens zu sichern.

Für zahlreiche Großunternehmen der Industrie ist Digitalisierung und Industrie 4.0 das strategische Top-Thema. Vor diesem Hintergrund stellen Großunternehmen bereits strategische Investitionsbudgets für Industrie-4.0-Projekte bereit, setzen umfangreiche Pilotprojekte um und gründen eigene Abteilungen zur Umsetzung von Digitalisierungsvorhaben. Dabei bauen derartige Projekte vielfach auf einer bereits hochautomatisierten Fertigung und hochgradig integrierten IT-Architektur auf. Für den Großteil der KMUs stellt sich die Situation deutlich anders da. Digitalisierung wird zwar als relevantes Thema wahrgenommen, steht aber von der Bedeutung oft hinter Themen wie Fachkräftemangel oder Erschließung neuer Vertriebswege zurück. [8] Ein Teil der Unternehmen verfolgt zwar kleinere Digitalisierungsprojekte, verfügt aber über keine durchgängige Digitalisierungsstrategie. Projekte wie die Einführung von Enterprise-Ressource-Planning-Systemen oder die weitere Automatisierung der Fertigung fordern oftmals bereits einen Großteil der verfügbaren personellen Ressourcen und Investitionsmittel. Warum also in unsichere Zukunftstechnologien investieren, wenn doch in der Standardisierung und Automatisierung der Fertigung das Potenzial deutlich greifbarer ist? Hier ist das Management gefragt: Wenn erfolgreiche KMUs in Ihrer Nische auch weiterhin Innovationsführer oder Hidden Champions bleiben wollen, wird eine „Abwartetaktik" bzw. Me-Too-Strategie unter Umständen mittelfristig dazu führen, dass Unternehmen des Wettbewerbs oder Start-Ups mit höherer Risikobereitschaft die bisherigen „Champions" ablösen. In diesem Sinne ist das Management von KMUs gefragt, den strategischen Nutzen einer Industrie-4.0-Investition bei zukünftigen Investitionsentscheidungen mit in die Entscheidungsfindung einfließen zu lassen. Im nächsten Kapitel wird mit der Nutzwertanalyse ein Instrument für die Integration des strategischen Nutzens in die Bewertung von Investitionsalternativen vorgestellt, welches dem Management eine formalisierte Bewertung von Investitionen in die Industrie 4.0 ermöglicht.

[7] Vgl. Götze, Uwe/Bloech, Jürgen: Investitionen als Gegenstand der Unternehmensführung, 2. Auflage, 1995, S. 13 ff.

[8] Vgl. Mittelstandsumfrage der Berliner Sparkasse/DIW ECON, 2016, https://www.berliner-sparkasse.de/content/dam/myif/berliner-sk/work/dokumente/pdf/allgemein/Kurzexpertise_2016.pdf, Abruf am 31.03.2017.

[9] Vgl. Herbig, Norbert: Nutzwertanalyse: Eine Methode zur Bewertung von Lösungsalternativen und zur Entscheidungsfindung, 2. Auflage, 2016.

2. NUTZWERTANALYSE ZUR BEWERTUNG VON INVESTITIONEN IN DIE INDUSTRIE 4.0

Nach einer kurzen Einführung in den grundlegenden Ablauf einer Nutzwertanalyse wird am Beispiel von zwei zur Verfügung stehenden Investitionsalternativen eine Nutzwertanalyse durchgeführt.

2.1 Aufbau der Nutzwertanalyse
Eine Nutzwertanalyse wird in folgenden Schritten durchgeführt: [9]

1. *Festlegung der Investitionsalternativen:* Die verschiedenen Varianten, aus denen eine ausgewählt werden soll, werden gesammelt und festgehalten.
2. *Festlegen und Gewichten von Bewertungskriterien:* Es sind die Kriterien festzulegen, anhand derer eine Entscheidung getroffen werden soll. Jedem Kriterium wird ein Prozentsatz hinterlegt, der die Wichtigkeit des Kriteriums ausdrückt. Die Summe der Einzelgewichtungen muss 100 % ergeben.
3. *Bewertungsmaßstab aufstellen:* Es ist ein Bewertungsmaßstab zu definieren, mit der die Bewertungskriterien bewertet werden sollen, z. B. 5 Punkte = sehr gut, 1 Punkt = mangelhaft.
4. *Bewertung der Alternativen:* In diesem Schritt erfolgt die eigentliche Bewertung: Für jede Alternative und die zugehörigen Kriterien sind Punkte zu vergeben und die gewichteten Punkte zu berechnen. Durch Summierung der gewichteten Punkte ergibt sich die Punktzahl pro Alternative – der Nutzwert. Die Alternative mit dem höchsten Nutzwert ist dann auszuwählen.

2.2 Bewertungskriterien einer Industrie-4.0-Investition am Beispiel
Als Fallbeispiel wird ein mittelständisches Unternehmen der Stanz- und Umformtechnik herangezogen, welches in Serienfertigung Teile für große Automobilkonzerne herstellt. Für eine Stanzmaschine am Ende des Lebenszyklus würde typischerweise eine Ersatzinvestition anstehen. Mit einer neuen Stanzmaschine ließen sich die aktuellen Kundenaufträge und Kundenanforderungen weiterhin gut bewältigen. Eine Wirtschaftlichkeitsbetrachtung im Sinne einer klassischen Investitionsrechnung würde auf 8–10 Jahre angelegt und mit Projektion der aktuellen Produktions- und Umsatzzahlen in die Zukunft die

		ALTERNATIVEN			
		NEUE STANZMASCHINE		3D- DRUCKER	
BWERTUNGSKRITERIEN (K)	GEWICHT (G)	PUNKTE (P)	NUTZWERT (N)	PUNKTE (P)	NUTZWERT (N)
Wirtschatlichkeit	30 %	4	1,2	3	0,9
Erfüllung aktueller Kundenanforderungen	30 %	4	1,2	2	0,6
Erfüllung zukünfitiger Kundenanforderungen	25 %	2	0,5	5	1,3
Beitrag zur Industrie-4.0-Fähigkeit des Unternehmens	15 %	1	0,2	4	0,6
	SUMME		3,1		3,4

Abbildung 1: Nutzwertanalyse am Beispiel mit gerundetem Nutzwert (eigene Darstellung).

Vorteilhaftigkeit der Investition voraussichtlich gut belegen. Eine alternative und innovative Technologie zur Herstellung der Teile ist der metallische 3-D-Druck, welcher aktuell Serienreife erlangt. Wirtschaftlich ist der 3-D-Druck im Vergleich zur herkömmlichen Stanzmaschine voraussichtlich unterlegen: 3-D-Drucker sind noch hochpreisig und die Produktionszeiten deutlich länger als in herkömmlichen Stanzmaschinen. Somit würde die Alternative im Rahmen einer klassischen Investitionsrechnung schnell verworfen, und auch eine finanzierende Bank würde von der Alternative abraten.

Bezieht man jedoch strategische Aspekte mit ein, stellt sich die Situation differenzierter dar: In der Automobilbranche ist ein Trend zur höheren Individualisierung und zu kürzeren Innovationszyklen zu beobachten. Hier bietet die 3-Druck-Technologie deutliche Vorteile: Statt langwierig neue Stanzmaschinen und -werkzeuge für die Produktion neuer Automodelle zu entwickeln, könnte kurzfristig voll-digital bis zur Losgröße 1 jeder individuelle Kundenwunsch erfüllt werden. Somit liegt die 3-D-Druck-Technologie in der Erfüllung künftiger Kundenwünsche klar vorne. Nicht zu vernachlässigen ist der Beitrag zur Industrie-4.0-Fähigkeit durch die Investition in einen 3-D-Drucker, der einen voll digitalen Prozess ohne Medienbrüche vom 3-D-Modell des Kunden bis zur Herstellung ermöglicht.

2.3 Durchführung der Nutzwertanalyse
Anhand der im Kapitel 2.2 aufgestellten Bewertungskriterien wird exemplarisch eine Nutzwertanalyse erstellt. Die Bewertung im Beispiel ist von 1 Punkt (Kriterium mangelhaft/nicht erfüllt) bis 5 Punkte (sehr gute Erfüllung des Kriteriums) möglich. Im Beispiel wird die im Rahmen einer Investitionsrechnung ermittelte Wirtschaftlichkeit als ein Kriterium in die Nutzwertanalyse aufgenommen. Im

Beispiel der **Abbildung 1** wird die Wirtschaftlichkeit mit 30 % gewichtet. Während die neue Stanzmaschine 4 von 5 Punkten im Kriterium der Wirtschaftlichkeit erhält, kann der 3-D-Druck nur 2 Punkte erreichen. Auch in der Erfüllung der aktuellen Kundenanforderungen liegt die Stanzmaschine deutlich vorne, da sie einen höheren Output bietet. Eine Entscheidung auf Basis dieser beiden Kriterien würde zur Auswahl der Stanzmaschine als Investitionsobjekt führen. Bezieht man jedoch die Erfüllung künftiger Kundenanforderungen und den Beitrag zur Industrie-4.0-Fähigkeit in die Bewertung ein, wird in unserem Beispiel der 3-D-Drucker als Investitionsobjekt ausgewählt.

3. AUSBLICK

Das Beispiel der Nutzwertanalyse stellt ein stark vereinfachtes Bild der Realität dar. Zudem ist sie anfällig für Subjektivität, da sowohl die Auswahl und Gewichtung der Kriterien als auch die Punktvergabe von subjektiven Einschätzungen abhängen. Sicher lassen sich viele weitere Gründe identifizieren, die bewährte Stanzmaschine dem 3-D-Drucker vorzuziehen. Eine Verwendung der Nutzwertanalyse als ergänzende Methode zu den klassischen Investitionsrechnungsverfahren und der „Zwang" zur Einbeziehung strategischer Aspekte einer Industrie-4.0-Investition schärfen jedoch den Blick für Alternativen. Daher sollte das Management von KMU bei Investitionsentscheidungen stets die Berücksichtigung strategischer Aspekte einfordern. Um den Einsatz der Nutzwertanalyse in der Anwendung in KMUs weiter voranzutreiben, werden im Rahmen des Projektes „Digital Value" der HTW Berlin die am Projekt teilnehmen KMUs bei anstehenden Investitionsentscheidungen dafür sensibilisiert und in der Anwendung unterstützt.

DIGITALE TRANSFORMATION FÜR DIE INDUSTRIE VON MORGEN – WIE ETABLIERTE UNTERNEHMEN SICH IM LÄNDERVERGLEICH IN DEUTSCHLAND UND DEN USA POSITIONIEREN

Julian Kawohl | Philipp Depiereux

ABSTRACT

Immer mehr etablierte Industrieunternehmen starten Aktivitäten zur Digitalen Transformation. Im Beitrag wird auf Basis einer repräsentativen Befragung von knapp 300 Entscheidern von Großunternehmen in Deutschland und den USA aufgezeigt, warum die zunehmende Digitalisierung von Geschäftsmodellen und Organisation immer bedeutender wird und welche Herausforderungen und Chancen hierbei bestehen. Die Studienergebnisse belegen, dass deutsche Unternehmen den Aufholprozess im Vergleich zu den USA starten, Hürden jedoch insbesondere noch im zu geringen nutzerzentrierten Vorgehen und in starren internen Strukturen bestehen.

1. AKTUELLER STAND DER DIGITALISIERUNG IN DEUTSCHLAND UND DEN USA

Die Digitale Transformation steht in Deutschland noch immer ganz weit oben auf der Diskussionsagenda von Branchentreffen jeglicher Couleur und ist auch in der Medienberichterstattung nach wie vor hoch im Kurs. Mittlerweile erscheint die Notwendigkeit entsprechender Maßnahmen auf allen Ebenen (Wirtschaft, Politik, Interessenverbände etc.) erkannt und angekommen zu sein. War vor nicht allzu langer Zeit noch eher eine „Angstmache" und viel Aktionismus insbesondere im Unternehmenskontext zu spüren, so nimmt die Auseinandersetzung mit der Digitalen Transformation zunehmend konkretere Ausgestaltungs- und Handlungsparameter an.

Unternehmen und ihre Lenker haben verstanden, dass die Digitalisierung alternativlos ist und dass sie sich und ihre Organisationen entsprechend wandeln müssen. Vielmehr geht es folglich primär darum, welcher Weg und welche Schritte auf dem Transformationspfad zielführend sind.

Etablierte Unternehmen in den USA scheinen die Digitale Transformation auch und gerade durch die großen Tech- und Internetfirmen rund um Alphabet, Amazon, Apple, Facebook, Uber & Co als auch durch das Silicon Valley als Brutstätte zahlreicher weltweit erfolgreicher Startups frühzeitig aufgegriffen zu haben.

Grund genug, einmal genau zu analysieren, wie groß die Kluft zwischen den Unternehmen in Deutschland und den USA tatsächlich ist und welche Unterschiede im Detail bestehen.

2. DIGITALE TRANSFORMATION – WAS SAGEN DIE UNTERNEHMEN?

2.1 Ausgangslage des Forschungssettings

Derzeit vergeht kaum eine Woche, in der nicht eine neue Studie zum Thema Digitalisierung veröffentlicht wird. Dies ist grundsätzlich gut, denn es trägt zum fortschreitenden Erkenntnisgewinn bei. Während in diesen Untersuchungen häufig sehr stark einzelne Aspekte der Digitalisierung (z. B. der Einsatz neuer Technologien) untersucht werden oder der Fokus auf einzelne Branchen gerichtet wird (z. B. Automobilindustrie), finden sich bisher nur sehr wenige Analysen zum Fortschritt der Digitalen Transformation von deutschen Unternehmen im Vergleich zu ihren US-Pendants. Zielsetzung im vorliegenden Forschungssetting ist deshalb eine Tiefenbohrung zum Status quo der Digitalen Transformation mit dezidiertem Blick auf einen Ländervergleich zwischen Deutschland und den USA.

2.2 Studiendesign

Um die zuvor skizzierten Fragestellungen zu beantworten, wurde eine repräsentative Befragung mit 159 Unternehmen aus den USA und 135 aus Deutschland durchgeführt. Initiator der Studie war dabei die Digitalberatung und Startup-Schmiede etventure, während die Marktforschungsinstitute GfK in Deutschland sowie YouGov für die USA als beteiligter Erhebungs-Partner fungierten. Befragt wurden zeitgleich Entscheider von Großunternehmen ab 250 Mio. Euro bzw. Dollar Jahresumsatz, die mit dem Thema der Digitalen Transformation in den jeweiligen Häusern befasst sind. Nach der Entwicklung eines Fragebogens und darauffolgender Pretests wurden in der Feldphase standardisierte Telefoninterviews geführt. Schließlich konnte die Befragung bei insgesamt 294 Unternehmen realisiert werden. Die **Abbildung 1** zeigt die zentralen Parameter des Studiendesigns.

2.3 Ergebnisse

Für die befragten Unternehmen in Deutschland ist das Thema Digitale Transformation auf der obersten Führungsebene angekommen. In jeder dritten Firma (35 %) wird der Prozess inzwischen direkt durch den Vorstandsvorsitzenden gesteuert. Interessanterweise liegt die Verantwortung bei den US-Firmen primär im IT-Bereich (81 %) und nur selten beim CEO (3 %). Dies ist vermutlich auf den fortgeschrittenen Reifegrad des Themas zurückzuführen. Während in Deutschland die Initiierung und Begleitung der Digitalen Transformation immer mehr zur Chefsache wird, scheint sie für die US-Unternehmen bereits in die Linie delegierbar zu sein.

Die Digitale Transformation zählt zudem nun auch in 50 % der deutschen Großunternehmen zu den Top-3-Prioritäten. Dieser Aufholprozess scheint im Ländervergleich dringend nötig. So haben in den USA bereits zwei Drittel der Großunternehmen (66 %) die Digitale Transformation unter die Top-3-Ziele gesetzt.

Inzwischen sehen sich dort mehr als doppelt so viele Firmen wie hierzulande schon ‚sehr gut' oder ‚gut' darauf vorbereitet (85 % in den USA zu 35 % in Deutschland). Eine Übersicht hierzu gibt **Abbildung 2**.

ÜBERSICHT STUDIENERHEBUNG

REPRÄSENTATIVE BEFRAGUNG VON GROSSUNTERNEHMEN MIT EINEM MINDESTUMSATZ VON JÄHRLICH 250 MIO. EURO BZW. US-DOLLAR

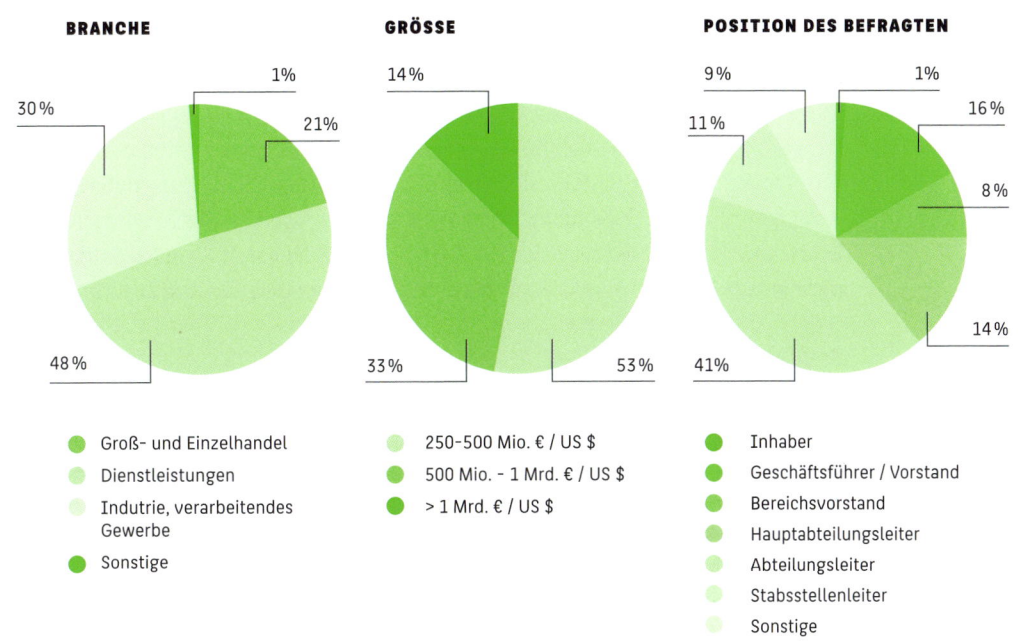

BRANCHE
- 30 % Groß- und Einzelhandel
- 1 % Dienstleistungen
- 21 % Indutrie, verarbeitendes Gewerbe
- 48 % Sonstige

GRÖSSE
- 14 % 250-500 Mio. € / US $
- 33 % 500 Mio. - 1 Mrd. € / US $
- 53 % > 1 Mrd. € / US $

POSITION DES BEFRAGTEN
- 9 % Inhaber
- 1 % Geschäftsführer / Vorstand
- 11 % Bereichsvorstand
- 16 % Hauptabteilungsleiter
- 8 % Abteilungsleiter
- 14 % Stabsstellenleiter
- 41 % Sonstige

Abbildung 1: Studiendesign der Erhebung.

FRAGE

WIE GUT IST IHR UNTERNEHMEN MIT SEINEN BISHERIGEN AKTIVITÄTEN AUF DIE DIGITALE TRANSFORMATION VORBEREITET?

Legende: ● Deutschland ○ USA

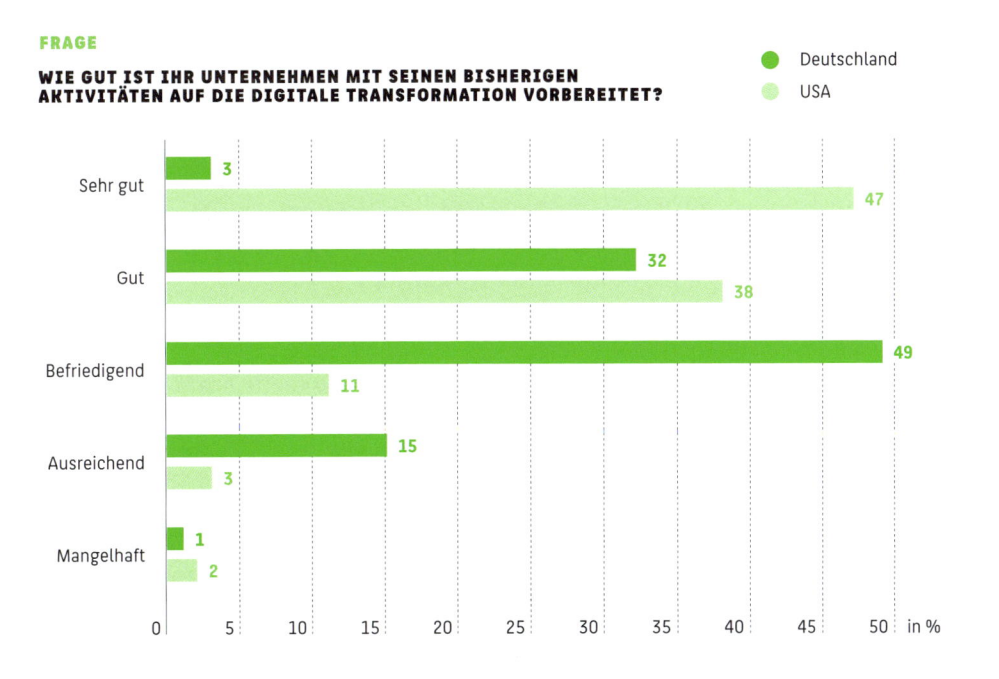

Bewertung	Deutschland	USA
Sehr gut	3	47
Gut	32	38
Befriedigend	49	11
Ausreichend	15	3
Mangelhaft	1	2

(Angaben in %)

Abbildung 2: Verantwortung, Priorität und Vorbereitung bei der Digitalen Transformation.

Als nächstes stellt sich die Frage, welche konkreten Maßnahmen die Unternehmen eingeleitet haben, um die Digitale Transformation voranzubringen. Primär wurde hierzu eine Unternehmensentwicklungs- bzw. IT-Einheit beauftragt (85 %), das Thema voranzubringen. Auch Dienstleister und Berater sind ein probates Mittel (54 %), gefolgt von einer im Unternehmen oder außerhalb angesiedelten Digitaleinheit (49 %). Eine Kooperation mit Startups hilft hier etwas mehr als einem Drittel (35 %) der Unternehmen in der Digitalen Transformation weiter. In den USA konzentrieren fast alle Unternehmen die Digitalthemen im Bereich Unternehmensentwicklung oder IT (97 %), viele haben auch eine spezielle Digitaleinheit aufgesetzt (82 %). Danach folgen Dienstleister (45 %) und Startup-Kooperationen (14 %). Die Ergebnisse verdeutlichen, dass die Verankerung der Digitalen Transformation in den USA schon deutlich mehr in den Unternehmen etabliert ist, während sich die deutschen Unternehmen noch mehr Hilfe von außen holen. Die Auswertung zu den Maßnahmen der Unternehmen finden sich in **Abbildung 3**.

Nach der Befragung zu aktuellen Maßnahmen ist es ebenfalls interessant zu erfahren, welche Maßnahmen die Unternehmen planen, um auch zukünftig noch fitter für die Digitale Transformation zu werden. Deutsche Firmen setzen dabei in erster Linie weiter auf Dienstleister bzw. Berater (20 % vs. USA 34 %). Eine interne oder externe Digitaleinheit (16 % vs. 42 % in den USA) oder die Zusammenarbeit mit Startups (10 % vs. 32 % im US-Vergleich) sind weitere zentrale für die Zukunft geplanten Maßnahmen. Insgesamt fällt auf, dass sich die US-Unternehmen für die nächste Welle der Digitalen Transformation wieder vermehrt Support von außen holen möchten. Die Übersicht der Ergebnisse hierzu finden sich in **Abbildung 4**.

Neben den aktuellen und geplanten Maßnahmen soll ebenfalls noch auf die zentralen Herausforderungen der Digitalen Transformation eingegangen werden. Wesentliche Hürde in Deutschland ist für fast zwei Drittel der Unternehmen (63 %) die fehlende Erfahrung mit nutzerorientiertem Vorgehen bei der digitalen Umsetzung von Produkten und Prozessen. Für US-Unternehmen scheint dies keine große Hürde zu sein, geben doch nur 14 % diesen Aspekt als Herausforderung an. Mehr als doppelt so häufig wie in den USA wird als größtes Hemmnis der Digitalen Transformation in Deutschland zudem die Verteidigung bestehender Strukturen in den Großunternehmen angesehen (50 % zu 28 % USA). Größtes Hindernis in den USA ist die fehlende Zeit, genug Aufmerksamkeit für die Digitale Transformation bereitzustellen (51 %). Hierin sehen auch viele deutsche Unternehmen eine Herausforderung (49 %). Die Analyse zu den Hürden macht deutlich, dass sowohl der Einbezug des Kunden als auch interne Blockaden den digitalen Wandel bremsen, wohingegen sich für US-Unternehmen hauptsächlich ein Ressourcenproblem darstellt. Die Hürden der Digitalen Transformation sind in **Abbildung 5** nochmal zusammenfassend dargestellt.

Und bei der Frage nach den Zukunftsaussichten scheint sich der vielgerühmte amerikanische Optimismus zu bestätigen. So erwartet mit exakt 50 % die Hälfte aller US-Konzerne in weniger als einem Jahr schon positive Effekte

FRAGE

WELCHE DER NACHFOLGENDEN AKTIVITÄTEN UND MASSNAHMEN NUTZEN SIE IN IHREM UNTERNEHMEN KONKRET, UM DIE DIGITALE TRANSFORMATION ZU GESTALTEN?

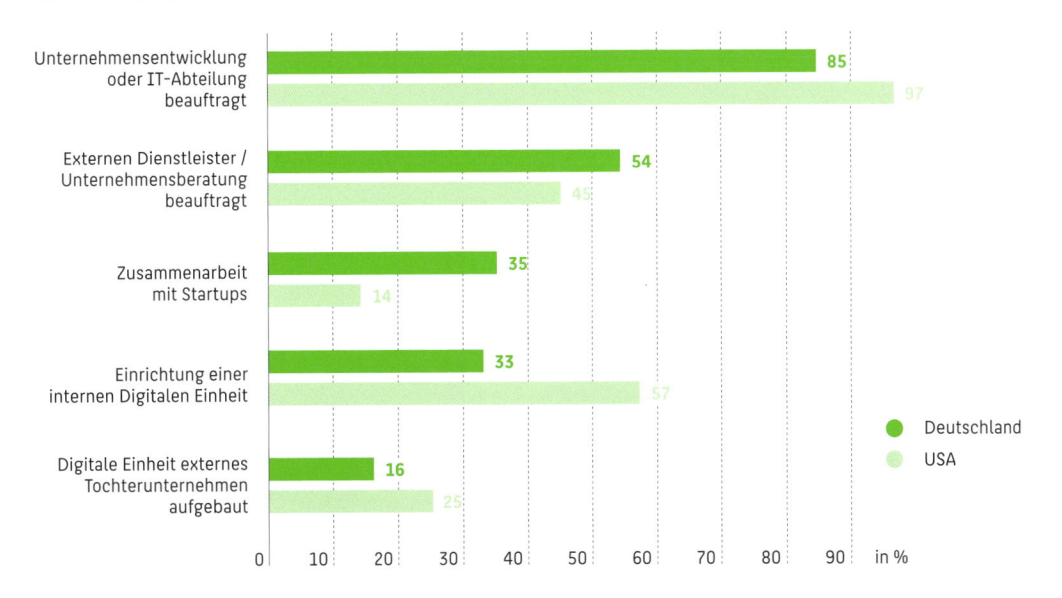

Maßnahme	Deutschland	USA
Unternehmensentwicklung oder IT-Abteilung beauftragt	85	97
Externen Dienstleister / Unternehmensberatung beauftragt	54	45
Zusammenarbeit mit Startups	35	14
Einrichtung einer internen Digitalen Einheit	33	57
Digitale Einheit externes Tochterunternehmen aufgebaut	16	25

Abbildung 3: Aktuelle Maßnahmen zur Förderung der Digitalen Transformation.

FRAGE

WELCHE DER NACHFOLGENDEN AKTIVITÄTEN UND MASSNAHMEN PLANEN SIE IN IHREM UNTERNEHMEN KONKRET, UM DIE DIGITALE TRANSFORMATION ZU GESTALTEN?

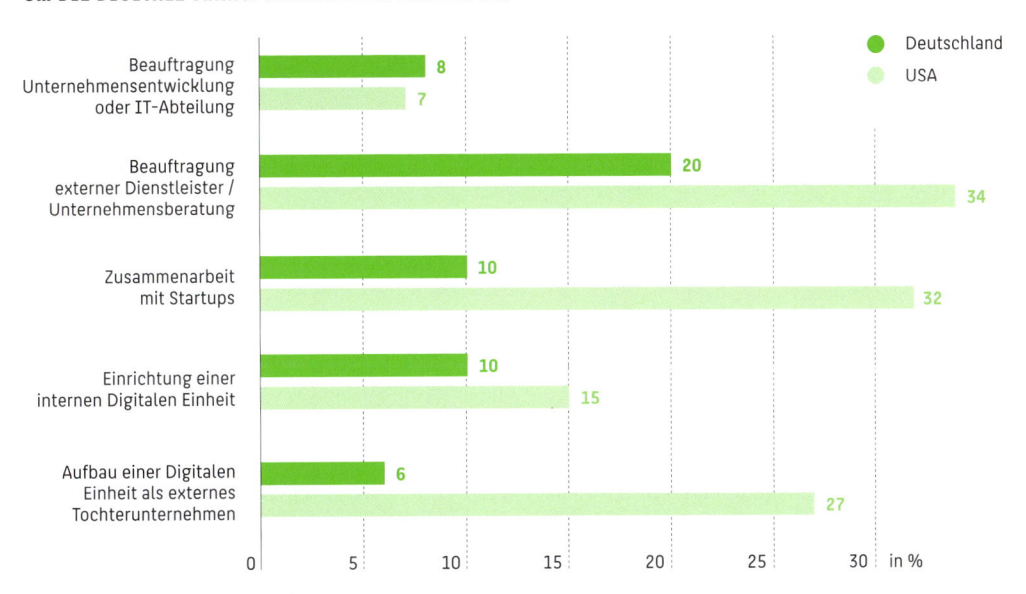

Maßnahme	Deutschland	USA
Beauftragung Unternehmensentwicklung oder IT-Abteilung	8	7
Beauftragung externer Dienstleister / Unternehmensberatung	20	34
Zusammenarbeit mit Startups	10	32
Einrichtung einer internen Digitalen Einheit	10	15
Aufbau einer Digitalen Einheit als externes Tochterunternehmen	6	27

Abbildung 4: Zukünftig geplante Maßnahmen zur Förderung der Digitalen Transformation.

FRAGE

WAS SIND IHRER MEINUNG NACH DIE GRÖSSTEN HÜRDEN IN IHREM UNTERNEHMEN BEI DER DIGITALEN TRANSFORMATION?

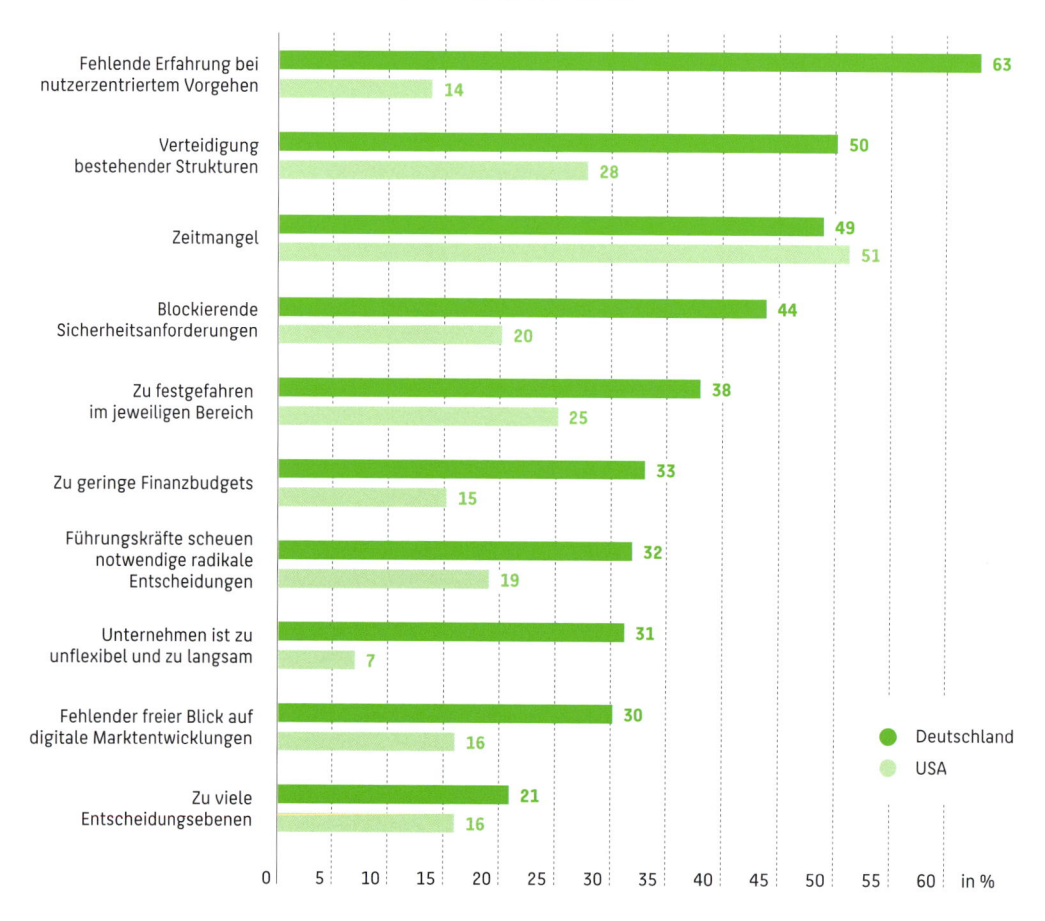

Hürde	Deutschland	USA
Fehlende Erfahrung bei nutzerzentriertem Vorgehen	63	14
Verteidigung bestehender Strukturen	50	28
Zeitmangel	49	51
Blockierende Sicherheitsanforderungen	44	20
Zu festgefahren im jeweiligen Bereich	38	25
Zu geringe Finanzbudgets	33	15
Führungskräfte scheuen notwendige radikale Entscheidungen	32	19
Unternehmen ist zu unflexibel und zu langsam	31	7
Fehlender freier Blick auf digitale Marktentwicklungen	30	16
Zu viele Entscheidungsebenen	21	16

in %

Abbildung 5: Hürden bei der Digitalen Transformation.

der Digitalen Transformation in Bezug auf das Geschäftsergebnis. Bei den deutschen Unternehmen sagen dies nur ganze 6 %.

3. DIGITALE TRANSFORMATION – WAS MUSS NOCH GETAN WERDEN?

3.1 Empfehlungen für die Praxis

Aus der Interpretation der Studienergebnisse lassen sich konkrete Empfehlungen für etablierte Unternehmen ableiten:

– Die Digitale Transformation sollte auch zukünftig einen noch höheren Stellenwert auf der Agenda des Topmanagements erhalten und ist für wirklich alle Unternehmen relevant.

- Die Erprobung und Anwendung nutzerorientierter Herangehensweisen bei der Entwicklung neuer Produkte und Geschäftsmodelle muss auch für deutsche Unternehmen zum Standard werden.
- Insbesondere die deutschen Unternehmen müssen zudem weiter am nachhaltigen Kulturwandel in Richtung einer agilen und flexiblen Organisation arbeiten, um die Rahmenbedingungen für deutliche Fortschritte in der Digitalen Transformation zu schaffen.

3.2 Implikationen für die Forschung

Auch für zukünftige Forschungsbemühungen bieten die Ergebnisse der Studie Anhaltspunkte. So lassen sich hieraus entsprechende weitergehende Forschungsaspekte ableiten, bspw.:

- Erweiterung der internationalen Perspektive auf Unternehmen in Asien (z. B. China)
- Vertiefende Analyse zu den Erfolgsfaktoren spezifischer Maßnahmen (z. B. dem Aufbau einer Digitaleinheit)
- Weiterführende Untersuchungen der Hinderungsgründe für Digitale Transformation und Entwicklung von diesbezüglichen Lösungsansätzen (z. B. Schaffung von Rahmenbedingungen für nutzerorientierte Ansätze)

3.3 Fazit und Ausblick

Die vorliegende Untersuchung konnte zeigen, dass die deutschen Unternehmen auf ihrem Weg der Digitalen Transformation weiter vorankommen, vom Reifegrad der Maßnahmen und der Herausforderungen jedoch den US-Firmen noch hinterher sind. Diese Lücke zu schließen, wird zentrale Managementaufgabe der nächsten Jahre sein.

DIGITA
INDUS
DIGITA
PRODU

Industrie von morgen – Demografische Herausforderungen und arbeitsgestalterische **126**
Lösungsansätze für die Produktion und Produktentwicklung

Migrations- und Modernisierungskonzepte für Fabriken **132**
auf ihrem Weg in die smarte Produktion

Modellbasiertes Systems Engineering – methodische Unterstützung **142**
zur virtuellen Inbetriebnahme von Produktionsanlagen

INDUSTRIE VON MORGEN – DEMOGRAFISCHE HERAUSFORDERUNGEN UND ARBEITSGESTALTERISCHE LÖSUNGSANSÄTZE FÜR DIE PRODUKTION UND PRODUKTENTWICKLUNG

Ingo Marsolek

ABSTRACT

Ein wachsender Mangel an Fachkräften stellt für viele Firmen ein Wachstumshemmnis dar. Dafür gilt es nicht nur das Rentenalter für alle gleichermaßen heraufzusetzen, sondern für unterschiedliche Tätigkeitsbereiche sowohl individuelle als auch flexible Lösungen zu finden und der personellen Alterssteigerung mithilfe einer alternsgerechten Anpassung der Arbeitssysteme sowie einer nachhaltigen Mitarbeiterqualifizierung und -motivation zu begegnen.

1. EINFÜHRUNG

Weltweit macht sich bereits seit mehreren Jahrzehnten eine zunehmende Lebenserwartung bemerkbar. So hat sich z. B. in Deutschland die durchschnittliche Lebenserwartung seit Mitte der 1970er-Jahre um fast 10 Jahre erhöht. [1] Somit wird nicht nur die Gesamtbevölkerung immer älter, sondern es steigt auch der Anteil der aus dem Erwerbsleben ausgeschiedenen Bevölkerung – insbesondere wenn keine entsprechende Erhöhung des Renteneintrittsalters erfolgt und gleichzeitig die Geburtenrate der Gesamtbevölkerung stagniert oder sogar sinkt. Diese Entwicklung hat eine dramatische Auswirkung auf das Finanzierungssystem der Altersversorgung, welches in den meisten Ländern auf einem sogenannten Generationenvertrag basiert. Die derzeit arbeitende Generation finanziert die Altersversorgung der bereits aus dem Erwerbsleben ausgeschiedenen Generation. Somit ergibt sich aus einer steigenden Lebenserwartung in Kombination mit einem konstant gehaltenen bzw. in den vergangenen Jahren vielerorts sogar gesenkten Renteneintrittsalter und einer konstanten bzw. zeitweise sogar abnehmenden Geburtenrate eine zunehmende Finanzierungslücke in der Altersversorgung. [2] Gleichzeitig steigt der Anteil der älteren Bevölkerung, welche besondere Anforderungen an die Ergonomie (= menschengerechte Gestaltung) [3] der von ihnen genutzten Arbeitssysteme, Produkte und Dienstleistungen stellt.

[1] Kröhnert, S. (2006): Zur demographischen Lage der Nation. Bundeszentrale für politische Bildung, Bonn

[2] Birg, H. (2011): Bevölkerungsentwicklung: Soziale Auswirkungen. Bundeszentrale für politische Bildung, Bonn

[3] Schmidt, L.; Schlick, C.M.; Grosche, J. (2008): Ergonomie und Mensch-Maschine-Systeme. Springer Verlag, Berlin

2. VORHABEN

Sowohl für die Produktion als auch die Produktentwicklung sind deshalb nachhaltige Lösungsansätze gefordert – insbesondere da hier in den vergangenen Jahren ein zunehmender Fachkräftemangel spürbar geworden ist, der sich in Zukunft noch weiter verschärfen dürfte.

In diesem Kontext wird es wohl unvermeidbar werden, nicht nur das durchschnittliche Renteneintrittsalter für alle Arbeitsbereiche gleichermaßen heraufzusetzen, sondern für unterschiedliche Tätigkeitsbereiche sowohl individuelle als auch flexible Lösungen zu finden, um substantielle Einschnitte in der Altersversorgung zu vermeiden und einem Mangel an Fachkräften systematisch entgegenzuwirken. In Kombination mit zusätzlichen Motivatoren, welche die entsprechenden Fachkräfte und Experten dazu bewegen müssen, tatsächlich auch länger erwerbstätig zu bleiben, wird dies zu einer deutlichen Alterssteigerung in einzelnen Berufsgruppen führen – eine Entwicklung, die wohl zukünftig schnell zu einer der größten arbeitsgestalterischen Herausforderungen für die Industrie von morgen anwachsen dürfte. Um dieser Alterssteigerung ausreichend nachhaltig zu begegnen, gilt es deshalb, sich bereits heute mit drei strategischen Lösungsansätzen auseinanderzusetzen:

1. **Strukturelle Anpassung der betroffenen Arbeitssysteme und Produkte an die individuellen Bedürfnisse einer immer älter werdenden Bevölkerung.**
2. **Systematische Qualifizierung (theoretische Schulungen & praktische Trainings) der benötigen Fachkräfte für zukünftige Herausforderungen.**
3. **Nachhaltige Mitarbeitermotivation durch entsprechend interessant gestaltete Arbeitsinhalte sowie mehr Autonomie und Verantwortung eines jeden Mitarbeiters.**

3. ERGEBNISSE

Für die operative Umsetzung dieser drei strategischen Lösungsansätze bietet sich folgendes Vorgehen an:

3.1 Strukturelle Anpassung der betroffenen Arbeitssysteme und Produkte an die individuellen Bedürfnisse und Wünsche einer immer älter werdenden Bevölkerung:

Jedes einzelne Unternehmen ist gefordert, sich möglichst frühzeitig mit einem zunehmenden Fachkräftemangel auseinanderzusetzen. Im Mittelpunkt muss hierfür nicht nur eine umfassende und zukunftsorientierte Personalbedarfsprognose und Ursachenanalyse stehen, sondern auch eine kontinuierliche Analyse und Optimierung von Arbeitsplätzen, Arbeitsprozessen und Arbeitsorganisationen unter besonderer Berücksichtigung entsprechend zukunftsweisender technologischer Innovationen (z. B. Automatisierung, Digitalisierung, 3D-Druck, Internet 4.0, Augmented Reality etc.) und einer altersgerechten Arbeitsgestaltung. [4] Für eine möglichst umfassende und zukunftsorientierte Personalbedarfsprognose gilt es dabei, über eine einfache Analyse der Altersstruktur zur Abschätzung altersbedingter Personalabgänge hinaus weitere wichtige Einflussfaktoren aufgrund von ökonomischen, technologischen, politisch-rechtlichen, sozio-kulturellen und demografischen Entwicklungen zu identifizieren. [5] Für die notwendige Ursachenanalyse bieten sich die Methode des vernetzten Denkens zur internen und externen Unternehmens(umfeld)analyse sowie eine entsprechend umfassende Befragung zur Mitarbeiterzufriedenheit an. [6] Deren Ergebnisse dienen als Ausgangsbasis zur Ableitung entsprechend unternehmensspezifischer Ansätze zur Problembewältigung. An erster Stelle muss dabei eine systematische Prozessoptimierung und Überprüfung der Möglichkeiten einer Aufgabendelegation bzw. Automatisierung oder Computerisierung stehen. Dabei gilt es, vorhandene Kapazitäten zu erkennen und freizusetzen, um zukünftig entstehende Personallücken mit vorhandenen Fachkräften besser abfedern zu können. Zusätzlich muss durch eine mitarbeiterorientierte Unternehmenskultur und Gesundheitsförderung sowie altersgerechte Arbeitsplatzgestaltung in Kombination mit einer systematischen Mitarbeiterqualifikation und Personalentwicklung der Grundstein für erfolgreiche Maßnahmen zur Mitarbeiterakquise und -bindung gelegt werden. Gleichzeitig ist es wichtig, den Alterungsprozess der Gesamtbevölkerung auch als wichtigen Einflussfaktor auf die unternehmenseigene Gestaltung von Produkten und Dienstleistungen zu verstehen. Denn zukünftig wird nicht nur das eigene Arbeitssystem an die Bedürfnisse und Wünsche einer alternden Bevölkerung angepasst werden müssen, sondern auch die hiermit auf dem Markt angebotenen Produkte und Dienstleistungen. Hierfür ist eine empathische Produktgestaltung ähnlich dem Design-Thinking gefordert, welche die sich verändernden Kundenwünsche und ein Rapid-Prototyping auf Basis des 3D-Drucks in den Mittelpunkt allen Handelns stellt. [7]

3.2 Systematische Qualifizierung (theoretische Schulungen & praktische Trainings) der benötigen Fachkräfte für zukünftige Herausforderungen:
Für ein sich immer schneller wandelndes Unternehmensumfeld gilt es, die eigenen Mitarbeiter lebenslang weiter zu qualifizieren. Dafür müssen kontinuierlich die Wissensstände und Fähigkeiten der Mitarbeiter mit den Anforderungen des Arbeitssystems und des Unternehmensumfeldes abgeglichen und ggf. vorhandene Lücken geschlossen werden. Neben rein theoretischen Schulungen bieten sich hierfür vor allem praktische Umsetzungstrainings an. Dies gilt auch für

[4] Marsolek, I. (2013): Fachkräftemangel in wissensintensiven Expertensystemen. Akademikerverlag, Saarbrücken

[5] Schmidt, C. E.; Gerbershagen, M. U.; Salehin, J.; Weiß, M.; Schmidt, K.; Wolff, F.; Wappler, F. (2011): Von der Personalverwaltung zur Personalentwicklung. Der Anästhesist 06/2011

[6] Gomez, P. & Probst, G. (2007): Die Praxis des ganzheitlichen Problemlösens: Vernetzt denken. Haupt Verlag, Bern

[7] Kelley, T.; Littman, J. (2002): Das IDEO Innovationsbuch. Econ Verlag, München

die Identifikation der Anforderungen und Wünsche an Produkte und Dienstleistungen eines zunehmend alternden Bevölkerungsanteils. [8]

3.3 Nachhaltige Mitarbeitermotivation durch entsprechend interessant gestaltete Arbeitsinhalte sowie mehr Autonomie und Verantwortung eines jeden Mitarbeiters.

Ein zunehmender Anteil älterer Mitarbeiter kann langfristig nur mit entsprechend nachhaltigen Motivatoren im Erwerbsleben gehalten werden. Dafür sollten generell für alle Mitarbeiter die bereits 1959 von Herzberg in seiner Zwei-Faktoren-Theorie beschriebenen Hygienefaktoren derart positiv gestalten werden, dass es zu keiner Arbeitsunzufriedenheit kommt (z. B. Entlohnung, Personalpolitik, Führungsstil, Arbeitsbedingungen, zwischenmenschliche Beziehungen und Arbeitsplatzsicherheit). Zusätzlich müssen die sogenannten Motivatoren ebenso positiv gestaltet werden, damit sich eine tatsächliche Arbeitszufriedenheit – bis hin zur Begeisterung – einstellt (z. B. eigene Leistung, Erfolg, Anerkennung, Arbeitsinhalte, Verantwortung und Aufstieg). [9]

[8] Marsolek, I.; Friesdorf, W.; Pappert, D. (2011): New ways of teaching – Industry meets medicine. In: Book of Abstracts of the 22nd Annual ESCTAIC Meeting. ESCTAIC, Erlangen

[9] Herzberg, F.; Mausner, B.; Snyderman, B. (1959): The Motivation to Work. Wiley, New York

4. AUSBLICK

Einzelne Aspekte der drei aufgeführten strategischen Lösungsansätze werden zurzeit schon von Unternehmen mehr oder minder intensiv angegangen. Insbesondere die strukturelle Anpassung der betroffenen Arbeitssysteme und Produkte an die individuellen Bedürfnisse und Wünsche einer immer älter werdenden Arbeitnehmerschaft und eines immer älter werdenden Kundenklientel wird dabei nicht nur in einzelnen Projekten, sondern zum Teil auch unternehmens- und produktweit umgesetzt. Im Gegensatz dazu bedarf es jedoch in vielen Arbeitssystemen noch einer deutlichen Verstärkung entsprechender Maßnahmen für eine systematische – und vor allem lebenslange – Qualifizierung der benötigten Fachkräfte sowie der Schaffung einer wirklich nachhaltigen Mitarbeitermotivation.

MIGRATIONS- UND MODERNISIERUNGS-KONZEPTE FÜR FABRIKEN AUF IHREM WEG IN DIE SMARTE PRODUKTION

Stephan Schäfer | Dirk Schöttke | Thomas Kämpfe

ABSTRACT

Während starre und hochproduktive Fertigungslinien bzw. -straßen auf hohe Stückzahlen bei gleichen Produkten ausgelegt werden, erfordert die flexible und vollautomatisierte Produktion variantenreicher Produkte anpassbare und rekonfigurierbare Anlagenkomponenten. Diese führen hin zu einer variantenreicheren Produktion bei akzeptablen Stückkosten.

Ziel dieses Beitrags ist es daher, den aktuellen Forschungsstand und den Weg von einer starren Fertigungsstraße zur flexiblen Fabrik der Zukunft, der sogenannten „smart factory", zu beschreiben.

1. EINLEITUNG

Mehr als 59 % der befragten Unternehmen sehen laut einer Studie vom April 2015 in der Herstellung individualisierter Produkte einen der wesentlichen Technologietreiber zur vernetzten Fabrik der Zukunft. [1] Die hochautomatisierte, aber trotzdem noch flexible Produktion variantenreicher Produkte erfordert allerdings anpassbare und rekonfigurierbare Anlagenkomponenten. Dabei ist die flexible Fertigungszelle zur Fertigung umfassender Teilefamilien in regelloser Folge der Einzelstücke mit minimalem menschlichem Eingriff geeignet.

Die zumeist mangelnde Auslastung der Zellkomponenten hat jedoch häufig sehr hohe Maschinenstundensätze zur Folge, weswegen dieses Konzept bei hohen Stückzahlen unwirtschaftlich bleibt. [2] Rekonfigurierbare Anlagen bilden zwischen den beiden zuvor genannten Anlagentypen einen Kompromiss hin zu einer variantenreicheren Produktion bei akzeptablen Stückkosten. [3]

Der folgende Beitrag soll daher einen möglichen Weg von einer starren Produktionslinie über routingfähige Produktionsinseln zu flexiblen und rekonfigurierbaren Produktionsplätzen näher beschreiben.

2. REIHENFERTIGUNG

Die bereits seit Jahrzenten etablierte Reihenfertigung teilt die für die Herstellung eines Produktes notwendigen Arbeitsprozesse nacheinander in einzelne Arbeitsschritte ein.

Eine Fertigungsstraße ist eine räumliche Abfolge von Fertigungseinrichtungen, auf denen in zeitlicher Abfolge Fertigungsschritte an einem Werkstück oder teilfertigen Produkt durchgeführt werden. [4]

Dabei wird zwischen der getakteten Reihenfertigung, also der Reihenfertigung mit Zeitzwang – häufig als Fließbandfertigung bezeichnet –,und der ungetakteten Fertigung als Reihenfertigung ohne Zeitzwang in Form einer Straßen- und Linienfertigung unterschieden, bei der es zwischen den Arbeitsgängen keine zeitliche Bindung gibt, da jeder Arbeitsplatz über Pufferspeicher verfügt. [5] **Abbildung 1** zeigt eine Linienfertigung am Beispiel einer Ritzelwelle.

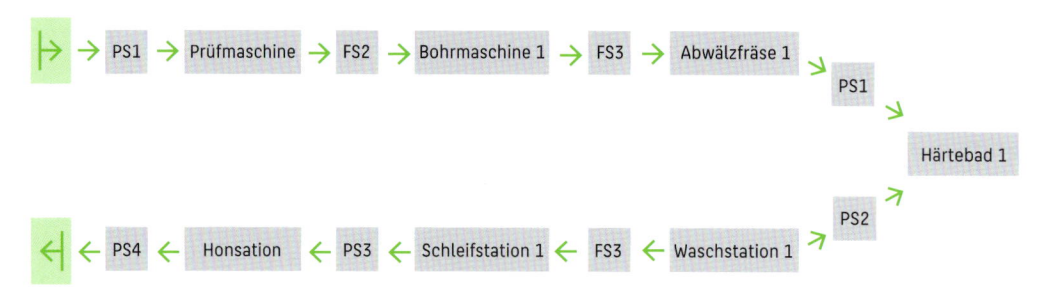

Abbildung 1: Beispieldarstellung einer Linienfertigung (eigene Darstellung).

Reihenfertigungen basierend auf starren Fertigungsanlagen sind für große variantenarme Stückzahlen geeignet. Die Anpassung an neue Varianten oder Modelle ist häufig an die Umrüstung der Produktionsanlage gekoppelt und so mit teilweise erheblichen Rüstzeiten verbunden.

3. FLEXIBLE REIHENPRODUKTION

Ein erster Schritt hin zu einer flexibleren Produktion stellt die Einführung flexibler Prüf- und Bearbeitungsstationen dar, welche sich im laufenden Fertigungsprozess an geänderte Anforderungen anpassen können.

Beispielhaft seien hier Werkzeugwechsler bei CNC-Bearbeitungszentren genannt. Aber auch diese Produktionsanpassung bietet sich nur für geringe Varianten an.

4. NETZFÖRMIGE PRODUKTION

Daher führt ein weiterer Schritt hin zu einer netzartigen Fertigungsorganisation, welche in **Abbildung 2** beispielhaft dargestellt ist.

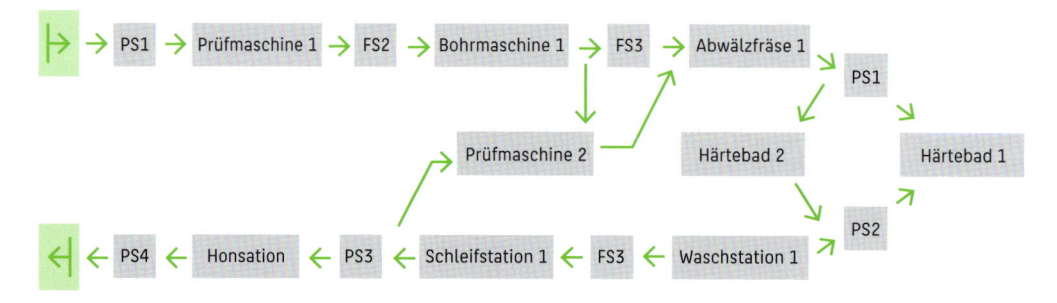

Abbildung 2: Beispieldarstellung einer netzartigen Fertigung (eigene Darstellung).

Netzartige Strukturen lassen sich gut mit Hilfe der Graphentheorie beschreiben. Allerdings stellt sich die stückorientierte Leitung durch den Fertigungsprozess ungleich schwerer dar, da permanent die entsprechenden Informationen zwischen dem zu erzeugenden Werkstück und der Bearbeitungsstation in Echtzeit zur Verfügung stehen müssen. Diese hohen Anforderungen an die Datenhaltung stellte eine große Hürde in den 1970er Jahren dar, so dass viele Versuche der Einführung von CIM-basierten Fertigungsmodellen an den Synchronisierungsanforderungen der unterschiedlichen Datenquellen und -senken scheiterten.

Erst mit zunehmender Rechenleistung, leistungsfähigeren Datenbanksystemen und offenen Schnittstellen zwischen der Fertigungsebene und den Produktionsplanungs- und -leitsystemen lassen sich solche netzförmigen Strukturen umsetzen. Dabei wird die Entscheidung, welchen Weg das Werkstück durch die Produktion nimmt, jedoch noch häufig den überlagerten Produktionsplanungs- und -steuerungssystemen überlassen.

Die Einführung solcher netzartigen Systeme führt neben einer anspruchsvolleren Modellierung mittels der Graphentheorie auch zu aufwendigeren Datenmodellen mit höchsten Anforderungen an den Abgleich der Informationen aus der Produktionsplanung und Überwachung mit den Fertigungsdaten. Auch werden aus deterministischen Vorausplanungen der Produktions- oder Durchlaufzeiten nunmehr statistische Größen, da der Weg des Werkstücks durch die Produktion zum Zeitpunkt der Prognose noch nicht bekannt ist. **Abbildung 3** verdeutlicht diesen Ablauf.

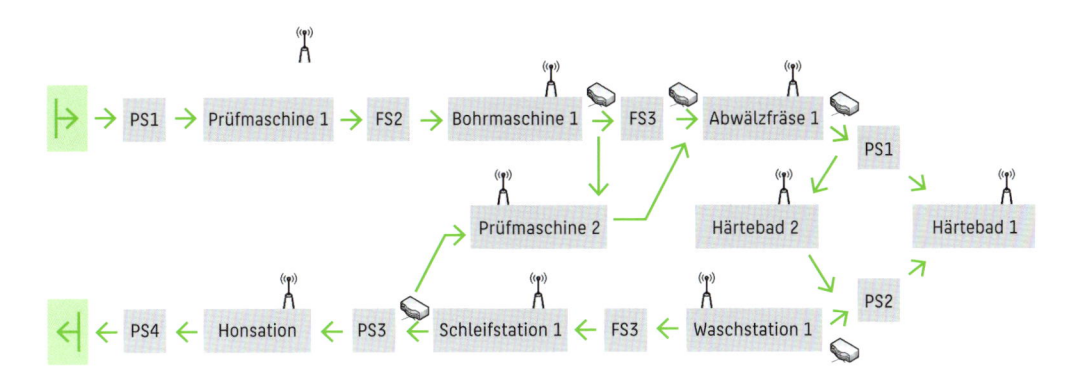

Abbildung 3: Beispieldarstellung einer routingfähigen Fertigung (eigene Darstellung).

Der Vorteil einer solchen netzbasierten Produktion liegt nicht im Erreichen höherer Durchsätze, sondern in der Zunahme der Resilienz der Anlage, also der Fähigkeit von technischen Systemen, bei Störungen bzw. Teil-Ausfällen nicht vollständig zu versagen, sondern wesentliche Systemdienstleistungen aufrechtzuerhalten. [6]

Eine solche Investition würde sich daher unter Zuverlässigkeits- und Verfügbarkeitsaspekten nur bedingt wirtschaftlich lohnen, zumal sich der

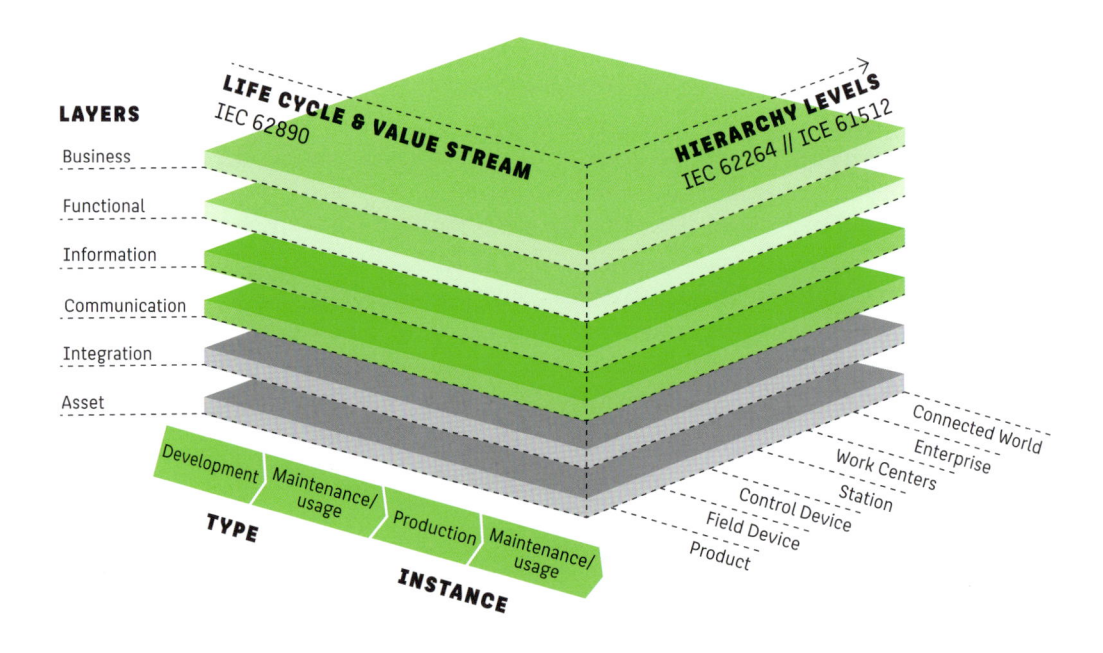

Abbildung 4: Referenzarchitekturmodell Industrie 4.0 (RAMI 4.0) der Plattform Industrie 4.0 [7].

Komplexitätsgrad der Anlage durch die Einführung vernetzter Strukturen wesentlich erhöht. Vielmehr müssen weitere Vorteile hinzukommen. Diese können beispielsweise in einer höheren Flexibilität der Anlage hin zur Herstellung variantenreicherer Produkte liegen.

Um die Vorteile einer vernetzten Produktion zu erschließen, ist nicht weniger als ein Paradigmenwechsel notwendig. Während bisher die Produktionsanlagen im Fokus standen, liegt die geänderte Perspektive nun auf den herzustellenden Produkten als aktive Teilnehmer im Produktionsprozess.

5. REFERENZARCHITEKTURMODELL 4.0 (RAMI 4.0)

Als Diskussionsgrundlage, um ein übergreifendes Verständnis zwischen den Akteuren zu schaffen, wurde unter der Leitung der Plattform Industrie 4.0 ein Referenzarchitekturmodell Industrie 4.0 (RAMI 4.0) entwickelt. Dieses Modell stellt noch keine konkrete Implementierung dar, sondern beschreibt einen Rahmen, unter dem Produkte von der Entstehung die vollständige Wertschöpfungsketten hinweg eine digitale Identität erhalten können.

Dabei wird keine Unterscheidung zwischen Branchen und deren Besonderheiten vorgenommen. Vielmehr handelt es sich bei dem Modell um ein sogenanntes Metamodell, welches dazu geeignet ist, weitere Modelle wie Daten- und Kommunikationsstrukturen näher zu beschreiben.

Dabei verbleibt das Referenzarchitekturmodell auf einer hohen Abstraktionsebene und überlässt es den Anwendern, das Modell auf konkrete Szenarien zu übertragen.

Dies hat bisher zu einer Vielzahl von Industrie-4.0-Pilotfabriken geführt, welche bislang vornehmlich im Forschungsbereich zu finden sind. **Abbildung 4** stellt das Referenzarchitekturmodell Industrie 4.0 (RAMI 4.0) dar.

Das Referenzarchitekturmodell Industrie 4.0, kurz RAMI 4.0, besteht aus einem dreidimensionalen Koordinatensystem, das die wesentlichen Aspekte eines möglichen Interaktionsmodells für die Industrie 4.0 beinhaltet.

Die Y-Achse stellt den Lebenszyklus der gewonnen Informationen über Anlagen und Produkte dar. Grundlage hierfür ist die IEC 62890 zum Thema Life-Cycle-Management. Unterschieden wird hier zwischen „Typ" und „Instanz". Aus einem „Typ" wird eine „Instanz", wenn die Entwicklung und Prototypenfertigung abgeschlossen sind und in der Fertigung das eigentliche Produkt hergestellt wird. [8]

Die Z-Achse symbolisiert eine Informations-Ebenen-Architektur analog zum OSI-ISO Modell bestehend aus den Schichten:
- *Business* – Organisation und Geschäftsprozesse
- *Functional* – Die Funktionalitäten eines realen Objekts
- *Information* – Die notwendigen Daten
- *Communication* – Der Zugriff auf Informationen
- *Integration* – Übergang von der physischen in die digitale Welt
- *Asset* – Das reale Objekt in der physischen Welt

Die X-Achse dient der Darstellung funktionaler Hierarchieebenen vom Produkt bis in die vernetzte Welt. Dabei wird auf die IEC 62264 Bezug genommen, welche sich auf die Beschreibung der wesentlichen Funktionen in der Unternehmens- und der Betriebsmanagement- und -steuerungsdomäne bezieht und darauf, welche Informationen zwischen diesen Domänen normalerweise ausgetauscht werden. Dabei wird die Norm allerdings auf der untersten Ebene durch die Einführung des Produktes und auf der obersten Ebene durch die „Vernetzte Welt" als eigene Ebenen erweitert. [9]

Darüber hinaus verwendet die IEC 61512 den Begriff des physikalischen Modells, um die physischen Güter eines Unternehmens in den Begriffen von Unternehmen, Werken, Anlagenkomplexen, Anlagen, Teilanlagen, Technischen Einrichtungen und Einzelsteuereinheiten zu beschreiben. [10]

6. CYBER-PHYSIKALISCHE SYSTEME (CPS)

Vormals noch passive Werkstücke werden durch die Verknüpfung mit Elektronik zu sogenannten Embedded Systemen, und erhalten damit die Möglichkeit, aktive Teilnehmer im Produktionsprozess zu werden. Analog zu smarten Sensoren im industriellen Internet der Dinge (IIoT) werden nun Werkstücke zu Sensoren im Fertigungsprozess und können beispielsweise neben ihrem aktuellen Zustand, den Umgebungsbedingungen und ihrer Fertigungshistorie auch aktiv auf die Anlagenkonfiguration und damit ihre eigene Bearbeitung Einfluss nehmen.

Erst durch die Kombination realer physischer Objekte mit ihrem digitalen Abbild entsteht ein digitaler Zwilling. Eine Ausprägung des digitalen

I4.0- KOMPONENTE

VERWALTUNGSSCHALE
mit: Virtueller Repräsentation
mit: Fachlicher Funktionalität

Manifest

Komponenten Manager

GEGENSTÄNDE

Gegenstand

Gegenstand

Abbildung 5: Sie kann sich auf einen oder mehrere Gegenstände beziehen und kann als abgesicherter elektronischer Container betrachtet werden, in dem sämtliche relevante Daten des Objekts abgelegt werden können. Die Verwaltungsschale enthält wiederum ein „Manifest" und einen „Komponenten-Manager".

Zwillings findet sich im Begriff des Cyber-Physikalischen Systems wieder. Dieser ist gekennzeichnet durch eine Verknüpfung von realen (physischen) Objekten und Prozessen mit informationsverarbeitenden (virtuellen) Objekten und Prozessen über offene, teilweise globale und jederzeit miteinander verbundene Informationsnetze." [11]

Eine Standardisierung sogenannter Cyber-Physikalischer Systeme findet sich im Begriff der Industrie-4.0-Komponente wieder. Dabei handelt es sich um ein Modell, das reale Objekte der Produktion, die mit virtuellen Objekten und Prozessen vernetzt sind, beschreibt.

Eine I4.0-Komponente kann ein Produktionssystem, eine einzelne Maschine oder Station oder auch eine Baugruppe innerhalb einer Maschine repräsentieren.

Zentrales Element einer I4.0-Komponente ist die Verwaltungsschale.

Abbildung 5 zeigt deren schematischen Aufbau.

Das „Manifest" dient als Verzeichnis der einzelnen Dateninhalte der virtuellen Repräsentation.

Der Komponenten-Manager stellt die Verbindung zu den IT-technischen Diensten der I4.0-Komponente dar, mit denen von außen auf die virtuelle Repräsentation und Fachliche Funktionalität zugegriffen werden kann. Der Komponenten-Manager kann also z. B. eine service-orientierte-Architektur (SOA) anbinden oder die Verwaltungsschale in ein Repository abbilden. [12]

Der wissenschaftliche Konferenz-Beitrag „Increasing the Flexibility of Manufacturing: A Service-oriented Approach in Automation" liefert beispielsweise einen interessanten Ansatz zur Implementierung von service-orientierten Architekturen im industriellen Umfeld. [13]

Die Plattform Industrie 4.0 hat mit Unterstützung der Normungsgremien ein Referenzarchitekturmodell 4.0 erstellt und mit der Beschreibung einer Industrie 4.0-Komponente einen normativen Rahmen gelegt, welcher zwar die Eigenschaften einer Industrie 4.0-Anlage abstrakt beschreibt, allerdings noch keine konkreten Implementierungsempfehlungen oder Migrationskonzepte enthält. Daher soll im Folgenden auf Anwendungsszenarien im Rahmen moderner Fabriken näher eingegangen werden.

7. SMART FACTORY

Während der CIM-Ansatz der 1970er Jahre seine Grenzen an den proprietären Insellösungen der Hersteller fand, existieren heute Schnittstellen zur herstellerübergreifenden und globalen Vernetzung von Produktionssystemen und Anlagen.

Dabei orientieren sich die Anwendungsgebiete für moderne Fabriken an den folgenden Zielstellungen:

- Ressourcen- und kostenoptimierte Steuerung von komplexen Produktionsanlagen
- IT-Sicherheit und funktionale Sicherheit, das heißt Anlagensicherheit und Arbeitssicherheit
- Condition-Monitoring und Diagnose verteilter Produktionsanlagen
- Zuverlässigkeit und Verfügbarkeit
- Sicherstellung der Wartbarkeit aller Systeme über lange Produktionszeiträume bzw. über einen langen Lebenszyklus
- Durchgängig modellbasiertes Engineering komplexer Systemlösungen
- Kosteneffizienz und Wiederverwendbarkeit von Lösungsmustern
- Produkthaftung und Gefahrenübergänge
- Zertifizierbarkeit und Behördenengineering
- Reproduzierbarkeit von Produktionsbedingungen und durchgängige Dokumentation (Qualitätssicherung) [14]

Das künftige Ziel von Industrie 4.0-Anlagen ist die variantenreiche Produktion, bei der die Produktionskosten eines Einzelstücks nur geringfügig über denen einer Kleinserie liegen sollen. Dies gelingt allerdings nur dann, wenn sich die Produktionsumgebung in ständiger Kommunikation mit den Cyber-Physikalischen Systemen weitgehend selbst organisiert.

Dazu bedarf es aber einiger Voraussetzungen, welche im Folgenden näher beschrieben werden:

1. Dem gesamten Produktionsprozess muss ein einheitliches Datenmodell zugrunde liegen.
2. Das Datenmodell muss eine semantische Beschreibung der Daten mit deren Beziehung zueinander enthalten.
3. Das Datenmodell muss sich stetig an die geänderten Bedingungen anpassen können.
4. Sowohl die Cyber-Physikalischen Systeme als auch die Produktionsumgebung müssen in einer permanenten Echtzeit-Kommunikation stehen.
5. Die Kommunikation zwischen den Teilnehmern muss zuverlässig und sicher erfolgen.
6. Kommunikationsteilnehmer sollten sich spontan im System an- und abmelden können.
7. Die realen Objekte (Assets) müssen mit ihrer Virtuellen Repräsentanz untrennbar über den gesamten Lebenszyklus verschmelzen.

8. FAZIT

Erste Ansätze der Vernetzung von Produktionsanlagen auf ihrem Weg zu smart factories sind bereits zu beobachten. Dabei spielen bereits etablierte herstellerübergreifende Industriestandards für die Kommunikation wie beispielsweise das M2M-Kommunikationsprotokoll OPC Unified Architecture (OPC UA) eine zunehmende Rolle.

Auch bieten service-orientierte Architekturen neue Möglichkeiten der Vernetzung im industriellen Umfeld. [15]

Allerdings befindet sich die Industrie und Forschung im Bereich branchenübergreifender semantischer Modelle noch am Anfang. Testszenarios sollen hier helfen, die branchenspezifischen Bedürfnisse besser zu verstehen und eine einheitliche Sprache für die branchenübergreifende Interpretation von Daten zu ermöglichen. [16]

Es ist daher noch ein weiter Weg von vernetzten Insellösungen zu hersteller- und branchenübergreifenden vernetzten Systemen. Auf diesem Weg sollten neben den Chancen durch Produktivitätssteigerungen allerdings auch die Risiken beispielsweise im Bereich der Sicherheit und Zuverlässigkeit nicht vernachlässigt werden.

[1] VDE-Trendreport Schwerpunkt Industrie 4.0, Elektro- und Informationstechnik Innovationen – Märkte – Arbeitsmarkt, VDE Verband der Elektrotechnik Elektronik Informationstechnik e. V., Frankfurt a. M. April 2015.

[2] A. Kunz, K. Wegener, T. Lorenzer, „Rekonfigurierbare Maschinensysteme – Produktionsmittel der Zukunft", 29.03.2016, http://e-collection.library.ethz.ch/eserv/eth:1524/eth-1524-01.pdf.

[3] Y. Koren, U. Heisel, F. Jovane, T. Moriwaki, G. Pritschow, G. Ulsoy, H. van Brussel, „Reconfigurable Manufacturing Systems". Annals of the CIRP, 1999/2/48, S. 527-540

[4] Academic dictionaries and encyclopedias, unter: http://de.academic.ru/dic.nsf/dewiki/438322/Fertigungsstrasse, aufgerufen am 27.03.2017.

[5] Definitionen entnommen aus: Wirtschaftlexikon24.com, unter: http://www.wirtschaftslexikon24.com/d/reihenfertigung/reihenfertigung.htm, aufgerufen am 27.03.2017.

[6] B. Scharte, K. Thoma: Resilienz - Ingenieurwissenschaftliche Perspektive. Fraunhofer EMI. Abgerufen am 28.03.2017.

[7] Das Referenzarchitekturmodell Industrie 4.0 der Plattform Industrie 4.0, unter: https://www.plattform-i40.de/I40/Redaktion/DE/Downloads/Publikation/rami40-eine-einfuehrung.pdf?__blob=publicationFile&v=6, aufgerufen am 28.03.2017.

[8] DIN EN 62890:2017-04; VDE 0810-890:2017-04 – Entwurf Titel: Life-cycle-Management von Systemen und Produkten der Mess-, Steuer- und Regelungstechnik der Industrie, Beuth-Verlag, Berlin.

[9] DIN EN 62264-1:2014-07, Titel: Integration von Unternehmensführungs- und Leitsystemen – Teil 1: Modelle und Terminologie (IEC 62264-1:2013); Deutsche Fassung EN 62264-1:2013, Beuth-Verlag, Berlin.

[10] DIN EN 61512-1:2000-01, Titel: Chargenorientierte Fahrweise – Teil 1: Modelle und Terminologie, Beuth-Verlag, Berlin.

[11] Integrierte Forschungsagenda Cyber-Physical Systems", Acatech 2012; http://www.acatech.de/?id=1405.

[12] Ergebnispapier der Plattform Industrie 4.0, Struktur der Verwaltungsschale, Fortentwicklung des Referenzmodells für die Industrie 4.0-Komponente, unter: https://www.zvei.org/fileadmin/user_upload/Presse_und_Medien/Publikationen/2016/april/Struktur_der_Verwaltungsschale/Struktur-der-Verwaltungsschale.pdf, aufgerufen am 28.03.2017.

[13] Schäfer, Stephan, Berger, Ulrich, Schöttke, Dirk, Krönke Dietrich, Tauber, Bernd, „Increasing the Flexibility of Manufacturing: A Service-oriented Approach in Automation", Proceedings of 2016 IEEE 21th Conference on Emerging Technologies & Factory Automation", (2016), ISBN: 978-1-5090-1314-2.

[14] VDI/VDE-Gesellschaft Mess- und Automatisierungstechnik (GMA), Thesen und Handlungsfelder, Cyber-Physical Systems: Chancen und Nutzen aus Sicht der Automation, April 2013 unter: https://www.vdi.de/uploads/media/Stellungnahme_Cyber-Physical_Systems.pdf, aufgerufen am 28.03.2017.

[15] Schäfer, Stephan, Berger, Ulrich, Schöttke, Dirk, Kämpfe, Dirk, Krönke, Dietrich, „Flexible Erweiterung von Arbeitsräumen mit serviceorientierten Architekturen", VDI-Tagung, 17. Branchentreff der Mess- und Automatisierungstechnik, Baden-Baden, 2016, ISBN: 978-3-18-092284-0.

[16] Bericht des ZVEI, unter: Industrie 4.0: Anwendungen als ZVEI-Use-Cases-Industrie-4.0 unter: https://www.zvei.org/fileadmin/user_upload/Presse_und_Medien/Publikationen/2016/april/Industrie_4.0__Anwendungen_als_ZVEI-Use-Cases-Industrie-4.0/Faktenblatt-I40-Use-Cases.pdf, aufgerufen am 28.03.2017.

MODELLBASIERTES SYSTEMS ENGINEERING –
METHODISCHE UNTERSTÜTZUNG ZUR VIRTUELLEN INBETRIEBNAHME VON PRODUKTIONSANLAGEN

Ute Dietrich

ABSTRACT

Heutige Produkte sind zunehmend durch multi-disziplinäre Eigenschaften und divergierende Nutzungsmodelle gekennzeichnet. So ist der wertmäßige Anteil an Elektronik und Software in den letzten Jahren ständig gestiegen. Das „Internet in Dingen" hält in vielen Bereichen Einzug und erlaubt zum einen die Generierung völlig neuer Geschäftsmodelle, erfordert zum anderen aber auch ein methodisches Umdenken in der Produktentstehung, der Planung und Steuerung von Prozessen, den IT-Lösungen und unterstützenden Organisationsformen. Der vorliegende Beitrag soll ein Konzept für ein modellbasiertes Systems Engineering basierend auf einem PLM-System vorstellen und wichtige offene Anforderungen an die Gestaltung zukünftiger Unterstützungsprozesse ableiten.

1. EINLEITUNG

Im Zuge von Industrie 4.0 werden Produkte nicht nur zunehmend komplexer, sie sollen auch schneller produziert werden. Um dies zu erreichen, müssen die Produktionssysteme diesem Wandel folgen. Die an sie gestellten Anforderungen gelten jedoch nicht nur für die Nutzungszeit eines Produktionssystems und den damit verbundenen Diensten, die an die Phase des Betriebs gekoppelt sind, sondern auch für dessen gesamten Lebenszyklus einschließlich der Entwurfs- und Herstellungsphase. In diesem Zeitraum arbeiten Experten unterschiedlicher Disziplinen zusammen, um ein System zu schaffen, welches 1. in der Lage ist, die geplanten komplexen, individualisierten und zunehmend in kleinen Losgrößen geforderten Produkte kostengünstig zu fertigen und 2. das in immer kürzer werdenden Planzeiten erstellt und verändert bzw. gerüstet werden kann. Um der ersten Anforderung gerecht zu werden, müssen flexiblere und anpassungsfähigere Produktionssysteme mit Fähigkeit zur ad-hoc-Vernetzung entworfen werden. Dies erhöht die Komplexität der Produktionssysteme enorm. Ein vielversprechender Lösungsansatz ist hier das modellbasierte Systems-Engineering-Denken, begründet auf einer multidisziplinären Systembeschreibung sowie auf einem mechatronischen Informationsobjektansatz zur Verlinkung der betroffenen Informationen. Zur Erreichung der zweiten Forderung müssen Produktionsanlagen in einer frühen Entwicklungsphase bereits auf Fehler getestet und virtuell in Betrieb genommen werden können.

2. AUTOMATISIERUNGSGERECHTE PRODUKTENTWICKLUNG MITTELS MBSE

Um mit der gestiegenen Komplexität von Produkt und Produktionssystem umgehen zu können, wurden neue Entwurfsmethoden entwickelt, die ein interdisziplinäres Zusammenwirken bereits in frühen Phasen der Systementwicklung unterstützen. Ein gebräuchlicher Ansatz ist hierbei der Systems-Engineering (SE)-Ansatz. Hier werden alle Schritte, von der Definition der Anforderungen bis zum fertigen Produkt, aber auch bis zur Vermarktung und den ergänzenden Services, von Beginn an berücksichtigt und mitgeplant. Damit adressiert SE diese Problemstellung aus der Produktentwicklung zum einen durch die erwähnte interdisziplinäre Betrachtung des Produkts über den kompletten Produktlebens-zyklus, zum anderen durch eine systemische Sichtweise, die auf eine nachhaltigkeits-orientierte Produktgestaltung fokussieren. Klassische Methoden des Systems Engineering sind überwiegend papier- und dokumentenbasiert. Modellbasiertes Systems Engineering (MBSE) erweitert diesen klassischen Ansatz durch die phasentypische digitale Modellbildung. Entwurf, Spezifikation und Verifikation erfolgen nunmehr modellzentriert und begleiten den gesamten Entwicklungsprozess von den Anforderungen bis hin zum Systemtest. Der modellbasierte Ansatz fokussiert hierbei auf mehrere Problemstellungen. [1] Eine wichtige bezieht sich auf eine einheitliche, domänenübergreifende Modellierung des vorliegenden Systems und die Überführung in unterschiedliche, disziplingebundene Modelle. Diese Problemstellung wird mit systemübergreifenden Modellierungssprachen wie der SysML angegangen. Durch die Verwendung einer solchen Modellierungssprache kann die parallele Entwicklung von Mechanik, Elektronik und Software unterstützt und ein möglichst frühes Validieren auf einem gemeinsam beschriebenen und ergänzten Systemmodell erfolgen, in welchem die Korrelationen zwischen Systemanforderungen, Funktionen, Struktur und Verhalten definiert werden. [2] Ein solches Systemmodell muss maschinell auswertbar sein. Eine zweite wichtige Problemstellung ergibt sich somit aus dem durchgängigen Management dieser diversen, aber korrelierten (Daten-)Modelle sowie der erwähnten interdisziplinären mechatronischen Sichtweise. Ein Produktions-system lässt sich so unter Verwendung mechatronischer Informationsobjekte wie Förderbändern, Robotern, Montageeinrichtungen, Motoren etc. modellieren. Diese Sichtweise erweitert das Modell der digitalen Fabrik um den Aspekt der ‚Automatisierungsgerechtigkeit'. Automatisierungsgerechte Produktentwicklung fokussiert u. a. auf eine gemeinsame Verwaltung der aus den Verhaltensmodellen generierten Steuerungsinformationen, inklusive der signalbasierten Informationen von Sensoren und Aktoren sowie der zur späteren Nutzung zur Verfügung stehenden softwarebasierenden Dienstkomponenten. Die während des Entwurfsprozesses erzeugten Informationen werden gemeinsam mit den mechatronischen Objekten verwaltet und bilden den ‚digitalen (Objekt-)Schatten'. Spätestens zum Zeitpunkt der Inbetriebnahme müssen aus den idealen, planerischen Objekten eineindeutig identifizierbare Instanzen gebildet werden, die sogenannten digitalen Zwillinge. Diese erfassen alle auch zur Laufzeit anfallenden Informationen wie Maschinenzustände, Ressourcenverfügbarkeit oder Softwareupdates des realen (Produktions-)Zwillings, um daraus für jede Instanz beispielsweise spezifische Service- oder Rüstoperationen generieren zu können. Wird dieser Ansatz konsequent verfolgt, ist es möglich, die Daten mit Fortschreiten im Entwicklungsprozess weiter anzureichern und für alle Beteiligten nutzbar zu machen. So kann das häufig noch anzutreffende ‚Silo'-Denken zwischen Mechanik, Elektronik und Software überwunden und eine Parallelisierung im Entwicklungsprozess unterstützt werden. Modellbasiertes SE erlaubt durch eine konsistente Modellierung und Datenhaltung neben einer frühzeitigen Absicherung komplexer multidisziplinärer Systeme auch eine virtuelle Inbetriebnahme von Produktionssystemen

3. PLM ALS SYSTEM-LIFECYCLE-PLATTFORM

Zu den klassischen Aufgaben eines Product-Lifecycle-Management-Systems gehört bereits heute die komplette modellbasierte Abbildung des Produktlebenszyklus von der Konstruktion bis zum Recycling. Systemübergreifend denken und handeln können Unternehmen aber erst dann, wenn die gesamte Prozesskette im Fokus steht, [3] inklusive der zugehörigen Fertigungsprozesse, Steuerungen und neuen Dienstleistungen, die sich aus der Entwicklung vom ‚Ding' zum ‚Ding mit Internet' entwickeln werden. Zusätzliche Nutzungs- und Geschäftsmodelle müssen eine digitale Repräsentanz erfahren. Immer häufiger erlangen Unternehmen ihre Gewinne nicht ausschließlich über die Produkte selbst, sondern erst über Services z. B. für Maschinenupdates und Wartung, aber auch über Dienstleistungen, die durch die Einbeziehung des sogenannten Eco-Systems generiert werden. Um hier eine durchgängige Unterstützung leisten zu können, müssen PLM-Lösungen zum einen eine integrierte Lösung zur prozessübergreifenden Systemmodellbildung wie unter Punkt 2 beschrieben anbieten. Dieser Punkt erfährt in PLM-Systemen wie beispielsweise Teamcenter PLM der Firma Siemens bereits eine Teilbetrachtung. Zur systematischen Definition von Funktionalität und logischer Architektur wurden Werkzeuge wie Microsoft Visio und MATLAB in den TC Portal integriert. Anforderungen lassen sich über gegliederte Word- oder Excel-Dokumente in das Datenmodell übertragen und mit Funktionen, Subsystemen, Baugruppen und Bauteilen sowie Testfällen über sogenannte Trace links verknüpfen. Ein einheitliches Werkzeug für eine inter-

[1] Eigner, M; Sendler, Ulrich (Hrsg.): Modellbasierte Virtuelle Produktentwicklung auf einer Plattform für System Lifecycle Management; Industrie 4.0: Beherrschung der industriellen Komplexität mit SysML, Xpert. press, Springer Verlag Berlin 2013 – ISBN 978-3-642-36917-9.

[2] Paetzold, Kristin; Platen, Erik, Njindam, Thierry Sop: Modellbasiertes Systems Engineering zur frühzeitigen Absicherung komplexer multidisziplinärer Systeme; Tag des Systems Engineering 2012, Hanser Verlag, Proceedings
– ISBN 978-3-446-43436-6.

[3] Kraft, Georg: Product Lifecycle Management – Vom Bauchgefühl zur Simulation von Entscheidungen; Industrie 4.0 im internationalen Kontext; 1. Aufl. VDE Verlag GmbH Berlin 2016
– ISBN 978-3-8007-3671-3

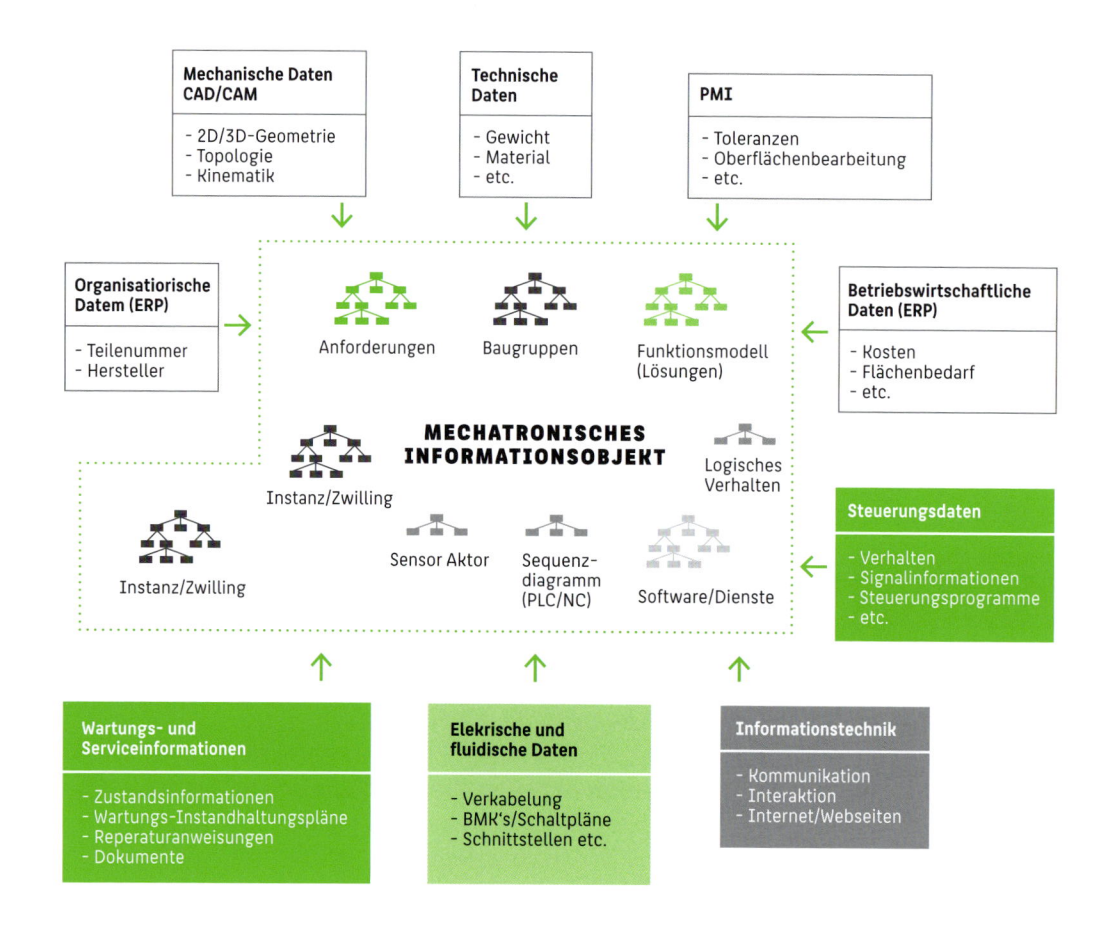

Abbildung 1: Erweitertes mechatronisches Informationsobjekt (in Anlehnung an Paetzold/Platen/Njindam 2012 [1]).

disziplinäre Systemmodellierung basierend auf SysML fehlt allerdings, ebenso wie eine Möglichkeit des automatischen Modellupdates auf Diagrammebene. Zudem müssen Ingenieure gezielt zum Anwenden von systemischer Modellierung und den dazugehörigen Diagrammformen geschult werden. Die Anwendung der unterschiedlichen SysML-Diagramme ist heute noch häufig Aufgabe von System-Architekten mit Informatikbezug. Diese sind allerdings selten die typischen PLM-Nutzer, womit auch die Gefahr einer ‚Übermodellierung' steigt. Zudem sind Informationsmengen sowohl innerhalb der Gewerke als auch interdisziplinär stark verflochten und haben vielfältige Einflüsse und Abhängigkeiten untereinander. Sie entstehen im Laufe des Produktionsentwicklungszyklus an unterschiedlichen Stellen mit unterschiedlichen Reifegraden und durch unterschiedliche Personen. Neben der Modellierungsunterstützung muss ein PLM-System daher auch als offener Datenbackbone zur Abbildung und zum Management eines erweiterten mechatronischen Informationsobjektes dienen **[siehe Abbildung 1]**. Zu den Informationen gehören u. a. die:

- Mechanische Konstruktion als Repräsentant von 2D-/3D-Geometrie, Kinematik und fertigungsrelevanten Informationen (PMIs) einschließlich der Automatisierungsgeräte und ihrer relevanten Eigenschaften sowie die Anlagentopologie
- Elektrische und kommunikationstechnische Verkabelung inklusive der Anbindung an Plattformen
- Verhaltensbeschreibungen hinsichtlich der zu erwartenden Prozessaufgaben und Rüstvorgänge unter Einbezug der realen Steuerung, Möglichkeiten zur Simulation
- Instanz-Bildung zur Generierung digitaler Zwillinge zur Aufnahme von Zustandsinformationen der spezifischen Maschine und zur Anbindung an fertigungsrelevante Systeme wie MES und SCADA (in Anlehnung an Lüder/Schmidt 2016 [4]).

Die letztgenannte Informationsmenge kennzeichnet eine Schnittstellenproblematik zum ERP und auch zum MES. Letztlich muss ein, wo auch immer als Master geführtes, einheitliches Teilenummernsystem abgebildet werden. Wird beispielsweise ein Ersatzteil benötigt, ist es Aufgabe der Plattform, die notwendigen Fragen zu beantworten.

Dazu müssen die Komponente selbst validiert, die Verfügbarkeit geprüft und die potentielle Ersetzbarkeit sowie die zu erwartenden Kosten einbezogen werden. Gleichzeitig muss die Erfüllbarkeit der Anforderungen überwacht bleiben. Kommen Ersatzkomponenten zum Einsatz, stellt sich automatisch die Frage nach den Einsatz- und Integrationsreifegraden und deren Validität. Die Voraussetzung, um solche Fragen beantworten zu können, ist zum einen die Vernetzung sämtlicher Informationen, die im Unternehmen, bei Zulieferern und Kooperationspartnern vorgehalten werden, aber auch die frühe Einbeziehung dieser Fragestellung ins Engineering. Ersteres erreichen die Akteure nur über eine zentrale Plattform, die eine sukzessive Anreicherung, Verwaltung und Verlinkung des mechatronischen Informations-objektes zulassen. Dabei müssen alle Informationsobjekte neben der eindeutigen Identifikation mit entsprechenden Versionen versehen werden – klassischen PLM-Aufgaben. Um eine Repräsentation von Abhängigkeiten zwischen den Informationsobjekten zu erlauben, müssen bilaterale Rückverfolgungsstrategien eingesetzt werden. Auch hier können die bereits erwähnten Trace links Anwendung finden. Sollen die späteren Digitalisierungs- und Nutzungs-modelle wie gefordert bereits bei der Produktentwicklung einbezogen werden, müssen zu diesem Zeitpunkt bereits umfangreiche Kenntnisse dazu vorliegen und den an der Produktentwicklung Beteiligten zur Verfügung stehen. Hier muss eine unvollständige, u. U. semistrukturierte oder auch unstrukturierte Informationsverarbeitung möglich sein, die zudem noch wiederverwendbar zur Entwicklung zukünftiger, dienstleistungszentrierter Produkte abrufbar ist. Klassische, in PLM-Systemen

[4] Lüder, Arndt; Schmidt, Nicole: Herstellerunabhängiger Austausch von Entwurfsdaten für Steuerungssysteme mittels AutomationML; Industrie 4.0 im internationalen Kontext; 1. Aufl., VDE Verlag GmbH Berlin 2016 – ISBN 978-3-8007-3671-3.

```
Anforderungs-    Funktionales    Mechanisches    Elektronisches    Aktuatoren
management       Design          Konzept         Konzept           Sensoren
```

OFFENE PLMPLATTFORM / DATA BACKBONE / INTEGRIERTES ENGINEERING

```
System Design → Visualisierung → Produktions- → PLC/HMI-        → Virtuelle
CAD/CAM         des Ecosystems    konzept        Programmierung    IBN
                      ↓                ↓
              Digitale Produkt-   Digitale Produktions-
              absicherung         absicherung
```

Konzept > Mechanik > Elektrik > Software > IBN > Betrieb

LEBENSZYKLUS, INSBES. ENTWICKLUNGSPROZESS

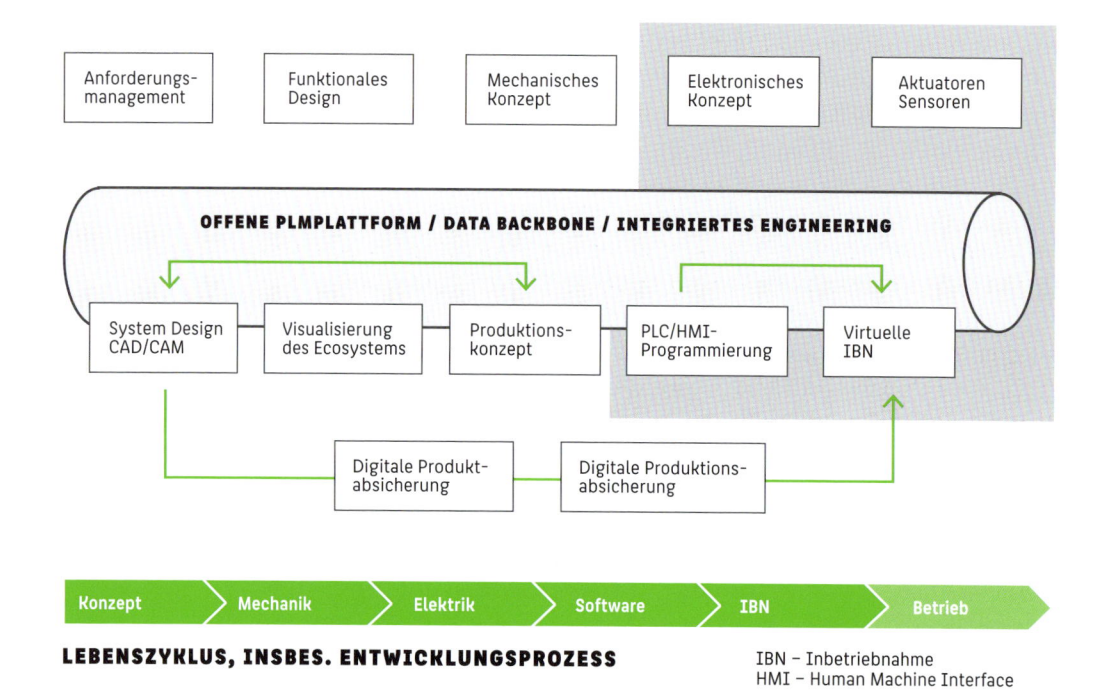

IBN – Inbetriebnahme
HMI – Human Machine Interface

Abbildung 2: Entwicklungsprozess für Produktionssysteme mit IBN (Menzel 20155, modifiziert).

bereits vielfach unterstützte Klassifizierungs-möglichkeiten gehen von hierarchisch strukturierbaren oder bezogen auf die Eigenschaften verallgemeinerbaren Informationen aus. Zur Klassifizierung unstrukturierten Wissens sind diese nicht geeignet, hier könnte sich der Methoden des Data Minings o. ä. bedient werden. Zusätzlich sei noch auf die geforderte Fähigkeit von Produktionsressourcen zur ad-hoc-Vernetzung verwiesen. Auch diese Eigenschaft muss in der Phase der Entwicklung bereits Berücksichtigung finden.

4. VIRTUELLE INBETRIEBNAHME ALS SCHLÜSSELKONZEPT

Um der in der Einleitung formulierten zweiten Anforderung nach einer Beschleunigung der Entwicklungszeit von Produktionsanlagen gerecht zu werden, muss u. a. ein Parallelisieren von Entwicklungsaktivitäten Unterstützung finden. Aktuell erfolgen Entwurf und Inbetriebnahme von Produktionsanlagen häufig in sequentiellen Prozessen. Der mechanische Aufbau steht am Anfang des Entwicklungsprozesses, beeinflusst allerdings das dynamische Verhalten und die Möglichkeiten der Steuerung maßgeblich. Umgekehrt müssen die Möglichkeiten der Steuerung und das umzusetzende dynamische, zeitbasierte Verhalten beim mechanischen Aufbau geplant werden. Derzeit erfolgt die Entwicklung der Steuerung zum Schluss und leider größtenteils auf der Kunden-Baustelle in unangenehmem Arbeitsumfeld. [5] Eine sequentielle Vorgehensweise führt zudem zu nicht abgestimmten, nicht optimalen mechatronischen Konzepten und damit auch zu langen Iterationszyklen bei einer späten Feststellung von Design- und Programmierfehlern. Lange Ramp-Up-Zeiten, die häufig beim Kunden anfallen, binden vor Ort unerwünscht viele Ressourcen, zudem sind unstrukturierte, in ineffizient langen Übergabegesprächen generierte Informationen selten wiederverwendbar. Mit Blick auf diese aktuellen Problemstellungen im Maschinen- und Anlagenbau muss jeder an der Produktentwicklung und seinen Diensten Beteiligte jederzeit den geforderten rollen-gesteuerten Zugriff auf die aktuellen Modellierungsstände erhalten **[siehe Abbildung 2]**.

Im ersten Schritt erfolgt die Beschreibung der funktionalen Anforderungen. Diese werden entsprechend in ein funktionales Modell überführt, aus welchem sich dann jeweils das mechanische und elektronische (Struktur-) Konzept ableiten, in welchem Bewegung und dynamisches Verhalten frühestmöglich simuliert werden können. Ändert sich beispielsweise die mechanische Konstruktion, können so die direkten Auswirkungen auf Steuerung und Softwarearchitektur berücksichtigt werden. Fokussiert wird hier zusätzlich auf die frühzeitige gemeinsame Entwicklung mechatronischer Konzepte durch die Einbeziehung der virtualisierten Steuerungssoftware – Software-In-The-Loop – sowie der realen Steuerung – Hardware-In-The-Loop (HiL). Die Methode der virtuellen Inbetriebnahme mit Hilfe einer HiL-erlaubt es, die Automatisierung der Maschine am digitalen Zwilling zu simulieren und über das Bussystem an die reale Steuerung anzubinden. Werden diese Informationen in einem gemeinsamen Modell gehalten, so lassen sie sich u. a. über die Plattform zur späteren Bereitstellung von Dienstleistungen nutzen oder auch zum Abgleich von realem und digitalem Zwilling heranziehen.

5. ZUSAMMENFASSUNG UND AUSBLICK

Die Vision von Industrie 4.0 beschreibt eine neue Art hocheffizienter wirtschaftlicher Produktion und Arbeit durch eine stärkere innerbetriebliche Vernetzung verschiedener Domänen und eine zunehmende Optimierung und Automatisierung von Produktionsabläufen. Die Zeiten für die Planung, Entwicklung, Produktion und Inbetriebnahme komplexer Maschinen und Anlagen reduzieren sich drastisch. Die IT-gestützte Bereitstellung dieser mit Informationen für die automatisierte Verarbeitung angereicherten Modelldaten wird zukünftig unverzichtbar sein. Nur so lässt sich die durchgängige Digitalisierung auf Basis digitaler Zwillinge erreichen. Als Konsequenz müssen die Entwurfsmethoden aller Disziplinen in einen integrierten, interdisziplinären Lösungsansatz überführt werden, der dann eine durchgängige Werkzeugunterstützung durch IT-PLM-Plattformen erfährt. Zudem müssen diese domänen-übergreifenden Informationen aus Softwareengineering-Sicht verwaltbar sein, d. h. den Trend hin zum System-Lifecycle-Management inklusive der zu verwaltenden Anwendungssoftware unterstützen.

[5] Menzel, Thomas; van Rossum, Martin: Digitalisierung im Engineering – effizient und zielsicher vom Entwurf bis zur virtuellen Inbetriebnahme; Siemens AG, 2015, http://www.vdc_fellbach.de/sib/_Resources/Persistent/040e9e89696aaa0a31b53c129ab840b4b5a92e44/10---Digitalisierung-im-Engineering---Menzel-van-Rossum-Siemens.pdf.

DIGITAL INDUSTRY SMART ENGINE

Entwicklung kleinster Heliumballons für Inspektionen in schwer zugänglichen Räumen **152**

Gestaltung von Mensch-Maschine-Schnittstellen in der Industrie von morgen **158**

Stille Wasser sind tief – Deep-Tech-Startups in Deutschland **166**
und ihre Rolle in der industriellen Digitalisierung

ENTWICKLUNG KLEINSTER HELIUMBALLONS FÜR INSPEKTIONEN IN SCHWER ZUGÄNGLICHEN RÄUMEN

Kai Schauer | Jan Bickel

ABSTRACT

Miniaturisierte Heliumballons sind für Messaufgaben oder Inspektionen in schwer zugänglichen Räumen geeignet. Sie können durch verwinkelte Labyrinthe schweben und mittels Übertragungstechnik Informationen an einen Empfänger senden. Der kontrollierte Flug ist eine Herausforderung. Luftzug oder Steuerfehler müssen automatisch erkannt und korrigiert werden. Dieser Beitrag stellt vor, wie mittels moderner Techniken das kontrollierte Fliegen erreicht wird.

1. EINLEITUNG

Typische Szenarien für Messaufgaben oder Inspektionen in schwer zugänglichen Räumen sind z. B. Untersuchungen kontaminierter Räume, wo Aufwirbelungen auszuschließen sind, oder die Inspektionen auf Schäden in Gebäuden [1]. Im Entwicklungsprozess individueller Heliumballons steht die konzeptionelle Umsetzung des geplanten Anwendungsszenarios im Vordergrund.

Heliumballons für die genannten Aufgaben müssen sehr klein und wendig sein und dennoch eine Steigkraft F_S aufbringen, die die notwendige Technik, wie Sensoren oder eine Kamera, transportieren lässt. Je kleiner das Eigengewicht $G_{Körper}$ des Ballons ist, desto größer kann seine Nutzlast sein. Hier beginnen die Herausforderungen. Alle notwendigen Komponenten müssen nach Funktion und geringem Gewicht G ausgewählt werden. Miniaturisierung bis an die Grenzen des Machbaren, die Verwendung spezieller Materialien und die Anwendung geeigneter Technologien sind hierfür zielführend.

Im Entwicklungsprozess ist eine valide Kette von Planungstools erforderlich. Mit einem CAD-Programm werden Hülle und Bauelemente konstruiert sowie ihre Volumina und Massen bestimmt. Eine FEM-Strömungssimulation der Hüllform lässt das Flugverhalten der Konstruktion im Geradeausflug oder bei störenden Winden untersuchen, bevor der Bau begonnen hat. Das Layout der elektronischen Schaltung für die SMD-Leiterplatte wird mit CAE entworfen und in einer Simulation verifiziert. Hierbei sind für jedes Bauelement die kleinstmögliche Baugröße zu wählen und die Relevanz zu prüfen.

2. DIE FORM DES BALLONS

2.1 Geometrie

Gase, deren Dichte kleiner als die von Luft ist, machen es möglich, damit gefüllte Ballons steigen oder schweben zu lassen. Diese Ballons benötigen besonders wenig Energie im Flug. Sind sie auch noch diffusionsdicht, können sie oft viele Stunden fliegen. Energie muss nur für die Vorwärtsbewegung oder die Lagekorrektur aufgewandt werden.

Für das Heben von Lasten kann die Form der Kugel gewählt werden. Das Verhältnis von Mantelfläche M zu Volumen V ist bei einer Kugelform optimal. Sind große Strecken zu absolvieren, ist die Hülle besser stromlinienförmig.

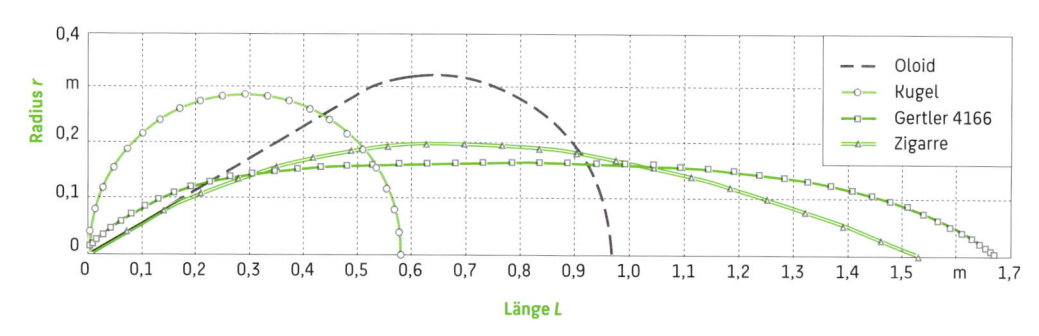

Abbildung 1: Vergleich gängiger Hüllformen – Kai Schauer

Jede Abweichung von der Kugelform lässt die umhüllende Mantelfläche M, bei gleichem Volumen M, größer werden. Das geschieht zu Lasten des Gewichts der Hülle $G_{Hülle}$.

Nachfolgend werden vier Hüllformen – Kugel, Oloid, Zigarre und Gertler 4166 – verglichen. Außer dem Oloid, sind die Formen um ihre Hauptachse rotationssymmetrisch. Darum ist das Oloid in **Abbildung 1** grau dargestellt. Das Oloid wurde in Studien von Paul Schatz entwickelt und 1929 veröffentlicht. [2] Die Mantelfläche des Oloids überspannt zwei senkrecht zueinander stehende Kreise, deren Umfangslinien durch den Mittelpunkt des jeweils andern verlaufen. Die als Gertler mit dazugehöriger Nummer bezeichneten Formen gehen auf Untersuchungen von Morton Gertler im Jahr 1950 zurück. [3] Sie beschreiben stromlinienförmige Profile für U-Boote als Polynome höherer Ordnung. Die als Zigarre bezeichnete Form greift einen umgangssprachlich verwendeten Begriff für Luftschiffformen auf und wird hier exemplarisch durch ein Polynom dritten Grades beschrieben.

Kreis: $\quad x = x_{Mittelpunkt} + r \cdot \cos\varphi \quad$ und $\quad y = y_{Mittelpunkt} + r \cdot \sin \quad$ (1)

Zigarre: $\quad f(x)_{Zigarre} = 0{,}0011 \cdot x^3 - 0{,}0587 \cdot x^2 + 0{,}6463 \cdot x + 0{,}0057 \quad$ (2)

G4166: $\quad f(x)_{G4166} = 19{,}62 \cdot x^6 - 56{,}48 \cdot x^5 - 59{,}36 \cdot x^4 + 2{,}9174 \cdot x^3 - 26{,}96 \cdot x^2 + 3{,}46 \cdot x^5 + 1 \quad$ (3)

In **Abbildung 1** sind die beschreibenden Funktionen f(x) gegenübergestellt. Der Plot wurde geometrisch so skaliert, dass das Volumen V aller Formen 100 l entspricht.

Die Auftriebskraft F_A eines Körpers in einem Medium ist gleich dem Gewicht des im Medium verdrängten Volumens (Gl. 4):

$$F_A = V \cdot \rho_{Medium} \cdot g \qquad (4)$$

Die Steigkraft F_S errechnet sich aus der Differenz zwischen Auftriebskraft F_A und Eigengewicht $G_{Körper}$ des Körpers:

$$F_S = F_A - G_{Körper} \qquad (5)$$

MERKMAL	EINHEIT	KUGEL	OLOID	ZIGARRE	G4166
Mantelfläche M	m²	1,05	1,30	1,34	1,43
Gewicht der Folie G_{Folie}	N	0,27	0,33	0,34	0,36
Gewicht der Folie und Helium $G_{Folie + He}$	N	0,45	0,51	0,52	0,54
Steigkraft F_S	N	0,73	0,67	0,66	0,64
Steigkraft im Vergleich zur Kugel F_S	%	100	91,2	89,9	86,8

Tabelle 1: Vergleich der Steigkraft F_S

Jetzt ist ein direkter Vergleich der Hüllformen möglich. Für die Berechnungen verwandte Konstanten sind die Erdbeschleunigung mit $g=9{,}81$ m/s², die Dichte von Luft $\rho_{Luft}=1{,}2041$ kg/m³, die Dichte von Helium $\rho_{He}=0{,}1785$ kg/m³ und die Masse der Folie, hier Octax®, Fa. aerofabrix, mit 26 g/m2.

$$F_{A,Luft,100l} = V \cdot \rho_{Luft} \cdot g$$
$$F_{A,Luft,100l} = 0{,}1 m^3 \cdot 1{,}2041 \frac{kg}{m^3} \cdot 9{,}81 \frac{m}{s^2} = 1{,}18 N \qquad (6)$$

Das Gewicht des Heliums $G_{He,100l}$ wird identisch berechnet und bleibt konstant für die weiteren Betrachtungen:

$$G_{He,100l} = V \cdot \rho_{He} \cdot g$$
$$G_{He,100l} = 0{,}1 m^3 \cdot 0{,}1785 \frac{kg}{m^3} \cdot 9{,}81 \frac{m}{s^2} = 0{,}18 N \qquad (7)$$

Tabelle 1 vergleicht die berechneten Steigkräfte F_S der Hüllformen. Die Oberfläche des Oloids ist nach der Kugel am kleinsten, und somit auch das Gewicht seiner Folie G_{Folie}.

2.2 Strömungssimulationen
Bei Kameraflügen führen Geschwindigkeitsänderungen, Störwinde oder der Kurvenflug zum Schaukeln des Ballons. [4] Videos müssen nachträglich „entwackelt" werden. Das ist zeitaufwendig und mit einem Qualitätsverlust verbunden, weil nur noch ein kleiner Bildausschnitt für die Auswertung übrig bleibt. Wie kann das Schaukeln in der Luft verhindert werden? Zusätzlicher Ballast oder tiefer angebrachte Lasten sind ausgeschlossen, weil sie zur Vergrößerung der Bauform und zu mehr Gewicht führen. Einen Lösungsansatz liefern große Verwirbelungen in den nicht gewollten Rotationsachsen. Hierfür ist die Geometrie des Oloids ideal. Seine scharfen Kanten erzeugen immense Verwirbelungen, um alle drei Rotationsachsen **[Abbildung 2]**. Das Oloid ist darin allen anderen rotationssymmetrischen Formen deutlich überlegen, während Strömungswiderstand und Flugverhalten im Geradeausflug denen der anderen Formen ähnlich sind **[Abbildung 3]**.

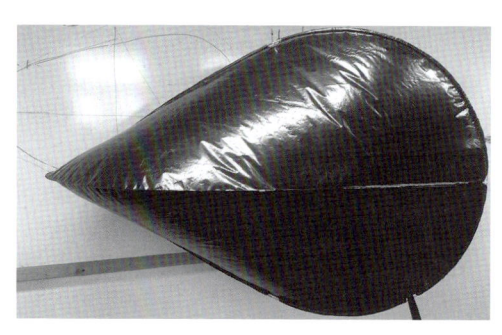

Abbildung 2: Baumuster einer Hülle als Oloid

Gerader Flug – Veranschaulichung des guten Strömungsprofils

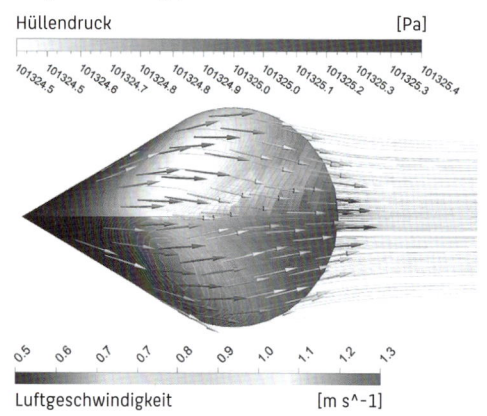

Hüllendruck [Pa]
101324.5 101324.6 101324.7 101324.8 101324.9 101325.0 101325.1 101325.2 101325.3 101325.4

0.5 0.6 0.7 0.7 0.8 0.9 1.0 1.1 1.2 1.3
Luftgeschwindigkeit [m s^-1]

Steigflug – Veranschaulichung des Turbolenzen an Kanten

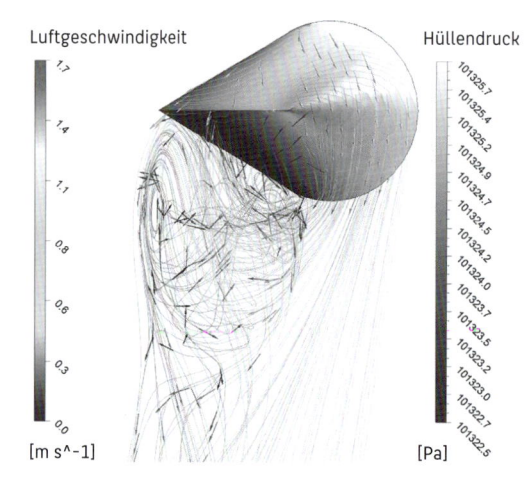

Luftgeschwindigkeit
1.7 1.4 1.1 0.8 0.6 0.3 0.0
[m s^-1]

Hüllendruck
101325.7 101325.4 101325.2 101324.9 101324.7 101324.5 101324.2 101324.0 101323.7 101323.5 101323.3 101323.0 101322.7 101322.5
[Pa]

Abbildung 3: Strömungssimulationen am Oloid

3. KOMPONENTEN

Als leichte und stabile Konstruktionselemente für die Antriebseinheit haben sich Rundrohre aus Carbonfaserkunststoff (CFK) bewährt. Ein Rohr 2mm x 1mm wiegt bei einer Länge von zwei Metern nur 7 Gramm. Das E-Modul E ist mit ca. 230 GPa höher als das von Stahl, während die Dichte ρ_{CFK} nur einen Bruchteil derer von Stahl beträgt.

Die Verbindungselemente werden im CAD parametrisch konstruiert. So lassen sie sich beliebig mit Fokus auf Festigkeit und Gewicht optimieren. Für ihre Herstellung ist ein 3D-Drucker unersetzlich. Klammern, Steckverbinder und andere mechanische Elemente aus ABS haben eine ausreichende Festigkeit und wiegen weniger als 0,5 Gramm.

Von Kameras für Luftaufnahmen an Heliumballons müssen zwei Voraussetzungen erfüllt werden: ein geringes Gewicht und ein gutes, verzeichnungsfreies Bild mit hoher Auflösung. Die hohe Bildqualität ist für geometrisch relevante Auswertungen wichtig. Eine Sony HDR-AS15 erfüllt beide Kriterien. Sie ist mit einem Weitwinkelobjektiv und einem CMOS-Sensor, 1/2,3" Exmor R, ausgestattet. Was die Kamera aus der Luft sieht, kann mittels WiFi z. B. mit einem Smartphone am Boden beobachtet werden. Die Auslösung für Fotos und Videos ist wahlweise durch die Fernbedienung oder vom Handy möglich.

Sämtliche Funktionen und eine Lageregelung werden von einem Mikroprozessor, z. Zt. ein Atmega328P, gesteuert. Auf der Platine **[Abbildung 4]** befinden sich neben der Bluetooth-Schnittstelle (BTM 222B) für die Fernbedienung ein 3-Achsen-Gyro-Sensor (L3GD20), ein 3-Achsen-Beschleunigungs- und ein Magnetfeldsensor (LSM303DLHC). Diese Sensoren prüfen, ob der Ballon in die vom Bediener vorgegebene Richtung fliegt. Dreht sich der Ballon oder wird er durch Seitenwinde beeinflusst, kann dem auf diese Weise durch Nachregelung der Antriebsmotoren

Abbildung: Sabrina Moschütz

Abbildung: Jan Bickel

entgegengewirkt werden. Die Funktion kann wahlweise genutzt oder abgeschaltet werden. Weiterhin ist auf der Platine ein Drucksensor (MS5611-01BA01) vorhanden, mit dem sich die Flughöhe auf 10 cm genau bestimmen lässt.

Von der Platine werden auch Mikroservos, die eine Regelung der Bewegungen zum „Stehen in der Luft" möglich machen, angesteuert. Jeder Servo wiegt 1,7 Gramm. Einer schwenkt die Kamera.

Mit Lithium-Polymer-Akkus, auch Ersatz Akkus für Smartphones, sind Energiespeicher mit großer elektrischer Ladung und kleinem Gewicht erhältlich. So wiegt zum Beispiel ein Akku mit 1600mAh und 3,7 V nur 18 Gramm.

Das Gesamtgewicht aller Komponenten beläuft sich, ohne Akku und Ballon, auf 57 Gramm. Davon nimmt die Kamera 22 Gramm in Anspruch. Der aktuelle Heliumballon bringt es auf eine Flugzeit von bis zu 3 Stunden.

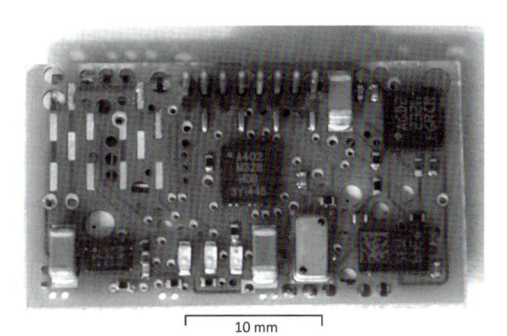

Abbildung 4: Aktuelle Version der Steuerplatine (Bluetooth-Modul auf der Rückseite)

4. ZUSAMMENFASSUNG

Kleine Heliumballons sind für spezielle Aufgaben, die eine lange Flugdauer erfordern, hervorragend geeignet. Die Verbesserung des Flugverhaltens ist vor allem durch die Nutzung unkonventioneller Formen zu erreichen. In Simulations-Untersuchungen und prototypischen Modellen hat sich die Form des Oloids als sehr vorteilhaft erwiesen. Bei diesen Entwicklungen haben sich virtuelle Planungstools bewährt.

In der Zukunft soll eine höhere Sensorintegration für autonome Messflüge erreicht werden. Die Technik ist an Extrembedingungen wie Temperatur, Fliegen ohne Sicht und minimale Bauform anzupassen. Weiterhin sind Objekte aus der Luft dreidimensional zu scannen oder unbekannte Räume zu vermessen.

[1] Moschütz, Sabrina: Semesterdokumentation. HTW Berlin, SG Industrial Design, 2015.

[2] Schatz, Paul: Die Welt ist umstülpbar: Rhythmusforschung und Technik. 1. Aufl. Sulgen: Niggli, 2008.

[3] Gertler, Morton: Resistance Experiments on a Systematic Series of Streamlined Bodies of Revolution: For Application to the Design of High-speed Submarines: Navy Department, David W. Taylor Model Basin, 1950.

[4] Werner, Nils: Aufbau einer Lageregelung unter Nutzung eines Mikrocontroller-Boards. Master-Thesis. HTW Berlin. 2016.

GESTALTUNG VON MENSCH-MASCHINE-SCHNITTSTELLEN IN DER INDUSTRIE VON MORGEN

Julia Bendul | Anna Riedel

ABSTRACT

Gesellschaft, Politik und Unternehmen verbinden mit dem Begriff der „Industrie von morgen" große Effizienzpotentiale und damit eine Chance zur Sicherung des Wertschöpfungsstandorts Europa. Die menschliche Wahrnehmung und der Einfluss der Führung werden in diesem Bereich nicht ausreichend berücksichtigt. Anhand eines Fallbeispiels aus der Stahlindustrie führt dieser Beitrag die Erkenntnisse der Produktionsplanung und -steuerung, der Führung und der menschlichen Wahrnehmung zusammen.

1. EINFÜHRUNG – ZUNEHMENDE KOMPLEXITÄT UND DIGITALISIERUNG DES ARBEITSUMFELDS IN INDUSTRIEUNTERNEHMEN

Die Komplexität von Planungs- und Steuerungsaufgaben in den europäischen Industrieunternehmen steigt kontinuierlich. Zum einen steigt die Komplexität der Produkte – jedes Produkt besteht aus mehr Bauteilen, die zur Erzeugung von mehr Varianten genutzt werden. Zum anderen steigt die Komplexität der Wertschöpfungsprozesse – mehr Lieferanten, mehr global verteilte Kunden müssen miteinander verbunden werden. Die Planung der Produktions- und Logistikprozesse muss dieser Komplexität begegnen, um den steigenden Kundenanforderungen hinsichtlich Lieferservice, niedrigen Preisen und hoher Qualität gerecht zu werden.[1]

Die *Digitalisierung*, steigert einerseits die Komplexität weiter und bietet andererseits neue Möglichkeiten zum Umgang mit ihr. Der Begriff steht heute stellvertretend für diverse technologische Entwicklungen bspw. zur Erzeugung, Speicherung und Analyse von großen Datenmengen, zur stärkeren Integration der digitalen und der physischen Welt (z. B. durch neue Fertigungstechnologien und Robotik) sowie zur verbesserten Gestaltung von Mensch-Maschine-Schnittstellen, beispielsweise durch neue Touchpads, neue Graphical User Interfaces sowie Augmented und Virtual Reality-Anwendungen.[2]

Diese Effekte wiederum führen laut einer Studie der Boston Consulting Group bis zum Jahr 2025 zu volkswirtschaftlichen Effekten von bis zu 390.000 neuen Arbeitsplätzen und einem jährlichen Plus von 30 Mrd. EUR des BIP in Deutschland. [3]

[1] KPMG. Confronting Complexity: Research Findings and Insights. Tech. rep. 2011.

[2] Caylar, P.-L.; Noterdaeme, O.; Naik, K. (2015) Digital in industry: From buzzword to value creation. Whitepaper. Digital McKinsey, August 2016.

[3] BCG (2015): Industry 4.0 – The future of productivity and growth in manufacturing industries. 2015.

Forschung und Praxis im Bereich der Digitalisierung und insbesondere der Gestaltung von Mensch-Maschine-Schnittstellen sind derzeit stark *geprägt durch technologische Aspekte*. Weitgehend ausgeblendet bei dieser Gestaltungaufgabe wird, dass die menschliche Entscheidungsfindung sogenannten Verzerreffekten unterliegt, die bspw. durch die Art und Menge der bereitgestellten Informationen, aber auch durch den eingesetzten Führungsstil beeinflusst werden. Potentiale, die mit der Digitalisierung assoziiert werden, können also möglicherweise nicht erschlossen werden, weil der Faktor Mensch nicht ausreichend in die Gestaltung der Industrie von morgen einbezogen wird.

2. VERÄNDERTE ANFORDERUNGEN AN PLANER IN PRODUKTIONSUNTERNEHMEN – FALLSTUDIE LEAD TIME SYNDROME BEI EINEM DEUTSCHEN STAHLHERSTELLER

Im globalen Wettbewerb mit steigendem Kosten- und Differenzierungsdruck werden logistische Zielgrößen wie Liefertreue und Lieferzeit zu einem wesentlichen Wettbewerbsvorteil. Gerade in der kundenorientierten Auftragsfertigung kommt Produktionsplanern die Aufgabe zu, die einzelnen Aufträge gemäß den Kundenwunschterminen auf jeder Produktionsstufe und an jeder Maschine zu terminieren, die entsprechenden Rohmaterialien, Teile und Baugruppen zu disponieren und dabei weitere Einflussfaktoren wie etwaige Rüstzeiten und -kosten, Transportzeiten u. ä. zu berücksichtigen.

2.1 Case Study: Wirtschaftliche Bedeutung kognitiver Verzerreffekte und Führung bei einem deutschen Stahlhersteller

In der Stahlindustrie sind Produktinnovationen im globalen Wettbewerb von zentraler Bedeutung. Die sogenannte Time-to-Market bestimmt, ob aus einer neuen Stahlsorte eine Innovation wird oder ob ein Wettbewerber eine Legierung mit ähnlichen Eigenschaften zuerst am Markt einführt. Die besondere Herausforderung bei der Planung von Forschungs- und Entwicklungsprozessen liegt jedoch in der Unplanbarkeit der besonderen Produktions- bzw. Analyseprozesse. Proben neuer Legierungen müssen immer wieder verschiedene Tests durchlaufen. Jedoch können verlässliche Durchlaufzeiten (DLZ) für diese Testprozesse nur schwer bestimmt und Kundenwunschtermine nur schwer eingehalten werden.

2.2 Das Durchlaufzeit-Syndrom

Das sogenannte *Durchlaufzeit-Syndrom* ist in der Produktionsplanungs- und -steuerungsforschung bereits seit den 1970er Jahren bekannt. Unter dem Begriff *Fehlerkreis der Produktionssteuerung* wurde von Mather & Plossl 1977 von

[4] Mather, H. and Plossl, G. (1977) 'Priority fixation versus throughput planning', Production and Inventory Management: Journal of the American Production and Inventory Control Society, PICS, 3rd Q, Vol. 19, No. 1, pp. 27–51.

[5] Bendul & Knollmann (2016): The human factor in production planning and control: considering human needs in computer aided decision-support systems Int. J. Manufacturing Technology and Management, Vol. 30, No. 5, 2016, pp. 346–57.

[6] ebd.

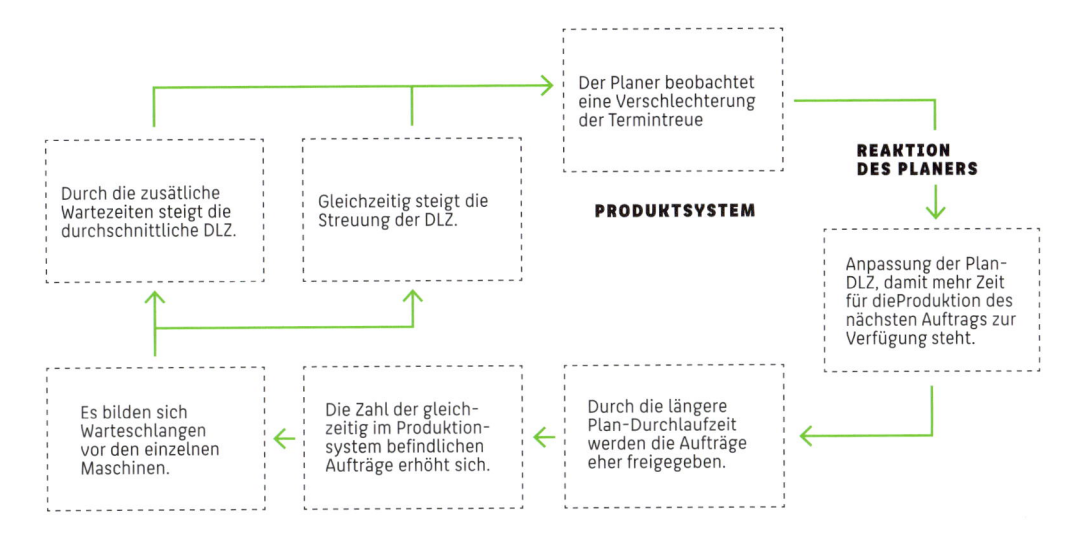

Abbildung 1: Durchlaufzeit-Syndrom und Fehlerkreis der Fertigungssteuerung

dem Phänomen berichtet, dass sich die Termintreue von Produktionsunternehmen trotz regelmäßiger Anpassungen der der Planung zugrunde liegenden DLZ und trotz korrekter Anwendung aller Regeln zur Rückwärtsplanung kontinuierlich verschlechtert. [4] Der Fehlerkreis kommt durch die zu häufigen Anpassungen der Plan-DLZ zustande. Die wiederholten Anpassungen führen zu einer Verschlechterung der Termintreue, weil die Verzögerungen zwischen (a) der Beobachtung der Verschlechterung der Termintreue, (b) der tatsächlichen Anpassung der Plan-DLZ im ERP-System und (c) der Zeit bis zum nächsten vollständigen Durchlaufs eines Auftrags nicht berücksichtigt werden.

Dieses Phänomen ist aus Führungsicht von besonderem Interesse, da der Fehlerkreis auch auftritt, wenn die Planer sich über die mathematischen Zusammenhänge im Klaren sind. Selbst wenn ein Planer wusste, dass die minimale Zeit zwischen zwei Plan-DLZ-Anpassungen zwei Monate beträgt, kam es trotzdem zu regelmäßigen Anpassungen in deutlich kürzeren Abständen mit dem Ziel, die Termintreue positiv zu beeinflussen. [5]

3. IMPULSE AUS DER VERHALTENSFORSCHUNG FÜR DAS VERSTÄNDNIS DER BEDEUTUNG DES MENSCHLICHEN VERHALTENS IN PRODUKTIONSUNTERNEHMEN

Bendul & Knollmann (2016) haben das Verhalten der Planer aus einer verhaltenswissenschaftlichen Perspektive analysiert. [6] Drei der identifizierten kognitiven Verzerreffekte werden im Folgenden kurz vorgestellt, um so Ansatzpunkte für die Auswahl eines geeigneten Führungsstils und geeigneter Führungsinstrumente zu identifizieren:

Im Produktionsumfeld müssen Entscheidungen häufig schnell getroffen werden. Tversky und Kahnemann (1979) haben gezeigt, dass bei kognitiven

Bewertungen einer Situation *Intuition oder Reasoning* Grundlage der Entscheidungsfindung sein können. [7] Während die *Intuition* sehr schnelle Entscheidungen ermöglicht, erfordert das *Reasoning* mehr Zeit, da Informationen nach definierten Regeln gegeneinander abgewogen werden. [8] In der Produktionspraxis entscheiden die Planer daher häufig intuitiv, ohne länger abzuwägen, dass eine schnelle Anpassung der Plan-DLZ auch zu einer Verschlechterung der Termintreue-Situation führen kann.

Intuitive Gedanken erscheinen spontan beim Planer, während andere Informationen unter Umständen nicht ohne weiteres zugänglich sind. Mit der *Zugänglichkeit von Information* ist hier die Einfachheit gemeint, mit der ein mentaler Inhalt aktiviert werden kann. [9] Diese Zugänglichkeit wird durch Erfahrung und bestimmte Fähigkeiten erhöht. Während ein Planer also eine Intuition hat, wie viele Wochen die Fertigung eines bestimmten Produkts durchschnittlich dauert, sind für die genaue Berechnung weitere Informationen nötig, die möglicherweise nicht direkt zugänglich sind. Das bedeutet, dass Informationen, die für den Planer leicht zugänglich sind, mehr Gewicht haben als andere. Bspw. ist die *durchschnittliche Lieferzeit* eine leicht zugängliche Information, während die *Variation der Lieferzeit* weniger leicht zugänglich ist und daher trotz ihrer hohen Relevanz in der Planung nicht ausreichend berücksichtigt wird.

Die *Wahrnehmung des Menschen* ist derart gestaltet, dass Veränderungen und Unterschiede zu einem vorherigen Zustand besonders leicht zugängliche Informationen sind. [10] Die menschliche Wahrnehmung basiert immer auf einer Referenz, d. h. einem Attribut anhand dessen ein Stimulus mit einem vorherigen Stimulus verglichen wird. Kahnemann und Tversky (1979) haben in Experimenten gezeigt, dass Menschen, die eine Entscheidung zwischen zwei Alternativen treffen müssen, ihre Entscheidungen ähnlich wie bei einer Lotterie hinsichtlich der Veränderung von Reichtum, Verlusten oder Gewinnen, nicht aber bezüglich des erwarteten Reichtums selbst treffen. [11] Entsprechend dieser *Prospect-*

[7] Kahneman, D. and Tversky, A. (1979) 'Prospect theory: an analysis of decision under risk', Econometrica: Journal of the Econometric Society, Vol. 47, No. 2, pp. 263–292.

[8] Stanovich, K. E. and West, R. F. (2000) 'Individual differences in reasoning: implications for the rationality debate?', Behavioral and Brain Sciences, Vol. 23, No. 5, pp.645–726. Kahneman, 2002.

[9] Higgins, E., 1996. Knowledge activation: Accessibility, applicability, and salience. In A. W. K. E.T. Higgins, ed. Social psychology: Handbook of basic principles. Guilford, New York, pp. 133–168.

[10] Palmer, S. E., 1999. Vision Science – Photons to Phenomenology, MIT Press, Cambridge, MA.

[11] Kahneman, D. and Tversky, A. (1979).

[12] ebd.

[13] Blake, R. R., & Mouton, J. S. (1986). Verhaltenspsychologie im Betrieb. Düsseldorf/Wien: Econ.

[14] statt anderer: Tisdale, T. (2004). Führungstheorien. In E. Gaugler, W. A. Oechsler, & W. Weber (Hrsg.), Handwörterbuch des Personalwesens (3. Auflage Ausg. S. 824–836). Stuttgart: Schäffer-Poeschel, S. 824 ff.

[15] Lieber, B. (2011). Personalführung ...leicht verständlich! (2. Auflage Ausg.). Konstanz: UVK, S. 8.

Theorie (Neuere Erwartungsnutzentheorie) würde also auch die Bewertung von Planungsalternativen anhand von Referenzen erfolgen. Da die Produktionsplanungssituationen oft mit Unsicherheit verbunden sind, kommt der Bewertung und Wahrnehmung von Verschlechterungen und Verbesserungen eine besondere Bedeutung zu. Dieser Zusammenhang beeinflusst auch die Entstehung des DLZ-Syndroms: Plan-DLZ werden angepasst, um die Termintreue zu verändern (zu verbessern), ohne jedoch den eigentlichen Status (d. h. die Länge) der aktuellen DLZ zu berücksichtigen.

4. IMPULSE AUS DER FÜHRUNGSFORSCHUNG FÜR DAS VERSTÄNDNIS DER BEDEUTUNG DES MENSCHLICHEN VERHALTENS IN PRODUKTIONSUNTERNEHMEN

Der Fehlerkreis der Produktionssteuerung wird durch eine Missinterpretation verfügbarer Informationen ausgelöst. Der eingesetzte Führungsstil und die Führungsmethoden sind ein wesentlicher Ansatzpunkt, um diesen Missinterpretationen entgegenzuwirken. Folglich werden im Folgenden kurz verschiedene Führungstheorien dargestellt, um so Hinweise zu erhalten, wie das Verhalten von Führungskräften situativ angepasst werden kann. In der Literatur werden klassische und aktuelle, innovative Führungstheorien unterschieden. Die transaktionale Führung wird hier als Teil der neueren Führungsansätze eingeordnet.[12]

Innerhalb der *traditionellen Führungstheorien* wird zwischen der Eigenschaftstheorie, die auf die Charakteristika des Führenden eingeht, der Verhaltenstheorie, zu deren bekanntester das Managerial Grid nach Blake und Mouton[13] zählt, und der Kontingenztheorie, die die jeweilige Situation berücksichtigt, unterschieden. Die ersten beiden stehen in der Kritik, die jeweilige Situation außer Acht zu lassen. Die klassischen Führungstheorien beschäftigen sich mit den alltäglich stattfindenden Transkationen zwischen Führer und Geführtem. Im Fokus steht das Prinzip des wechselseitigen Austauschs.[14]

Die *neueren Führungstheorien* sind mitunter durch den gestiegenen Einfluss externer Faktoren wie Globalisierung, demografischer Wandel, Technologisierung und Automatisierung entstanden, durch die die Ansprüche an die Unternehmen und damit auch an die Führungskräfte sowie Mitarbeiter enorm gewachsen sind. Um nicht nur den klar messbaren quantitativen und qualitativen Zielen gerecht zu werden, besteht ein Bedarf an Führungsansätzen, die neben den Pflichtaufgaben auch Goodwillbeiträge der Mitarbeiter freisetzen.[15]

Die *transaktionale Führung* fußt auf dem Austausch von Leistung und Anerkennung, wie es bei den Management-by-Prinzipien (z. B. Management by objectives, by perception, by delegation oder by systems) der Fall ist. Sie dienen der zielorientierten Führung. Abgeleitet aus den betriebswirtschaftlichen Unternehmenszielen werden Ziele und Verantwortungsbereiche für die Geführten entschieden, die in unterschiedlichem Maß gesteuert und überprüft werden. Je nach Mitarbeiter- oder Aufgaben-/Zielorientierung wird dem

Geführten ein größerer oder kleinerer Handlungsspielraum eingeräumt. Basis für die Zusammenarbeit ist das gegenseitige Vertrauen in Aufgabenerfüllung und Belohnung bei Zielerreichung. [16]

Im Mittelpunkt der *transformationalen Führung* steht die Fähigkeit der Führungskraft, eine emotionale Verbundenheit zwischen sich und den Mitarbeitern und damit verbunden den zukunftsorientierten Visionen und Zielen herzustellen. Bass formulierte dazu vier interdependente Dimensionen: [17] *Idealisierter Einfluss (Charisma), Inspirierende Motivierung, Intellektuelle Stimulierung und Individuelle Berücksichtigung*. Hier wird Charisma jedoch im Gegensatz zu den traditionellen Führungsstilen als Produkt sozialer Beziehungen gesehen, nicht als individuelle Personeneigenschaft. [18]

Bass & Avolio führen die beiden Ansätze der transaktionalen und transformationalen Führung unter dem Konzept der *Full-Range-Leadership* zusammen. Die charismatischen, emotionalen Eigenschaftsansätze der transformationalen Führung sollen zusammen mit den Belohnungssystemen und Weg-Ziel-Elementen der transaktionalen Führung das gesamte Spektrum der positiven Mitarbeiterführung abbilden. [19] Als Kritik am Konzept der Full-Range-Leaderships ist zu nennen, dass der Bereich der Aufgabenorientierung nicht explizit berücksichtigt wird.

Erste Handlungsempfehlungen für die Komplexitäts- und Mensch-orientierte Gestaltung von Führung an Mensch-Maschine-Schnittstellen
Vor dem Hintergrund der in der Einleitung beschriebenen Aspekte der Digitalisierung und Komplexität, mit denen sich auch Personalabteilungen aktuell auseinandersetzen müssen, kommen die traditionellen Führungsstile für eine effektive und effiziente Zusammenarbeit nur indirekt in Betracht. Vor allem für das hoch technologisierte Arbeitsumfeld des Planers scheint - in Zusammenhang mit den in der Fallstudie der Stahlindustrie identifizierten kognitiven Verzerreffekten - die transaktionale Führung vorerst die richtige Wahl zu sein. So können den Planern konkrete Zielwerte vorgegeben werden, bei deren Erreichung Motivation durch Anerkennung angestrebt wird. Ohne dass die oben genannte Fallstudie die Führungsstile explizit abgefragt hätte, kann jedoch aus den identifizierten drei kognitiven Verzerreffekten geschlossen werden, dass allein das Wissen um DLZ-Differenzen für die Zielerreichung nicht ausreicht. Daher empfiehlt sich die Ausweitung des transaktionalen Ansatzes auf das Full-Range-Leadership. So können die charismatischen, emotionalen Eigenschaftsansätze mit dem quantitativ kontrollierbaren kombiniert und optimalerweise die kognitiven Verzerreffekte minimiert werden.

[16] Nicolai, C. (2009). Personalmanagement (2. Auflage Ausg.). Stuttgart: Lucius & Lucius, S. 224 ff.

[17] Bass, B. M. (1985). Leadership and performance beyond expectations. New York: Free Press.

[18] Kirchler, E. (2011). Arbeits- und Organisationspsychologie (3. Auflage Ausg.). (E. Kirchler, Hrsg.) Wien: facultas.wuv, S. 474 ff.

[19] Bass, B. M., & Avolio, B. J. (1990). Transformational Leadership Development: Manual for the Multifactor Leadership Questionnaire. Palo Alto: Consulting Psychologists Press.

5. DISKUSSION UND IMPLIKATIONEN

Die Unbedachtheit von Produktionsplanern über den Einfluss ihrer Planungsentscheidungen auf die Zielerreichung hinsichtlich Lieferzeiten und Termintreue führt häufig zu Problemen, wenn Planer versuchen, diese Zieldimensionen aktiv zu beeinflussen. Am Beispiel des sogenannten DLZ-Syndroms und einer Fallstudie aus der Stahlindustrie wurde hier gezeigt, dass Maßnahmen, die auf eine Verbesserung der Termintreue abzielen sollen, durch kognitive Verzerreffekte zu einer weiteren Verschlechterung dieser führen können. Eine Möglichkeit, diese Effekte zu minimieren, scheint die Anwendung des Full-Range-Leadership zwischen den Produktionsplanern und ihren Vorgesetzten zu sein. Hierzu bedarf es weiterer Forschung, bspw. anhand von quantitativen Befragungen bezüglich Führungsstilen in produzierenden Unternehmen in Zusammenhang mit deren DLZ oder qualitativen Fallstudien mit Ausweitung auf eine Betrachtung der Personalabteilungen.

STILLE WASSER SIND TIEF – DEEP-TECH-STARTUPS IN DEUTSCHLAND UND IHRE ROLLE IN DER INDUSTRIELLEN DIGITALISIERUNG

Heike Marita Hölzner

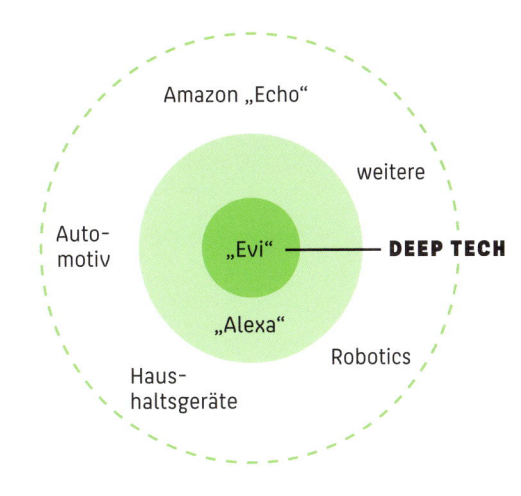

Abbildung 1: Technologieebenen im Kontex Deep Tech.

ABSTRACT

Deep Tech gilt als einer der Treiber der industriellen Digitalisierung und wird gleichzeitig als Stärke der europäischen Startup-Szene angesehen. Bereits heute werden in Europa im Deep-Tech-Bereich ebenso viele Startups gegründet wie in den USA. Das geplante Forschungsvorhaben untersucht Chancen und Herausforderungen der neuen europäischen Tech-Revolution und legt dabei einen besonderen Fokus auf Fragestellungen zur Zusammenarbeit zwischen Deep-Tech-Startups und der deutschen Industrie.

1. EINFÜHRUNG

Das Silicon Valley hat die erste Halbzeit der Digitalisierung gewonnen. So scheint es zumindest. Richtig ist, dass digitale Supermächte wie Google, Facebook, Amazon & Co. für Endkonsumenten mehr Produkte und Dienstleistungen anbieten als deutsche Unternehmen. In der zweiten Halbzeit der Digitalisierung jedoch, die gerade erst angebrochen ist und die tief in die Prozesse industrieller Fertigung eingreift, holen europäische Startups auf. Experten gehen davon aus, dass Europa und insbesondere Deutschland Vorreiter der technologischen Revolution hin zur Industrie 4.0 sein kann. Der Schlüssel zum Erfolg lautet „Deep Tech". [1]

Unter Deep Tech werden proprietäre Entwicklungen aus dem High-Tech-Bereich zusammengefasst, die nicht unmittelbar als Produkt sichtbar werden, sondern in die Erstellung anderer Angebote einfließen. Ein Beispiel ist die Spracherkennungssoftware der britischen Firma Evi, die in die Entwicklung des sprachgesteuertem Assistenten „Alexa" von Amazon eingeflossen ist. Alexa findet seit 2015 Anwendung im hauseigenen Produkt „Echo", einem mit der Stimme gesteuerten Lautsprecher, der Musik abspielen, Informationen und Nachrichten abfragen

[1] Vgl. Atomico (2016): The State of European Tech. Download: http://www.atomico.com/news/the-state-of-european-tech-2016. Letzter Zugriff: 27.03.2017.

KÜNSTLICHE INTELLIGENZ (AI)	INTERNET DER DINGE	VIRTUELLE REALITÄT	HARDWARE	LIFE SCIENCE
Maschinelles Lernen, Spacherkennung, Data Mining, Deep Learning, Computer Linguistik, Computer	Smart Home, Smart City, Smart Factory u. a.	Virtuelle Realität (VR), Erweiterte Realität (AR) u. a.	Wearables, Drohnen, Robotik, 3D-Druck, Radar- und Nanosatelliten u. a.	Präzisionsmedizin, Medizintechnik, bionic assistance u. a.

Abbildung 2: Deep-Tech-Bereiche und Technologiefelder.

und sogar Bestellungen auslösen kann. Im Januar 2017 wurde auf der CES, einer der wichtigsten internationalen Technikmessen, nun die geplante Integration von Alexa in Automobile, Smartphones, Roboter sowie in Haushaltsgeräte wie Lampen oder Waschmaschinen bekannt gegeben. Unternehmen wie Ford, Lenovo oder General Electrics planen, Alexa zu integrieren.

Deep Tech ist jedoch nicht auf Software beschränkt. Unter dem Schlagwort „software infused machines" tragen Deep-Tech-Entwicklungen zur Verschmelzung von Hardware und Software bei und sind daher besonders relevant für die industrielle Digitalisierung. Ein aktuelles Beispiel ist das Berliner Hightech-Startup R3 Communications, das hochzuverlässige Echtzeit-Kommunikationssysteme entwickelt. Sein Produkt EchoRing™ umgeht die Probleme herkömmlicher Funkkommunikationssysteme, wie mangelnde Übertragungszuverlässigkeit oder lange Verzögerungen, und bietet das Potenzial, in einer Vielzahl von Anwendungen in der Smart Factory die teure und komplexe Nutzung von Kabeln zu ersetzen. [2] Die Tabelle **[Abbildung 2]** gibt einen Überblick über Deep-Tech-Bereiche und beispielhafte Technologiefelder.

2. FORSCHUNGSVORHABEN

Bereits heute wird in den genannten Technologiefeldern in Europa fast genauso häufig gegründet wie in den USA. Keimzellen der Gründungen sind Universitäten, allen voran die ETH Zürich, die Oxford-Universität sowie in Deutschland die TU München, das Karlsruher Institute of Technology u. v. m. Auch der qualifizierte Arbeitsmarkt in Europa gilt als Treiber für Deep Tech. Innerhalb eines europäischen Talente-Rankings schaffen es im AI-Bereich gleich drei deutsche Städte unter die ersten zehn: Frankfurt (Platz 5), München (Platz 2) und Berlin, das auf Platz 1 anführt. Auch im Bereich VR und AR liegt Deutschland vorn, Berlin belegt hier erneut Platz 1, München Platz 3. [3]

In diesem Umfeld sind bereits zahlreiche erfolgversprechende Deep-Tech-Startups in Deutschland entstanden. Dazu zählen neben den bereits genannten u. a. ArtiMinds Robotics, eine Software zur Roboter-Programmierung, die SaaS Blue Yonder für Predictive Applications oder nanoscribe, ein Verfahren zum höchstauflösenden 3D-Druck für die Mikrometerskala. Dass diese Unternehmen vergleichsweise wenig Aufmerksamkeit erfahren, liegt maßgeblich an den Deep Tech inhärenten Eigenschaften:

- Deep Tech findet in der Regel im B2B-Umfeld Anwendung.
- Deep Tech greift per Definition tief in die industrielle Wertschöpfungskette bzw. den Produktionsprozess ein. Derart tief verankert hat ein Startup oft nur relativ wenige (große) Kunden und ist nur Experten bekannt.
- Sofern Deep-Tech-Innovationen überhaupt im Endkonsumentenbereich Anwendung finden, sind sie nur mittelbarer Bestandteil eines Produktes.
- Deep-Tech-Innovationen entstehen oft in einem wissenschaftlichen Umfeld. Ihnen gehen meist längere Entwicklungszeiten und nicht selten auch Grundlagenforschung voraus.

Dadurch lässt sich dem Endverbraucher der Mehrwert einer Deep-Tech-Innovation nur schwer vermitteln. Hinzu kommt, dass der Gründungsprozess eines Deep-Tech-Startups nur eingeschränkt zu dem passt, was sich in den vergangenen Jahren unter den Begriffen „Lean Startup" und „Customer Orientation" als Maßstab für gutes Gründungsmanagement herausgebildet hat. Für ein Deep-Tech-Startup ist die iterative Innovation am Markt, bei der frühe Prototypen im Livebetrieb mit einer Vielzahl interessierter Kunden getestet, ihr Feedback systematisch gemessen und auf Basis dessen das Produkt weiterentwickelt wird, oft nicht umsetzbar. Entwicklungszeiten sind länger und auch der Ko-Innovationsprozess ist mit wenigen großen Pilotkunden im Deep-Tech-Umfeld individueller und fallorientierter.

Ziel des hier skizzierten Forschungsvorhabens ist es, die deutsche Deep-Tech-Startup-Landschaft zu kartographieren und die Besonderheiten im Aufbau, in der Förderung und Finanzierung von Deep-Tech-Startups zu untersuchen.

Aufbauend auf der Hypothese, dass Deep-Tech-Gründungen häufig in wissenschaftlichen Umfeldern entstehen, dient ein Datensatz mit über 2000 zwischen den Jahren 2000 und 2016 durch das EXIST-Programm des Bundeswirtschaftsministeriums geförderter Hochschul-Ausgründungen als Ausgangspunkt der Untersuchung. Mit Hilfe dieser Daten wird herausgearbeitet, wie hoch der Anteil der Deep-Tech-Startups unter den hochschulnahen Ausgründungen tatsächlich ist, wo sich inhaltliche und lokale Cluster identifizieren lassen, und wie sich insgesamt die Deep-Tech-Landschaft im Zeitverlauf entwickelt.

[2] Vgl. http://www.vc-magazin.de/news/hightech-start-up-r3-communications-sammelt-millionenbetrag-ein/

[3] Vgl. Atomico (2016): The State of European Tech. Download: http://www.atomico.com/news/the-state-of-european-tech-2016. Letzter Zugriff: 27.03.2017.

Grün = Deep-Tech-Akquisitionen

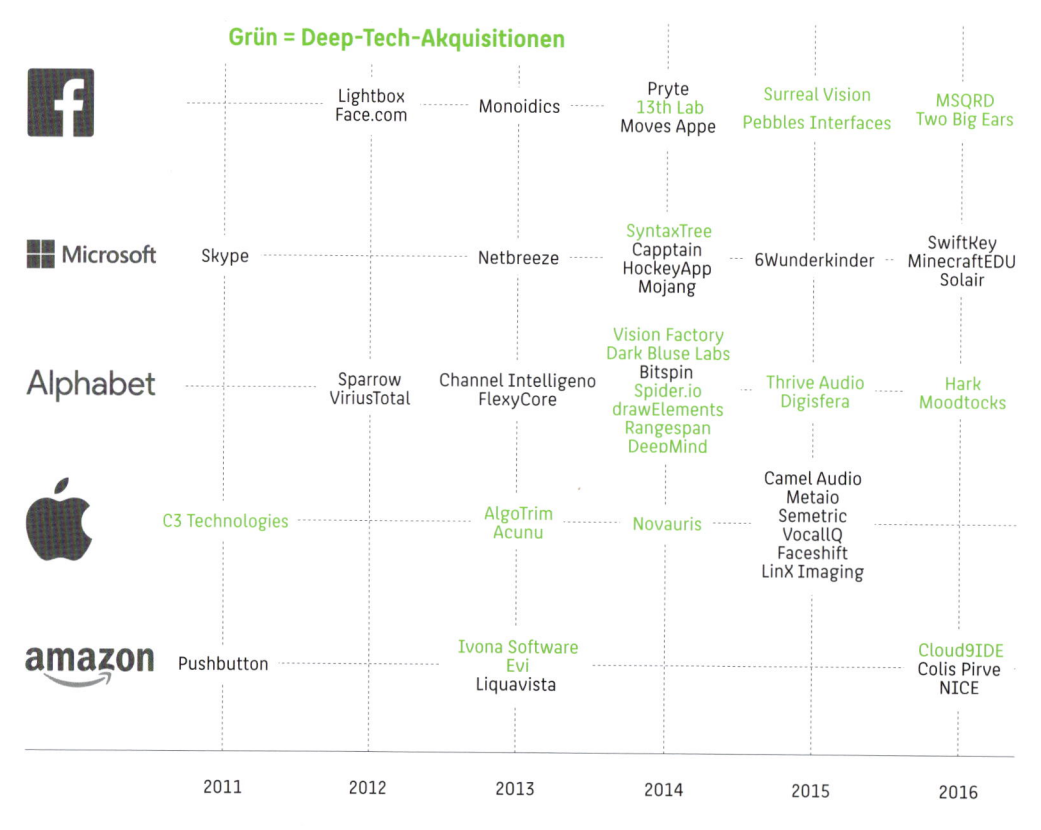

	2011	2012	2013	2014	2015	2016
Facebook	Lightbox, Face.com		Monoidics	Pryte, 13th Lab, Moves Appe	Surreal Vision, Pebbles Interfaces	MSQRD, Two Big Ears
Microsoft	Skype		Netbreeze	SyntaxTree, Capptain, HockeyApp, Mojang	6Wunderkinder	SwiftKey, MinecraftEDU, Solair
Alphabet		Sparrow, ViriusTotal	Channel Intelligeno, FlexyCore	Vision Factory, Dark Bluse Labs, Bitspin, Spider.io, drawElements, Rangespan, DeepMind	Thrive Audio, Digisfera	Hark, Moodtocks
Apple		C3 Technologies	AlgoTrim, Acunu	Novauris	Camel Audio, Metaio, Semertic, VocalIQ, Faceshift, LinX Imaging	
Amazon		Pushbutton		Ivona Software, Evi, Liquavista		Cloud9IDE, Colis Pirve, NICE

Quelle: dealroom.co in Anlehnung an Atomico 2016 S. 79

Abbildung 3: Unternehmensakquisitionen europäischer Startups durch US-amerikanische Technologiekonzerne zwischen 2011 und 2016.

Im Rahmen einer aufbauenden, vertiefenden Fallstudienanalyse werden Modelle zur Zusammenarbeit zwischen Deep-Tech-Startups und der Industrie analysiert. Es gilt zu untersuchen, inwieweit bestehende Inkubatoren- und Akzeleratorenmodelle geeignet sind, die Kooperation zwischen Deep-Tech-Gründungen und der Industrie zu strukturieren, und welche Rolle Hochschulen bei der Ausgestaltung alternativer Kooperationsmodelle spielen können. [4]

3. AUSBLICK: INVESTITIONEN UND AKQUISITIONEN VON DEEP TECH

Wie auf jedem anderen Markt auch, reagiert die Angebotsseite am Markt für High-Tech-Gründungen auf Sogeffekte der Nachfrage. Investoren liefern diese Nachfrage. Im Jahr 2016 wurden Prognosen zufolge ca. 13 Milliarden Euro in europäische Tech-Startups investiert, davon ca. 1 Milliarde Euro in Deep Tech. [5] Betrachtet man Deutschland isoliert, kann festgestellt werden, dass 2016 mit 0,93 Milliarden Euro ein Acht-Jahres-Hoch für Venture-Capital-Investitionen verzeichnet wurde. [6] Wie hoch hier der Anteil an Investitionen in Deep Tech ist, kann derzeit nicht festgestellt werden. Dafür lässt sich eine andere interessante Beobachtung in Bezug auf das „Einkaufsverhalten" deutscher und US-amerikanischer Unternehmensinvestoren machen.

[4] Vgl. Weiblen, T./Chesbrough, H.W. (2015): Engaging with Startups to Enhance Corporate Innovation. In: California Management Review. Winter 2015, Vol. 57 Issue 2, p66-90; Kohler, T. (2016): Corporate accelerators: Building bridges between corporations and startups. In: Business Horizons. May2016, Vol. 59 Issue 3, p347-357.

[5] Vgl. Atomico (2016): The State of European Tech. Download: http://www.atomico.com/news/the-state-of-european-tech-2016. Letzter Zugriff: 27.03.2017.

[6] Vgl. Bundesverband Deutscher Kapitalbeteiligungsgesellschaften (2017): Das Jahr in Zahlen 2016. Download: http://www.bvkap.de/sites/default/files/page/2010-2016_bvk-statistik_2016_final_270217.xlsx. Letzter Zugriff: 30.03.2017.

[7] Vgl. für eine Übersicht der größten deutschen Exists https://www.deutsche-startups.de/2016/01/05/startup-exits-2015/ sowie https://www.deutsche-startups.de/2017/01/11/die-wichtigsten-und-groessten-exits-des-jahres-2016/. Letzter Zugriff: 30.03.2017.

Wie **Abbildung 3** zeigt, befinden sich unter den 53 durch US-amerikanische Tech-Giganten akquirierten Unternehmen 29 Deep-Tech-Vorhaben. Deutsche Unternehmen dagegen setzten bei der Übernahme noch verstärkt auf internetbasierte Geschäftsmodelle aus dem B2C-Bereich. [7] Ein verändertes Akquiseverhalten der deutschen Industrie könnte sich daher nicht nur zusätzlich positiv auf die Gründungsdynamik im Deep-Tech-Bereich auswirken, sondern auch einen Abfluss von Technologie und Personal verhindern.

Die Untersuchungsergebnisse sollen dazu beitragen, die Brücke zwischen Industrie und Deep-Tech-Gründungen in Deutschland zu stärken und durch innovative Modelle der frühen Zusammenarbeit europäische Deep Tech in der heimischen Industrie zu verankern.

NACH-
HALTIG
PRODU
& PROD

Konzeption eines cloudbasierten stoffstromorientierten BUIS für die „Produktion von morgen"	**174**
Nachhaltige Energiewende- und Industriepolitik	**182**
Sicherheit und Zuverlässigkeit von additiv gefertigten Implantaten	**188**
Soziale Bauphysik	**194**
Ultrakurze Laserpulse für die Fertigung von modernen Solarzellen	**204**

SEKTION PRODUKTE

KONZEPTION EINES CLOUDBASIERTEN STOFFSTROMORIENTIERTEN BUIS FÜR DIE „PRODUKTION VON MORGEN"

Mathias Winter | Volker Wohlgemuth

ABSTRACT

Die Anforderungen an eine moderne IT haben sich grundlegend erweitert. Stand früher noch der Betrieb der eigenen Produktion im Mittelpunkt, wird heute zunehmend der gesamte Lebenszyklus von Produkten und Fabriken betrachtet.[1] Treiber einer solchen Entwicklung ist der immanente Konkurrenzdruck der Unternehmen. Besonders mittelständische Unternehmen stehen oftmals um wenige Kunden innerhalb einer Nischenbranche im engen Wettbewerb zueinander. Druck entsteht vor allem in den Bereichen Qualität, Zeit, Kosten und Innovation. [2] Mit dem Konzept der digitalen Produktion, welches ein möglichst realitätsnahes Abbild der realen Fabrik und der dazugehörigen Prozesse liefern soll, resultieren neben großen Chancen auch große Herausforderungen für die IT. Hier gilt es, neben verteiltem Vorliegen, Volatilität und großen Volumina der Daten den operativen und strategischen Nutzen der IT zu gewährleisten und adaptiv auf die Bedürfnisse der Fachabteilungen zu reagieren. [3] Gleichzeitig soll das Gesamtbild eines Konzerns nicht verlorengehen. Herkömmliche Ansätze zeigen, dass die genannten Anforderungen mit den klassischen Business Intelligence- oder Data Warehouse-Architekturen nicht zu bewerkstelligen sind, womit neue Architekturen in den Vordergrund rücken. [4] Die genannten Anforderungen gelten insbesondere für kleine und mittlere Unternehmen (KMU), wenn diese ihren betrieblichen Umweltschutz und ihr Nachhaltigkeitsmanagement unterstützen wollen. Daher diskutiert dieser Beitrag eine Konzeption, wie insbesondere KMU auf der Basis von Cloud-Technologien betriebliche Umweltinformationssysteme (sog. BUIS) skalierbar und kostengünstig entwickeln können.

1. BETRIEBLICHE UMWELTINFORMATIONSSYSTEME (BUIS) UND STOFFSTROMMANAGEMENT

BUIS stellen ein Softwaresystem zur systematischen Erfassung, Verarbeitung und Bereitstellung von umweltrelevanten Daten für eine zentrale betriebliche Informationsversorgung dar. [5] Mit dieser Software soll insbesondere das betriebliche Nachhaltigkeitsmanagement unterstützt werden. Die Idee einer zentralen Datenhaltung ist nicht neu. Viele IT-Projekte haben entsprechend das Ziel, eine solche Basis zu schaffen. In der Praxis erlebt man jedoch häufig, dass mehrere Systeme in Konkurrenz zueinander stehen. Aufgrund von Zieldivergenzen, wie sie beispielsweise zwischen Produktions-, Umwelt-, Finanz- und Technikabteilungen auftreten,

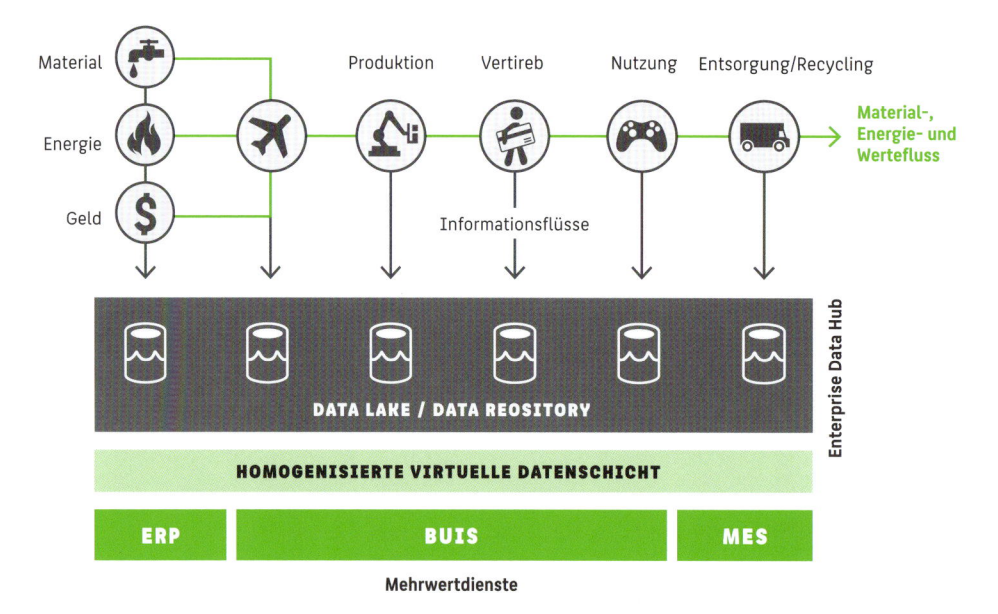

Abbildung 1: Architekturübersicht eines möglichen cloudbasierten BUIS. **[11]**

entstehen teilweise komplexe IT-Landschaften, da Daten bedarfsgerecht zur Verfügung gestellt und über Extract Transform Load(ETL)-Prozesse transferiert werden müssen. **[6]** Ergänzend zu betriebswirtschaftlichen und produktionsnahen Daten sind BUIS konzeptionell auf die Einbeziehung von ökologischen und sozialen Faktoren ausgerichtet. Während Enterprise Resource Planning(ERP)-Systeme vorrangig betriebswirtschaftliche Daten verarbeiten, sind Manufacturing Execution Systeme (sog. MES) auf eine entscheidungsorientierte Aufbereitung von produktionsnahen Informationen ausgerichtet. **[7]** Der Fokus liegt jedoch gerade bei stoffstromorientierten BUIS in der technischen Unterstützung von Energie und Materialeffizienzbetrachtungen über dem gesamten Lebenszyklus eines Produktes oder Produktionsprozesses. **[8]** Aufgrund ihres breiten Betrachtungsraumes sind BUIS konzeptionell am ehesten geeignet, auf das breite Anforderungsspektrum eines Unternehmens im ökonomischen, ökologischen und sozialen Kontext zu reagieren. Dies ergibt sich nicht zuletzt aus der Notwendigkeit des Stoffstrommanagements, trotz seines Hauptzieles – der Unterstützung der Energie- und Ressourceneffizienz – auch ökonomische Bedürfnisse eines Unternehmens zu berücksichtigen. **[9]**

2. KONZEPTION EINES CLOUDBASIERTEN BUIS

Zur Realisierung eines BUIS müssen gemäß seiner Anforderungen Komponenten zur Datenspeicherung, Datenextraktion und Weiterverarbeitung angeboten werden. **[10]** Diese Komponenten stellen heute Cloud-Anbieter standardmäßig bereit, so dass es sich ggf. insbesondere für KMU anbietet, ein cloudbasiertes BUIS für ihr Nachhaltigkeitsmanagement einzusetzen, um Kosten zu sparen und Skalierbarkeit zu gewährleisten, sofern diese bereit sind, ihre Daten ggf. außerhalb der Betriebsgrenzen zu speichern. **Abbildung 1** zeigt im Überblick eine mögliche cloudbasierte Architektur eines BUIS auf der Basis von Mircosoft Azure. Hauptkomponenten bilden dabei der Azure Data Lake und das Azure Data Warehouse.

2.1 Azure Data Lake

Der Azure Data Lake bildet einen Kanon aus verschiedenen Big Data-Technologien. Hierzu zählt zum einen der auf das Hadoop Disributed File System (HDFS) aufbauende Massenspeicher zur Aufnahme von unstrukturierten Daten. Ergänzt wird dieser durch die Möglichkeit, Batch-Prozesse mit U-SQL, einer produktspezifischen Abfragesprache, zu entwickeln. Darüber hinaus lassen sich aber auch Hadoop und Spark Cluster aufsetzen, womit der Nutzer nicht auf Microsoftprodukte beschränkt bleibt. Daten des Azure Data Lake lassen sich zum Beispiel in Power BI oder Azure Machine Learning weiterverarbeiten. [12]

2.2 Azure Data Warehouse

Das Azure Data Warehouse ist ein verteiltes Datenbanksystem, das auf dem SQL Server basiert und nach dem Massive Parallel Processing-Ansatz konzipiert wurde. Hierbei handelt es sich um ein Datenbank-Design, bei dem eine logische Datenbank auf mehrere physische Teildatenbanken aufgeteilt wird. Dadurch wird ein gleichzeitiges Verarbeiten großer Datenmengen ermöglicht. Das Data Warehouse soll als Schnittstelle zum Controlling dienen, da es durch seine feste Struktur weniger Domänenverständnis und weniger analytische Fähigkeiten voraussetzt. [13]

2.3 Der Enterprise Data Hub als zentrale Datenhaltungskomponente

Die Reaktion auf Big Data hat komplexe Architekturen hervorgebracht, die auf einer inkrementellen Erweiterung bestehender IT-Lösungen beruhen. Das Data Warehouse und eine darunterliegende relationale Datenbank bilden immer noch das Kernstück vieler Architekturen. [14] Ergänzend werden FilevServer herangezogen, um diverse binäre und textbasierte Rohdaten zu speichern. Über einen Data Catalog kann durch die einzelnen Quellen navigiert werden. NoSql-Datenbanken ergänzen das Technologieportfolio, um domänenspezifischen Herausforderungen entgegenzutreten. Obwohl auch bei klassischen Business Intelligence(BI)-Lösungen der Anspruch besteht, ein zentrales Daten-Management zu organisieren, entstehen durch diesen Kanon aus NoSql-Datenbanken, Data Catalog, relationalen Datenbanken und File Servern heterogene IT-Landschaften mit komplexen Datenstrukturen, die ihrerseits schnell zu Datensilos werden. Die Generierung eines ganzheitlichen Bildes der Produktion oder gar des Unternehmens wird somit erheblich erschwert. [15] Der Enterprise Data Hub begegnet dem mit einer Architektur, deren zentrales Element ein flexibler Data Lake-Speicher ist. [16] Diese Komponenten sind laut Aussagen der einzelnen Hersteller in der Lage, auf zunehmendes Datenvolumen, Volatilität der Datengenerierung, Komplexität von Datenstrukturen und verteiltem Vorliegen zu reagieren. Von hier aus können Daten zum einen über Stream- und Batch-Verarbeitung geladen werden, zum anderen können verschiedene analytische und operative Auswertungen und Analysen bedarfsgerecht bedient werden. Durch den Data Lake-Speicher ergibt sich zudem die Möglichkeit der langfristigen Aufbewahrung im granularen Zustand. [17] Im Gegensatz zu herkömmlichen Verfahren stehen diese dem Unternehmen aktiv über diverse Abfragetechnologien zur Verfügung. Hinzu kommt die Möglichkeit, Daten verschiedenster Formate abzulegen. Auch die Enterprise Data Hub-Architektur kann ein Data Warehouse, welches sich aus Daten des Data Lakes speist, beinhalten. Hierdurch bleibt die Möglichkeit von OLAP-Analysen und des relationalen Reportings bestehen, während der Data Lake als Data Repository dient und Anwendern die Möglichkeit bietet, die Strukturen ihrer operativen Daten bedarfsgerecht anzupassen. [18]

ZUSAMMENFASSUNG UND AUSBLICK

Die Verwendung des Enterprise Data Hubs bietet hinsichtlich Flexibilität, Speichervermögen und Analysefähigkeit viele Vorteile gegenüber etablierten Data Warehouse- und BI-Architekturen. Trotz aller Vorzüge darf nicht vergessen werden, dass die zugrundeliegenden Technologien noch Defizite hinsichtlich ihres Reifegrades aufweisen. Die Vielfalt verfügbarer Lösungen, welche durch ein verstärktes Aufkommen von Open-Source-Produkten forciert werden dürfte, führt zusätzlich zu einem Komplexitätsgrad, der für die meisten KMU nicht zu stemmen sein dürfte.

In der Praxis zeigt sich zudem, dass viele Unternehmen Projekte mit einem Bezug zu Industrie 4.0 initialisiert haben. [19] Konkrete Maßnahmen oder eine quantifizierbare Steuerung zur Umsetzung von Industrie 4.0 bleiben aber noch aus. [20] Trotz allem werden wirtschaftliche Potenziale im Milliardenbereich erwartet. [21] Nicht verwunderlich ist demnach die Tatsache, dass die Datenanalyse als eine der Hauptaufgaben im Zusammenhang mit den zu erwartenden technologischen Veränderungen identifiziert wird. Auch im Rahmen von stoffstromorientierten BUIS spielt die Datenbereitstellung und -analyse eine große Rolle. Cloud-Plattformen bieten hier die Möglichkeit eines kosteneffizienten Einstiegs in die Thematik der Datenanalyse. Insbesondere der Cloud-Plattform Azure werden hier große Potenziale zugesprochen. Mit Data Lake Store, Data Lake Analytics und HDInsight existieren auf Basis etablierter Technologien diverse Services, die im Vergleich zu On Premise-Lösungen mit einem vergleichsweise geringen Aufwand evaluiert werden können. [22] Die Informationstechnik hat mit Ansätzen des Master Data Management und des Enterprise Data Hub potenzielle Möglichkeiten, um verteilte Datenlandschaften zu konsolidieren und eine zentrale Datenbasis zu schaffen.

Zur effizienten Nutzung von Big Data muss jedoch Personal mit entsprechenden analytischen Fähigkeiten bereitstehen. Besonders KMU haben aber weder Zeit noch Geld, um ohne weiteres entsprechendes Knowhow aufzubauen. [23] Auf der anderen Seite bieten herkömmliche Methoden des finanzorientierten Controllings und des Rechnungswesens keine adäquate Möglichkeit, um ein ganzheitliches Bild der Daten des Unternehmens hinsichtlich ökonomischer, ökologischer und sozialer Erfolgsfaktoren zu zeichnen. Im Bereich des Stoffstrommanagements bildet dieses einen Rahmen, um mit dem Monitoring von Material-, Energie- und Kostenflüssen das ganzheitliche Bild eines Unternehmens entlang der Wertschöpfungskette zu generieren. Da es standardisierte Methoden umfasst, können Datenanalyseprozesse vereinfacht werden. Voraussetzung ist jedoch eine ebenso zielorientierte Datenerfassung. [24] Somit wird die Möglichkeit einer ökonomischen und ökologischen Effizienzsteigerung geschaffen.

Die dargelegten Konzepte stellen lediglich einen initialen Schritt dar. Es gilt nun, diese Konzeption in ein funktionierendes cloudbasiertes BUIS umzusetzen. Als nächstes wird vor allem die standardisierte und vereinfachte Datenextraktion auf Feldebene im Mittelpunkt stehen. Diese muss durch die Entwicklung eines auf das Stoffstrommanagement zugeschnittenen Messkonzeptes begleitet werden.

[1] Vgl. Landherr, Martin/Neumann, Michael/Volkmann, Johannes/Constaninescu, Carmen: „Digitale Fabrik", in Digitale Produktion, Berlin Heidelberg, Springer-Verlag, 2013, Kapitel 12.

[2] Vgl. Strategische Wettbewerbssituation in Deloitte Touche Tohmatsu Limited: „Industrie 4.0 im Mittelstand", 2016.

[3] Vgl. Landherr, Martin/Neumann, Michael/Volkmann, Johannes/Constaninescu, Carmen: „Digitale Fabrik", in Digitale Produktion, Berlin Heidelberg 2013, Kapitel 12.

[4] Vgl. Eberlein, Rüdiger: „Die Vision des Enterprise Data Hub: Fortentwicklung der Architektur für BI und Data Warehouse", Capgemini Deutschland, 2014, S. 2–3. https://www.sigs-datacom.de/uploads/tx_dmjournals/eberlein_OS_03_14_5kzU.pdf [Zugriff 06.04.2017].

[5] Vgl. Zsifkovits, Helmut/Brunner, Uwe: „Konzeption und Planung von Umweltinformationssystemen", in Integriertes Umweltcontrolling – Von der Stoffstromanalyse zum Bewertungs- und Informationssystem, Gabler Verlag, 2012, S. 234.

[6] Vgl. Cloudera: https://www.microstrategy.com/Strategy/media/downloads/training-events/microstrategy-world/2014-vegas/MSTRWorld2014_T4_S2_The-Enterprise-Data-Hub-and-the-Modern-Information-Architecture.pdf?ext=.pdf [Zugriff: 25.03.2017] und Boehnke, Benjamin: „Von der Energieeffizienz zur Ressourceneffizienz mittels Stoffstrommanagement", Shaker Verlag, 2015, S. 104.

[7] Vgl. Flakoll, Rita: „plantengineering.com," Manufacturing Business Technology Staff, 2008, http://www.plantengineering.com/single-article/mes-vs-erp-do-you-need-one-system-or-two/7d0ad7a6aed64707f25045fd7a750338.html. [Zugriff: 25.03.2017].

[8] Vgl. hierzu auch Boehnke, Benjamin: „Von der Energieeffizienz zur Ressourceneffizienz mittels Stoffstrommanagement", Shaker Verlag, 2015, Abschnitt 2.7.4.

[9] Vgl. Ortner, Wolfgang/Etlinger, Manfred: „Datenmanagement für stoffstromorientierte betriebliche Umweltinformationssysteme", in Integriertes Umweltcontrolling – Von der Stoffstromanalyse zum Bewertungs- und Informationssystem, Gabler Verlag, 2012, Abschnitt 13.1 und Boehnke, Benjamin: „Von der Energieeffizienz zur Ressourceneffizienz mittels Stoffstrommanagement", Shaker Verlag, 2015, Abschnitt 4.3.5.

[10] Vgl. Zsifkovits, Helmut/Brunner, Uwe: „Konzeption und Planung von Umweltinformationssystemen" in Integriertes Umweltcontrolling – Von der Stoffstromanalyse zum Bewertungs- und Informationssystem, Gabler Verlag, 2012, S. 234.

[11] In Anlehnung an Abbildung 12.1 in Landherr, Martin/Neumann, Michael/Volkmann, Johannes/Constaninescu, Carmen: „Digitale Fabrik", in Digitale Produktion, Berlin Heidelberg, Springer-Verlag, 2013.

[12] Vgl. Microsoft: „Microsoft Azure – Data Lake", 2017, https://azure.microsoft.com/en-us/solutions/data-lake [Zugriff: 26.03.2017].

[13] Vgl. Microsoft: „Microsoft Azure – Data Lake", 2017, https://azure.microsoft.com/en-us/solutions/data-lake [Zugriff: 26.03.2017].

[14] Vgl. Bischof, Christian/Winkler, Herwig: „Zeitgemäßes Umweltcontrolling mit SAP", in Integriertes Umweltcontrolling – Von der Stoffstromanalyse zum Bewertungs- und Informationssystem, Gabler Verlag, 2012, Abschnitt 11.4.

[15] Vgl. Folie 7 in Cloudera: https://www.microstrategy.com/Strategy/media/downloads/training-events/microstrategy-world/2014-vegas/MSTRWorld2014_T4_S2_The-Enterprise-Data-Hub-and-the-Modern-Information-Architecture.pdf?ext=.pdf [Zugriff: 25.03.2017].

[16] Vgl. https://azure.microsoft.com/de-de/solutions/data-lake/[Zugriff: 26.03.2017].

[17] Vgl. Eberlein, Rüdiger: „Die Vision des Enterprise Data Hub: Fortentwicklung der Architektur für BI und Data Warehouse", Capgemini Deutschland, 2014, S. 3. https://www.sigs-datacom.de/uploads/tx_dmjournals/eberlein_OS_03_14_5kzU.pdf [Zugriff 06.04.2017].

[18] Vgl. Microsoft: „Microsoft TechNet", 2017, S. 4. https://technet.microsoft.com/en-us/library/bb933993(v=sql.105).aspx [Zugriff: 24.03.2017].

[19] Vgl. Verbreitungsgrad und bisherige Projekterfahrung im Kontext von Industrie 4.0 in Deloitte Touche Tohmatsu Limited: „Industrie 4.0 im Mittelstand", 2016.

[20] Vgl. Zielsystem und Planung im Kontext von Industrie 4.0 in Strategische Wettbewerbssituation in Deloitte Touche Tohmatsu Limited: „Industrie 4.0 im Mittelstand", 2016.

[21] Vgl. Kernaussage der Studie in Koch, Volkmar/Kuge, Simon/Geissbauer, Rreinhard/Schrauf, Stefan: „Industrie 4.0 – Chancen und Herausforderungen der vierten industriellen Revolution"; PwC, 2014; http://www.strategyand.pwc.com/media/file/Industrie-4-0.pdf [Zugriff: 24.03.2017].

[22] Vgl. hierzu auch Apache Software Foundation: „Apache Hadoop", 2017, https://hadoop.apache.org [Zugriff: 25.03.2017] und Microsoft Corporation: „Hadoop-Tutorial: Erste Schritte bei der Verwendung von Hadoop in HDInsight", 2017, https://docs.microsoft.com/de-de/azure/hdinsight/hdinsight-hadoop-linux-tutorial-get-started. [Zugriff: 25.03.2017].

[23] Vgl. Schröder, Christian: „Herausforderungen von Industrie 4.0 für den Mittelstand", FRIEDRICH-EBERT-STIFTUNG, Bonn, 2016, Abschnitt 4.1.

[24] Vgl. Boehnke, Benjamin: „Von der Energieeffizienz zur Ressourceneffizienz mittels Stoffstrommanagement", Shaker Verlag, 2015, Abschnitt 4.3.4.

NACHHALTIGE ENERGIEWENDE- UND INDUSTRIE- POLITIK

Barbara Praetorius

ABSTRACT

Die Energiewende zielt auf die klima- und ressourcenschonende Umgestaltung der Energieversorgung und des Energieverbrauchs. Der Ausbau von Erneuerbaren Energien und Energieeffizienz beeinflusst die Produktionsbedingungen der Wirtschaft. Die Chancen und Risiken für Industrie und Gewerbe im Hinblick auf Energiekosten, Innovationen und Weltmarktposition sind zu ermitteln und der energie- und industriepolitische Gestaltungsbedarf für eine nachhaltige Standortentwicklung ist zu klären.

1. WIRTSCHAFTLICHE WIRKUNGEN DER ENERGIEWENDE

Das Energiekonzept der Bundesregierung 2010 sieht einen kontinuierlichen Ausbau der Erneuerbaren Energien vor. Im Jahr 2016 lieferten sie ein Drittel der Stromerzeugung, bis zum Jahr 2030 dürften es mindestens 50 Prozent sein. Die Kosten des Ausbaus sowie der Stromnetze tragen die Stromverbraucher. Parallel regelt seit 2005 der europäische Emissionshandel die maximalen Emissionen der Energiewirtschaft und der energieintensiven Industrie.

Global hat der Ausbau der Erneuerbaren Energien eine sich selbst verstärkende Eigendynamik erreicht. Seit dem Jahr 2000 hat sich die Stromerzeugung aus solarer Strahlungsenergie siebenmal und jene aus Wind immerhin viermal verdoppelt. [1] Weltweit verschieben sich die Anteile an den Investitionen kontinuierlich in Richtung der Erneuerbaren Energien. Seit 2013 überwiegen sie bezogen auf die neu installierte Anlagenleistung. Diese Entwicklung geht Hand in Hand mit Lernkurveneffekten. International ist Wind- bzw. Solarstrom in vielen Regionen schon heute die kostengünstigste Stromerzeugung. In Deutschland liegen die Stromgestehungskosten (die langfristigen Grenzkosten) für Windanlagen und große Photovoltaik-Anlagen bei 6 bis 9 Eurocent je Kilowattstunde und damit auf Augenhöhe mit neuen Kohle- oder Gaskraftwerken sowie deutlich unter Kernkraftwerken. [2] Weitere Kostensenkungen werden erwartet: die Gestehungskosten für Wind-und Solarstrom dürften 2025 bei 4 bis 7 Eurocent liegen. [3]

Diese Transformation der Energieversorgung hat Auswirkungen auf die Wirtschaft. Zu den Chancen gehören neue Geschäftsfelder, Effizienztechnologien und die GreenTech-Branche insgesamt. Der globale Markt ist enorm: Heute sind im Bereich Erneuerbarer Energien weltweit 8,1 Millionen Personen beschäftigt, davon 3,5 Millionen in China. [4] Bei den Risiken werden steigende Energiekosten, Unsicherheit über die Entwicklung der Strompreise und Versorgungssicherheit

[1] Vgl. Bloomberg, https://www.bloomberg.com/news/articles/2016-04-06/wind-and-solar-are-crushing-fossil-fuels, zuletzt aufgerufen am 07. April 2017.

[2] Prognos 2014, Comparing the Cost of Low-Carbon Technologies: What is the Cheapest Option? An analysis of new wind, solar, nuclear and CCS based on current support schemes in the UK and Germany. Berlin.

[3] Fraunhofer ISE 2015, Current and Future Cost of Photovoltaics. Long-term Scenarios for Market Development, System Prices and LCOE of Utility-Scale PV Systems, Berlin.

[4] IEA World Energy Outlook 2016, Paris.

genannt. Unternehmen befürchten Nachteile und fordern industriepolitische Maßnahmen für den Erhalt der Wettbewerbsfähigkeit bestehender Industrien, bessere Investitionsbedingungen und den gezielten Auf- und Ausbau deutscher Exportmärkte der GreenTech-Industrie. [5]

2. DIE PERSPEKTIVE DER INTERNATIONALEN WETTBEWERBSFÄHIGKEIT

Wettbewerbsfähigkeit ist ein wissenschaftlich nicht eindeutig definierbares, politisch geprägtes Konzept. Aus betriebswirtschaftlicher Sicht beschreibt es die Fähigkeit eines Unternehmens (oder einer Branche), Produkte am Markt zu einem Preis abzusetzen, der die Herstellungskosten deckt. Auf makroökonomischer Ebene wird die nationale Wettbewerbsfähigkeit zumeist gemessen an Indikatoren wie den Weltmarktanteilen und der Exportquote, oder genereller am Produktivitätswachstum, Wirtschaftswachstum, Beschäftigungsniveau oder Einkommensniveau im Vergleich zu anderen Ländern.

Wirtschaftspolitische Rahmenbedingungen haben zweifellos einen Einfluss auf die internationale Wettbewerbssituation von Unternehmen bzw. Branchen. Konzeptionell schwierig zu fassen ist indes die Forderung nach gleichen oder vergleichbaren Ausgangsbedingungen (level playing field) für Unternehmen, die im Wettbewerb stehen. Denn die internationale Arbeitsteilung unterliegt aus ökonomischer Sicht wie überall den Spielregeln des Marktes: Die komparativen (Faktor-)Kostenvorteile verschiedener Standorte und Länder werden im besten Falle genutzt, um volkswirtschaftliche Effizienz zu erzielen und die gesellschaftliche Wohlfahrt zu maximieren. Für die energieintensiven Industrien heißt das theoretisch, dass sie dort produzieren sollten, wo die Energie- und sonstigen Produktionskosten am geringsten sind.

Um in der weltweiten Arbeitsteilung auch klimaökonomische Effizienz zu gewährleisten, müssten die Energiepreise des Weiteren die externen Kosten reflektieren, beispielsweise durch einen globalen CO_2-Preis. Diesen gibt es aber absehbar nicht, so dass Ausweichreaktionen möglich bleiben in Form von Standortverlagerungen oder der Substitution von energieintensiven (Vor-)Produkten durch Importe aus Ländern mit niedrigen CO_2-Preisen. Diese Leakage oder Verschiebung der Emissionen von Ländern mit aktiver Klimapolitik in solche ohne preiswirksame Klimaschutzmaßnahmen hilft dem Weltklima nicht und wird als Begründung für industriepolitische Maßnahmen oder Ausnahmeregelungen zum Schutz der deutschen Wirtschaft verwendet.

Allerdings ist dies eine partialanalytische, kurzfristige Sichtweise. Die Strom- bzw. Energiepreise sind hierzulande im internationalen Vergleich

[5] Vgl. Praetorius, B. 2017, Energiewende – Marathon auf schwierigem Parcours, in: Wirtschaft im Zukunftscheck, hrsg. von der Heinrich-Böll-Stiftung, Berlin, S. 107-126

[6] Vgl. Praetorius, B. 2017, Die Energiewende ist ein Innovationsmotor. In: Nachrichten aus der Chemie, S. 570

[7] Ecofys, ISI 2015, Stromkosten der energieintensiven Industrie. Ein internationaler Vergleich, ergänzende Berechnungen für das Jahr 2014, Ecofys, Fraunhofer-ISI, Köln, Karlsruhe.

[8] Öko-Institut, DIW 2016: EKI – Der Energiekostenindex für die deutsche Industrie. Berlin.

ENERGIEKOSTEN MIO. EURO

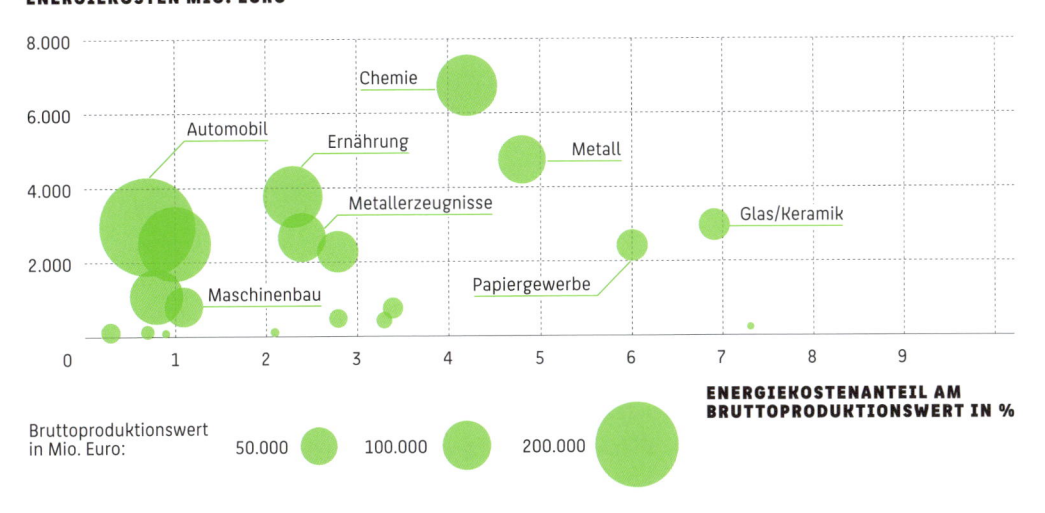

Abbildung 1: Anteil der Energiekosten am Bruttoproduktionswert 2014.

zwar historisch relativ hoch, das Wachstum und die technologische Wettbewerbsfähigkeit jedoch auch. Es gibt mehrere mögliche Erklärungen: Erstens könnten andere Produktionsfaktoren mindestens genauso wichtig oder sogar wichtiger sein für die Wettbewerbsfähigkeit als die Energiekosten. Zweitens könnte das höhere Energiepreisniveau den technologischen Fortschritt angeregt und zur Senkung des spezifischen Energiebedarfs beigetragen haben. Drittens könnte der technologische Fortschritt die deutsche GreenTech-Branche vorangebracht haben. [6]

3. INDIKATOREN DER ENERGIEKOSTEN

Die Strompreise für deutsche Strumkunden liegen über dem europäischen Durchschnitt. Die Struktur der Strompreise hat sich aber in den letzten Jahren stark verändert. Während die Großhandelspreise (Börsenstrompreise) aufgrund des steigenden Anteils der Erneuerbaren Energien mit Grenzkosten nahe null deutlich gesunken sind, stiegen die Endverbraucherpreise eher. Umgekehrt sind die Strompreise für energieintensive Unternehmen, die von umfassenden Ausnahmeregelungen profitieren, in den letzten Jahren gesunken. [7]

Relevant für die Wettbewerbsfähigkeit sind aber die Energiekosten der Industrie, die sich nicht unmittelbar aus den Energiepreisen ableiten lassen, denn sie hängen auch von Energieverbrauch und (Energie-) Effizienz der Produktionsprozesse ab.

Der Anteil der Energiekosten am Bruttoproduktionswert liegt in den meisten Branchen bei weniger als drei Prozent und im Durchschnitt bei etwa zwei Prozent **[siehe Abbildung 1]**.

Der Energiekostenindikator EKI vom Öko-Institut/DIW verwendet den Bruttoproduktionswert zur Analyse der Entwicklung der Energiekosten. [8] Um jeweils eine aktuelle Aussage treffen zu können, schreiben die Autoren den nominalen Produktionswert mithilfe des monatlich vorliegenden Produktionsindexes und des Erzeugerpreisindexes fort. Die Analyse zeigt, dass die absoluten Energiekosten von 2010 bis 2016 um fast elf Prozent sanken, während der Bruttoproduktionswert um etwa neun Prozent stieg. Im Ergebnis sank der EKI um 21 Prozent, besonders stark für die energieintensive Industrie (-32 Prozent), während die anderen Branchen nur um etwa zwei Prozent niedrigere Energiekosten aufweisen.

Die Expertenkommission zum Monitoring der Energiewende entwickelte den Indikator der Energiestückkosten, der das Verhältnis der direkten Energiekosten zur Bruttowertschöpfung abbildet. Die Analyse zeigt, dass die Energiestückkosten unter dem europäischen Durchschnitt liegen und in der Tendenz rückläufig sind. Allerdings stiegen seit 2011 die Stromstückkosten und liegen nur noch im Bereich der Metallerzeugung und -verarbeitung unter dem EU-Durchschnitt. [9] Dieser Indikator ist tendenziell aussagekräftiger, jedoch nicht so aktuell wie der EKI.

Insgesamt zeichnen alle genannten Indikatoren also bislang ein eher unaufgeregtes Bild der Wettbewerbswirkungen der Energiewende.

4. DIE PERSPEKTIVE DES STRUKTURWANDELS

Erneuerbare Energien und deren Systemkomponenten sind global ein gigantischer Wachstumsmarkt. In Schwellenländern wie Indien und China besteht ein enormer Nachholbedarf, und Wind- und Solaranlagen können schnell und preiswert errichtet werden. Neben den Windkraft- und Solarmodul-Herstellern kann eine Vielfalt an Technologieunternehmen das im Zuge der Energiewende gewonnene Know-how und den Vorsprung in Maschinen- und Anlagenbau, Systemtechnik und bei Know-How-Dienstleistungen im Weltmarkt anbieten. Das Bundesumweltministerium schätzt das Marktvolumen 2013 auf 344 Milliarden Euro und erwartet, dass es bis 2025 auf 740 Milliarden Euro steigt; das weltweite Marktvolumen wird für 2013 auf 2.536 Milliarden Euro geschätzt. [10]

Die internationale Arbeitsteilung ist auch hier wirksam. Der industriepolitische Versuch des Aufbaus einer deutschen Solarindustrie in den Jahren 2009–2012 scheiterte daran, dass Deutschland versucht hat, sich im Bereich der einfach replizierbaren Module zu positionieren. In diesem Bereich

[9] Löschel, A., Erdmann, G., Staiß, F., Ziesing, H. 2016, Expertenkommission zum Monitoring-Prozess „Energie der Zukunft": Stellungnahme zum fünften Monitoring-Bericht der Bundesregierung für das Berichtsjahr 2015, Berlin, Münster, Stuttgart, S. 131 f.

[10] Bundesministerium für Umwelt 2014, GreenTech made in Germany 4.0 – Umwelttechnologie-Atlas für Deutschland, Berlin, http://www.bmub.bund.de, www.greentech-made-in-germany.de.

[11] DLR/GWS/DIW 2016, Bruttobeschäftigung durch erneuerbare Energien in Deutschland. Ergebnisse für das Jahr 2015, Stand September 2016, https://www.bmwi.de/Redaktion/DE/Downloads/S-T/bruttobeschaeftigung-erneuerbare-energien-monitoringbericht-2015.html

[12] UBA 2015, Klimabeitrag für Kohlekraftwerke – wie wirkt er auf Stromerzeugung, Arbeitsplätze und Umwelt? Position, April, Dessau.

haben jedoch China und andere Länder in Südostasien deutliche Kostenvorteile. Nach einem Boom in den Jahren bis 2012 führte dies zum Verlust von rund 40.000 Arbeitsplätzen. Insgesamt überwiegen aber die positiven Arbeitsplatzeffekte.

Das Bundeswirtschaftsministerium lässt die Beschäftigungswirkungen regelmäßig untersuchen; das jüngste Update kommt für 2015 zu dem Ergebnis, dass in Deutschland etwa 15 Milliarden Euro in Erneuerbare Energien investiert wurden. Deutsche Hersteller von Anlagen zur Nutzung erneuerbarer Energien inklusive der Exporte von in Deutschland ansässigen Komponentenherstellern erwirtschafteten 19,5 Milliarden Euro an Umsätzen, beschäftigten dafür rund 330.000 Personen. [11] Darüber hinaus beschäftigungswirksam sind auch Energieeffizienz, Digitalisierung und neue Technologien wie Wärmepumpen, Batteriespeicher und Elektromobilität.

Umgekehrt müssten die Beschäftigungsverluste der Branchen gegengerechnet werden, die vom Strukturwandel betroffen sind. Hierzu existiert nur wenig empirisches Material; das Umweltbundesamt ermittelt für 2014 bundesweit nur noch 33.500 Beschäftigte im Braun- und Steinkohlenbergbau. [12] Da diese regional konzentriert sind (beispielsweise die Braunkohle-Regionen im Ruhrgebiet und in der Lausitz), ergeben sich trotzdem relevante Fragestellungen regional- und sozialpolitischer Art.

5. KRITERIEN EINER NACHHALTIGEN ENERGIEWENDE-INDUSTRIEPOLITIK

Wirtschafts- oder Industriepolitik hat im ordnungspolitischen Rahmen der Marktwirtschaft eine umstrittene Funktion. Wirklich damit kompatibel ist sie nur dann, wenn sie deren evolutorischem Charakter Rechnung trägt. Dazu darf sie keine strukturkonservierenden Maßnahmen ergreifen, sondern muss dynamische Innovationsanreize geben. Denn Strukturwandel ist Bestandteil der marktwirtschaftlichen Effizienz und volkswirtschaftlichen Wohlfahrtsoptimierung.

Maßnahmen zur Abfederung von sozialen oder regionalen Folgewirkungen des Strukturwandels müssen im richtigen Politikfeld verankert werden. Theoretisch gut begründbar ist die Intervention des Staats bei öffentlichen Gütern und Externalitäten. Hierunter fallen klimapolitische Maßnahmen genauso wie Forschung und Entwicklung. Die industriepolitische Rolle des Staats in der Energiewende sollte sich deshalb primär auf diese Aufgaben konzentrieren.

Unklar ist dabei oft der Zusammenhang von Ursache und Wirkung: Wann handelt es sich um „echte" Leakage aufgrund unterschiedlich strenger klimapolitischer Regime, wann um „gute" komparative Kostenvorteile? Welche Interventionen können hierdurch konkret gerechtfertigt sein? Welche Innovationen sind zu fördern und in welcher Form (und auf wen) sollten die Kosten gewälzt werden? Und wie sollte ein nachhaltiges Energiepreismodell aussehen? Hierzu besteht noch Forschungsbedarf.

SICHERHEIT UND ZUVERLÄSSIGKEIT VON ADDITIV GEFERTIGTEN IMPLANTATEN

Marcus Wolf | Anja Pfennig

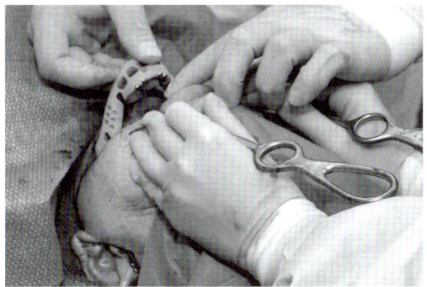

Abbildung 1: Unterkieferplatte mit einer künstlichen Knochenbeschichtung, die mittels AM hergestellt wurde. **[2/4]**

1. EINLEITUNG UND STAND DER TECHNIK

Durch Fortschritte in der 3D-Modellierung und bei den AM-Technologien (Additive Manufacturing) ist die direkte Produktion von kundenspezifischen Implantaten möglich. **[1]** Dadurch können Implantate aktiv auf die physikalischen und mechanischen Anforderungen der Position im Körper abgestimmt werden **[Abbildung 1] [2]**. Gleichzeitig reduziert diese präzise Anpassung chirurgische Eingriffszeiten und erhöht auch die Erfolgsquoten. **[3]** Die Implantate werden jedoch im Körper mechanisch belastet und ebenso hochkorrosiven Körperflüssigkeiten ausgesetzt. Dies führt zu Schwingungsrisskorrosion (SwRK), das unweigerlich mit einer Verringerung der Lebensdauer dieser Komponenten verbunden ist. Im schlimmsten Fall folgt ein Versagen des Implantats, welches in jedem Fall zu vermeiden ist.

Additiv gefertigte Bauteile weisen sehr charakteristische mikrostrukturelle Merkmale auf, die durch hoch lokalisierte Schmelz- und Abkühlabläufe bestimmt werden **[5]** Entsprechend wichtig ist eine genaue Kenntnis über Kornstruktur, Ausscheidungen, Porosität, Oberflächenbeschaffenheit, nicht metallische Inklusionen und Textur, und vor allem Wissen darüber, inwieweit sich deren Einfluss auf Korrosion sowie Ermüdung auf die Lebensdauer von Bauteilen auswirkt. Verschiedene AM-Herstellungsparameter sowie nachträgliche Wärmebehandlungen können zu sehr unterschiedlichen Mikrostrukturen derselben Legierungszusammensetzung führen. Diese Unterschiede sind bereits z. T. an der mittels selektiven Laserschmelzens hergestellten

[1] S. L. Sing, J. An, W. Y. Yeong, F. E. Wiria: Laser and electron-beam powder-bed additive manufacturing of metallic implants: A review on processes, materials and designs. Journal of Orthopaedic Research, Vol. 34 (2016), Nr. 3, S. 369–385

[2] P. Bartolo, J. P. Kruth, J. Silva, G. Levy, A. Malshe, K. Rajurkar, M. Mitsuishi, J. Ciurana, M. Leu: Biomedical production of implants by additive electro-chemical and physical processes. CIRP Annals - Manufacturing Technology, Vol. 61 (2012), Nr. 2, S. 635–655 Patterns of Small and Medium-sized Enterprises. International Marketing Review, 29(5), 448–465.

[3] L. E. Murr, S. M. Gaytan, E. Martinez, F. Medina, R. B. Wicker: Next generation orthopaedic implants by additive manufacturing using electron beam melting. International Journal of Biomaterials, Vol. 368 (2012), S. 1999-2032

[4] Xilloc Medical B. V.: Aufgerufen am 16.03.2017. http://www.xilloc.com/patients/stories/total-mandibular-implant, (2017)

[5] W. E. Frazier: Metal additive manufacturing: A review. Journal of Materials Engineering and Performance, Vol. 23 (2014), Nr. 6, S. 1917–1928

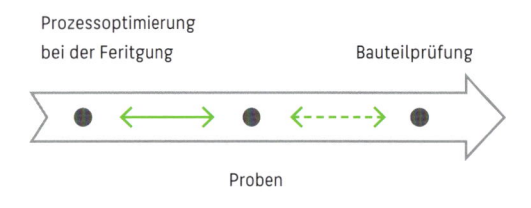

Abbildung 2: Entwicklungskette bei der Erprobung neuartiger Werkstoffe

Ti-Al6-V4-Legierung, welche gängig für Implantate ist, untersucht worden. **[6–8]** Es wurden jedoch bislang noch keine Untersuchungen unter gleichzeitiger mechanischer und korrosiver Belastung durchgeführt. Für eine sichere Verwendung von Implantaten ist dies jedoch unerlässlich.

2. PRÜFPLAN

Die Entwicklung neuartig gefertigter Bauteile mittels AM, insbesondere kritischer Bauteile wie Implantate, erfordert eine Bauteilprüfung. Nur durch diese ist abzuschätzen, ob das Bauteil die von ihm geforderten Anforderungen erfüllt. Bevor es jedoch zur Bauteilprüfung kommt, werden erst die werkstoffspezifischen Eigenschaften für den speziellen Anforderungsfall mittels Werkstoffproben geprüft. Diese Entwicklungskette ist in **Abbildung 2** gezeigt.

Insgesamt lässt sich die Entwicklungskette in drei Hauptpunkte unterteil . Am Anfang steht die Prozessoptimierung bei der Fertigung. Hier können die oben in Bezug auf den Stand der Technik beschriebenen Parameter verändert werden. Wie sich diese auf die Lebensdauer bzw. auf die werkstoffspezifischen Eigenschaften auswirken, wird anhand von Versuchen mit Probekörpern ermittelt. Aus diesen Ergebnissen werden die Fertigungsparameter für die kompletten Bauteile festgelegt. Zu beachten ist hierbei, dass die aus Probeversuchen gewonnenen Ergebnisse bezüglich der Schwingfestigkeit unter Korrosion nicht eins zu eins auf die Bauteile übertragen werden können. Somit wird eine abschließende Bauteilprüfung erforderlich.

3. VORHANDENE PRÜFTECHNIK

Im Bereich der Prüfung von Werkstoffen unter gleichzeitiger mechanischer und korrosiver Belastung wurden von der HTW Berlin und der Bundesanstalt für Materialforschung und prüfung (BAM) bereits unterschiedliche Verfahren entwickelt und zur Anwendung gebracht. **[9–12]** Für diese Art der Werkstoffprüfung ist bereits ein geeignetes

[6] K. S. Chan, M. Koike, R. L. Mason, T. Okabe: Fatigue life of titanium alloys fabricated by additive layer manufacturing techniques for dental implants. Metallurgical and Materials Transactions A: Physical Metallurgy and Materials Science, Vol. 44 (2013), Nr. 2, S. 1010–1022

[7] P. Edwards, M. Ramulu: Fatigue performance evaluation of selective laser melted Ti-6Al-4V. Materials Science and Engineering A, Vol. 598 (2014), S. 327–337

[8] E. Wycisk, A. Solbach, S. Siddique, D. Herzog, F. Walther, C. Emmelmann: Effects of defects in laser additive manufactured Ti-6Al-4V on fatigue properties. Physics Procedia, Vol. 56 (2014), Nr. C, S. 371–378

[9] M. Wolf, A. Pfennig, R. Afanasiev, T. Böllinghaus: Corrosion Fatigue of X2CrNiMoN22-5-3 exposed to the Geothermal Environment of the North German Basin. In: Corrosion 2016, Vancouver, Canada, NACE International, 2016, S. Paper No. 7378

[10] M. Wolf, A. Pfennig: Konstruktion von Prüfanlagen zur In-situ-Untersuchung der Schwingungsrisskorrosion. In: NWK 16. Nachwuchswissenschaftlerkonferenz - Tagungsband -, M. Knaut (Ed.), Berlin, BWV Berliner Wissenschafts-Verlag, 2015, S. 70–76

Prüfsystem – bestehend aus: Ausgleichsbehälter, Pumpe und Heizung – konstruiert und erprobt worden. Die Konstruktion der Versuchsanlagen entspricht den technischen Regelwerken, **[13, 14]** und es wurden bereits erfolgreich unterschiedliche Versuchsreihen mit verschiedenen Stählen durchgeführt. **[9, 15, 16]** Die Werkstoffproben werden in sogenannten „Korrosionskammern" gleichzeitig unter korrosiver und mechanischer Belastung geprüft. **[10, 17]** Die Besonderheit aus der bisherigen Zusammenarbeit der HTW Berlin und der BAM ist neben der Entwicklung der Prüfsysteme, dass erstmalig ein Werkstoff bei gleichbleibender korrosiver, aber unterschiedlicher Belastungsart (Zug-/Druck- und Umlaufbiegung) geprüft und verglichen wurde. **[18]** In den Versuchseinrichtungen ist es ebenso möglich, Versuche unter freiem Potential und unter angelegtem Potential durchzuführen. **[18]** Dies ist für eine genaue Nachstellung der Umgebungsbedingungen (Temperatur, pH-Wert, elektrochemisches Potential), wie sie im menschlichen Körper vorliegen, notwendig.

3.1 Anpassung der Prüftechnik

Für die Prüfung von AM-gefertigten Werkstoffproben müssen die Korrosionskammern angepasst werden. Dies liegt an den geometrischen Abmaßen der Werkstoffproben. Da die Herstellung kostenintensiv ist, sind die Werkstoffproben entsprechend klein. Um diese trotzdem in den bereits vorhandenen Korrosionskammern prüfen zu können, wurde ein spezieller Adapter entwickelt. Dieser ist in **Abbildung 3** dargestellt.

Die Besonderheit des Adapters ist, dass die Korrosionskammer vollständig auf diesem montiert werden kann. Die Enden des Adapters können in eine beliebige Prüfmaschine eingespannt werden, wodurch das System sehr flexibel wird. Da der Adapter in der Korrosionskammer ebenso wie die Werkstoffprobe dem Korrosionsmedium ausgesetzt ist, muss auch dieser entsprechend korrosionsbeständig sein. Dies wird durch eine geeignete Materialauswahl – Titan Grade 5 – gewährleistet. Die Einspannung der Werkstoffprobe – in **Abbildung 3** dargestellt – im Adapter erfolgt über eine Keileinspannung. Durch diese Methode

[11] A. Pfennig, R. Wiegand, M. Wolf, C. P. Bork: Corrosion and corrosion fatigue of AISI 420C (X46Cr13) at 60°C in CO2-saturated artificial geothermal brine. Corrosion Science, Vol. 68 (2013), S. 134–143

[12] A. Pfennig, M. Wolf, K. Heynert, T. Böllinghaus: First in-situ Electrochemical Measurement During Fatigue Testing of Injection Pipe Steels to Determine the Reliability of a Saline Aquifer Water CCS-site in the Northern German Basin. Energy Procedia, Vol. 63 (2014), S. 5773–5786

[13] Beuth Verlag GmbH: Korrosion der Metalle - Korrosionsuntersuchungen - Teil 1: Grundsätze DIN 50905-1:2009-09. 2009

[14] Beuth Verlag GmbH: Korrosion von Metallen und Legierungen - Prüfung der Schwingungskorrosion - Teil 1: Prüfung unter Anwendung von Bruch-Schwingspielen (ISO 11782-1:1998). 2008

[15] A. Pfennig, M. Wolf, R. Wiegand, A. Kranzmann, C.-P. Bork: Corrosion Fatigue Behavior and S-N-curve of X46Cr13 Exposed to CCS-environment Obtained from Laboratory in-situ-experiments. Energy Procedia, Vol. 37 (2013), S. 5764–5772

[16] A. Pfennig, M. Wolf, C.-P. Bork, S. Trenner, R. Wiegand: Comparison between X5CrNi-CuNb16-4 and X46Cr13 under Corrosion Fatigue. In: Corrosion 2014, San Antonio, Texas, USA, NACE International, 2014, S. Paper No.3776

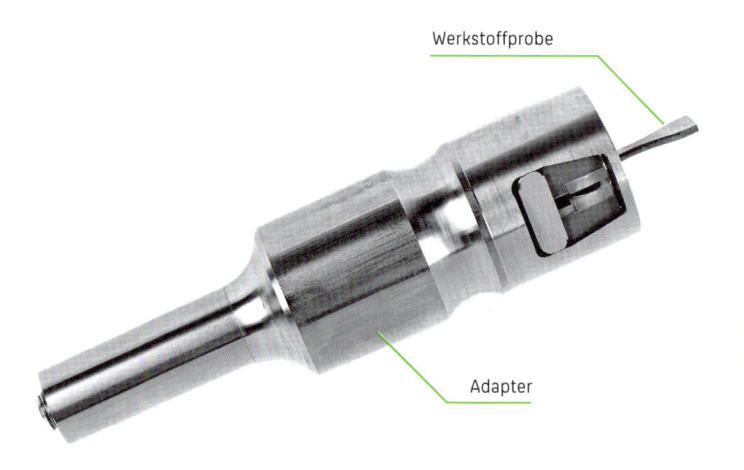

Abbildung 3: Adapter für die Prüfung von AM- gefertigten Werkstoffproben

[17] A. Pfennig, M. Wolf, R. Wiegand: Installation einer Korrosionskammer zur in-situ-Ermittlung des Schwingungs- in der Geothermie. In: Neue Energien. Beiträge und Positionen - Neue Energien, M. Knaut (Ed.), Berlin, BWV Berliner Wissenschafts-Verlag, 2012, S. 120–127

[18] M. Wolf, T. Böllinghaus, A. Pfennig: Untersuchung von Duplexstählen unter schwingender und korrosiver Belastung bei Zug- / Druck und Umlaufbiegebeanspruchung. In: GfKORR-Jahrestagung, Frankfurt / Main, 2016, S. 121–130

der Einspannung werden die Werkstoffproben immer zentrisch gespannt und gleichzeitig Unterschiede der Probendicke ausgeglichen.

4. ZUSAMMENFASSUNG

Um die AM-Technologien für Implantate nutzen zu können, müssen die Bauteile unter korrosiver und mechanischer Belastungen, wie sie im menschlichen Körper auftreten, geprüft werden. Dies kann durch das Korrosionskammer-in-situ-Prüfsystem geleistet werden. Durch die Ergebnisse wird es möglich sein, die Lebensqualität von Patienten durch einerseits individuell angepasste und andererseits gleichzeitig sichere Implantate zu verbessern.

SOZIALE BAUPHYSIK

Dieter Bunte

ABSTRACT

Im folgenden Beitrag wird aus dem Bereich Bauphysik die Gebäude-Energie-Effizienz (insbesondere von Wohngebäuden) betrachtet. Gebäudeenergieausweise geben den berechneten Energiebedarf (Heizung, Warmwasser) als reinen technischen Kennwert der Gebäudeeigenschaften für standardisierte Nutzungs- und Witterungsbedingungen des Bauwerksstandortes wieder. Derartige Kennwerte ermöglichen keinerlei Rückschlüsse auf den tatsächlich gemessenen (abgerechneten) Energieverbrauch. In diesem Beitrag wird gezeigt, welche Richtung Berechnungen für eine realistische Ermittlung des tatsächlichen Energieverbrauchs einschlagen müssten.

1. GEBÄUDEENERGIEAUSWEIS

Der erläuternde Text bedarfsorientierter Energieausweise enthält den unmissverständlichen Hinweis, dass der berechnete Energiebedarf keinerlei Rückschlüsse auf den tatsächlich realisierten (abgerechneten) Energieverbrauch zulässt. Der Energieverbrauch ist abhängig von den realen Witterungsbedingungen der Abrechnungsperiode sowie den Gewohnheiten und dem Verhalten der Gebäudenutzer. Beides wird gegenwärtig im Rechenmodell zur Bestimmung des Energiebedarfs nur über z. T. realitätsferne und deterministisch festgelegte Standardwerte erfasst.

Ein bedarfsorientierter Energieausweis hat an diesen Standardisierungen zu messende Stärken wie z. B.:

- Objektive Erfassung der energetischen (technischen) Gebäudeeigenschaften
- Analytische Ermittlung der energetischen Schwachstellen
- Aus dieser Analyse werden bei bestehenden Bauten Maßnahmen zur Schwachstellensanierung und Minimierung der Energieverluste abgeleitet. Die Planung von Neubauten strebt einen darauf abgestimmten optimalen Bauwerksentwurf an.

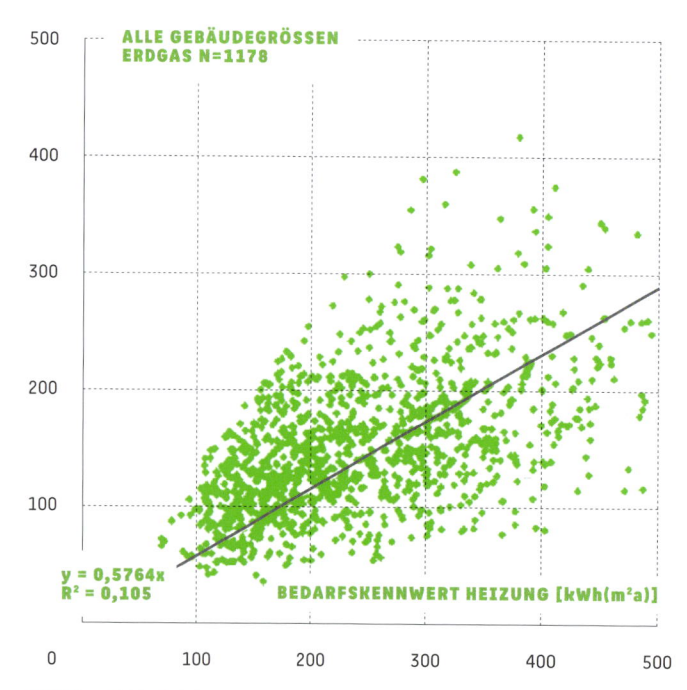

Abbildung 1: Vergleich gemessener Heizenergieverbräuche mit dem berechneten Energiebedarf nach EnEV (Jens Knissel, Roland Alles, Rolf Born, Tobias Loga, Konny Müller, Verena Stercz: Entwicklung eines vereinfachten Verfahrens zur Ermittlung gebäudespezifischer Primärenergiekennwerte, geeignet als Bewertungsmerkmal im Mietspiegel, Forschungsbericht, Darmstadt, Juli 2006).

Diagramm: ALLE GEBÄUDEGRÖSSEN, ERDGAS N=1178; $y = 0{,}5764x$; $R^2 = 0{,}105$; BEDARFSKENNWERT HEIZUNG [kWh(m²a)].

Bekanntlich verbrauchen nicht Gebäude, sondern Gebäudenutzer zur Erzielung individuell gewünschter Behaglichkeit im Rahmen ihrer finanziellen Möglichkeiten sowie der von ihnen gepflegten Gewohnheiten Heizenergie. Ein kausaler Zusammenhang zwischen berechnetem Bedarf und abgerechnetem Verbrauch existiert deshalb nicht. Dies zeigen auch Forschungsergebnisse. Beispielhaft für eine Reihe von dazu durchgeführten Untersuchungen zeigt dies **Abbildung 1**. Der optische Eindruck, dass unabhängig von der berechneten energetischen Leistungsfähigkeit die Gebäudenutzer ihren Heizenergieverbrauch in einem gleich bleibenden Streuband realisieren, korrespondiert mit dem berechneten Bestimmtheitsmaß **[siehe Abbildung 1, im Diagramm links unten angegeben]** von $r^2 = 0{,}105$. D. h. zu fast 90 % ist die Streuung des abgerechneten Energieverbrauchs nicht von den in der Berechnung berücksichtigten energetischen Gebäudeparametern abhängig, sondern auf andere, und vor allem nicht-technische Gründe zurückzuführen. Da der abgerechnete Energieverbrauch nicht mit dem berechneten Energiebedarf (und dem darauf aufbauenden Bauwerksentwurf) korreliert, sind diese beiden Kennwerte nahezu entkoppelt.

2. SOZIALE BAUPHYSIK UND PROBABILISTISCHE BERECHNUNGSKONZEPTE

Das Ziel zukünftiger Energiebedarfsberechnungen ist damit umrissen: Unter Beibehaltung der oben genannten Stärken ist die Wirklichkeitsnähe und Aussagekraft ihrer Rechenergebnisse zu verbessern. Die zugrundeliegenden bautechnisch-physikalischen Rechenmodelle sind um sozio-ökonomische Parameter (Einbeziehung verhaltensökonomischer Erkenntnisse und Ergebnisse einer Kritik an energieineffektiven Lebensformen) zu einer sozialen Bauphysik zu erweitern. Andererseits erhöht sich die Wirklichkeitsnähe wenn das bisherige deterministische durch ein probabilistisches Rechenkonzept ersetzt wird. Dessen Ergebnis ist die Häufigkeitsverteilung des zu erwartenden Energiebedarfs als Verbrauchseinschätzung.

3. DIMENSIONEN EINES PROBABILISTISCHEN, NUTZERORIENTIERTEN ENERGIEÖKONOMISCHEN BAUWERKSMODELLS FÜR WOHNGEBÄUDE

Die soziale Bauphysik kümmert sich deshalb um die folgenden Dimensionen:

- das zu beheizende Gebäudevolumen und die Gebäudegeometrie,
- die bauphysikalischen Eigenschaften der dieses Volumen thermisch von der Umgebung abgrenzenden Gebäudehüllflächen,
- das Heizsystem (einschließlich Warmwasserbereitung),
- die Kosten für Bau und Betrieb des Gebäudes,
- den Beitrag zu politisch-ökologischen Klimaschutzzielen,
- das Verhalten und die Gewohnheiten des Gebäudenutzers sowie
- die konkreten Witterungsbedingungen des Gebäudestandorts.

Die soziale Bauphysik hat somit sieben Dimensionen oder Qualitäten (7Q-Modell). Je nach verwendetem Maßstab bzw. je nach Leistungsphase können diese Dimensionen in unterschiedlichem Detailierungsgrad angegeben werden. In jedem Fall führt die Messung oder Konkretisierung (Angabe) dieser Qualitäten zu streuenden Angaben.

Mit Nutzerverhalten ist natürlich nicht das konkrete Verhalten einer individuellen Person (Haushalt) in einer bestimmten Heizperiode (Jahr und dessen Witterungsbedingungen) zu verstehen. Dessen Prognose weicht logischerweise immer vom tatsächlichen Verhalten ab. Empirisch belegte typische Verhaltensmuster einschließlich ihrer Auftretenswahrscheinlichkeiten, modifizierbar an sozio-ökonomischen Nutzer- bzw. Haushaltsparametern (probabilistische Nutzerprofile), sind dafür angemessener.

4. AUSBLICK UND BEISPIEL GRUNDLAGENERMITTLUNG

Im Rahmen der Grundlagenermittlung (Bedarfsplanung) reicht zur Abschätzung des zu erwartenden Energierahmens (Energiebudgets) ein grober physikalisch-technischer Detailierungsgrad aus. **Tabelle 1** gibt einen Überblick (Mindestumfang) über solch ein Grobmodell, welches hier auf die energetische Sanierung eines Bestandsgebäudes angewendet wird.

Stationäre Bedingungen, eine Bauwerkszone, keine Berücksichtigung der Wärmekapazität.

Berechnet wird der Heizenergiebedarf für Heizung, Lüftungswärmeverluste und Warmwasserbereitung.

Beispielhaft ausgewählt wird ein Mehrfamilienhaus: vier Stockwerke, Stockwerkshöhe: 2,70 m, Gebäudelänge: 50 m, Gebäudebreite: 8 m (prismatischer Baukörper).

Abgeschätzte Dauer der Heizperiode: 185 Tage/Jahr.

Mittlere Außentemperatur während der Heizperiode: -5 °C.

Die Heizgrenztemperatur wird vereinfachend auf 15 °C festgelegt. Daraus ergeben sich 3.700 Heizgradtage (entspricht in etwa mittleren Verhältnissen in Deutschland).

Die mittlere Innentemperatur wird auf 20 °C festgelegt.

Ein Keller soll nicht vorhanden sein. Grob vereinfachend wird außerdem angenommen, dass die Bodentemperatur mit der Außentemperatur übereinstimmt, was auf eine Überschätzung des Energiebedarfs führt.

Mittlerer U-Wert aller wärmeübertragenden Gebäudeelemente: 0.7 kWh/(m2·K).

Es wird eine Luftwechselrate von 1.1 1/h berücksichtigt; der Wärmerückgewinnungsgrad möge 0.7 betragen, und das auszutauschende Luftvolumen wird mit dem Gebäudevolumen gleichgesetzt

Der Warmwasserbedarf wird auf 17 kWh/(m2·Jahr) festgesetzt.

Tabelle 1: Grundlegende Annahmen und Idealisierungen für das Grobmodell der Heizenergie Berechnung im Rahmen der Grundlagenermittlung.

ANUAL CYCLE OF THE AVAERAGEDAILY OUTDOORTEMPERATURE OF POTSDAM

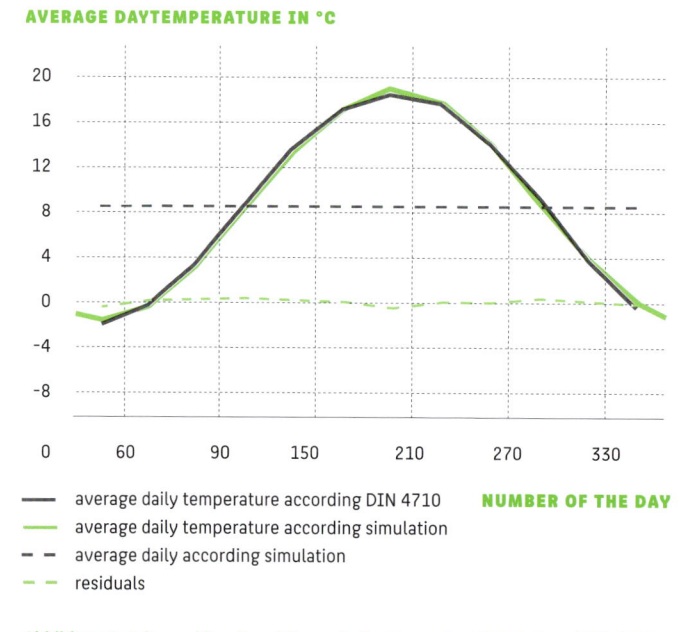

AVERAGE DAYTEMPERATURE IN °C

— average daily temperature according DIN 4710
— average daily temperature according simulation
- - average daily according simulation
- - residuals

NUMBER OF THE DAY

Abbildung 2: Jahreszyklus der mittleren Außentempertaur in Potsdam (DIN 4710 und eigene Berechnung).

5. BERÜCKSICHTIGUNG VON WITTERUNGSBEDINGUNGEN IN EINEM PROBABILISTISCHEN BERECHNUNGSMODELL

Beispielhaft wird dies für den Bauwerksstandort Potsdam erläutert. Dessen Jahreszyklus der Außentemperatur (langjährige Mittelwerte) nach DIN 4710 gibt **Abbildung 2** wieder. Er wird hier durch eine unsymmetrische Kosinus-Funktion angenähert. Diese Annäherung liegt der Berechnung der Heizgradtage zugrunde. Unter der weiteren groben Abschätzung, dass die Heizgrenze 3K unter der individuell vom Bauwerksnutzer realisierten Innentemperatur liegt, zeigt **Abbildung 3**, die Abhängigkeit der Heizgradtage von der vom Gebäudenutzer gewünschten Innentemperatur. Diese Ergebnisse werden ausreichend genau durch eine Potenz-Funktion beschrieben.

Abbildung 4 zeigt die Häufigkeitsverteilung der Heizgradtage für Potsdam, die halbwegs zutreffend durch eine Binominalverteilung erfassbar ist. Ohne dies hier näher zu erläutern, werden diese Angaben genutzt, um einen Witterungsfaktor zu bestimmen, über den die Streuung der Witterungsbedingungen in die Rechnung eingeht.

6. TEMPERATURVERHÄLTNISSE IN DEUTSCHEN WOHNGEBÄUDEN

Dazu wird auf Messergebnisse der Technischen Universität Dresden zurückgegriffen. Jeweils in der Heizperiode (November bis April) der Jahre 2005 bis 2008 wurden in diversen Bauwerken die Innentemperaturen gemessen (siehe in: EnEV aktuell, Nr. 1, 2010). Die Häufigkeitsverteilung dieser Messungen und ihre Annäherung durch eine Normalverteilung (Mittelwert: 18,3 °C, Standardabweichung: 3,5 °C) ist in **Abbildung 5** wiedergegeben.

7. BERECHNUNG DER HÄUFIGKEITSDICHTE DES ENERGIEBEDARFS

Mit den Angaben der **Abbildungen 2 bis 5** und dem im Abschnitt 4 umrissenen Berechnungsmodell wird eine Monte-Carlo-Simulation durchgeführt. Deren Ergebnisse **[siehe Abbildung 6]** führen auf einen mittleren Heizenergiebedarf von 93 kWh/(m2·Jahr) bei einer Streubreite von ca. 50 bis 150 kWh/(m2·Jahr).

HEATING DEGREE DAYS IN K-DAYS

$y = 13{,}341 x^{1{,}8282}$
$R^2 = 0{,}9998$

INDOOR TEMPERATURE IN °C

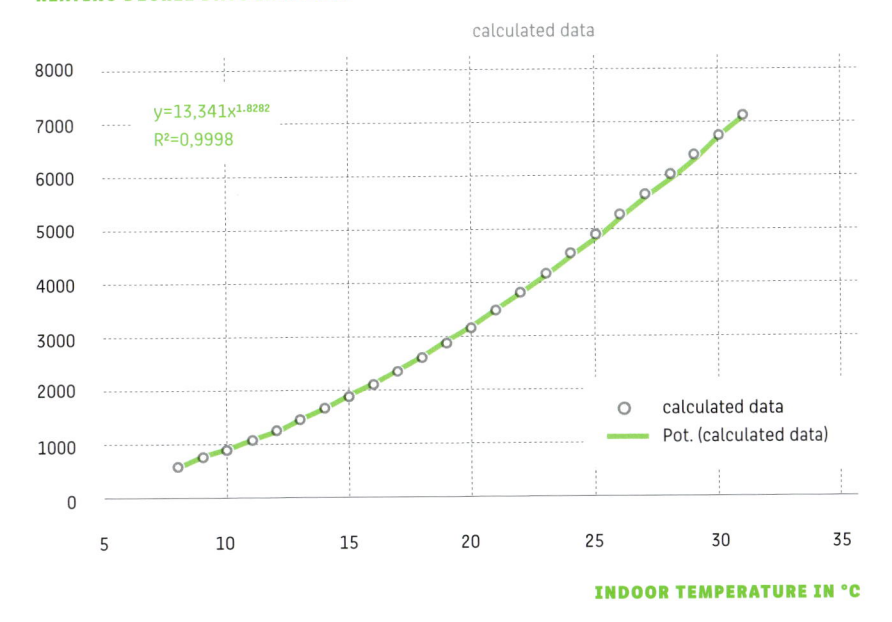

Abbildung 3: Mit den Temperaturverhältnissen von Abbildung 2 für Potsdam berechnete Heizgradtage (eigene Berechnung).

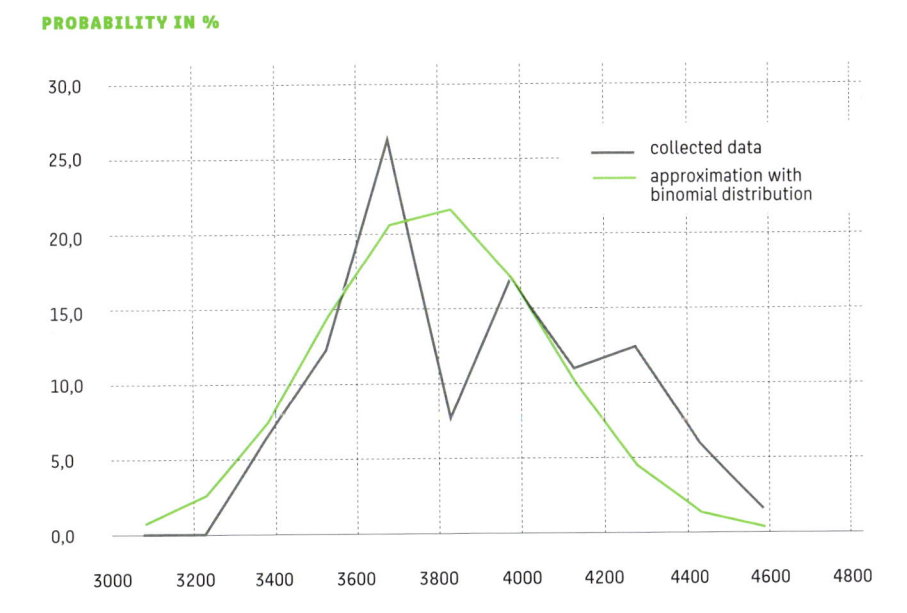

PROBABILITY IN %

Abbildung 4: Heizgradtage für Potsdam und ihre Annäherung durch eine Binomialverteilung (s.: www.modernus.de/heizgradtage/potsdam, abgerufen am 08.09.2015)

CUMULATIVE FREQUENCY IN %

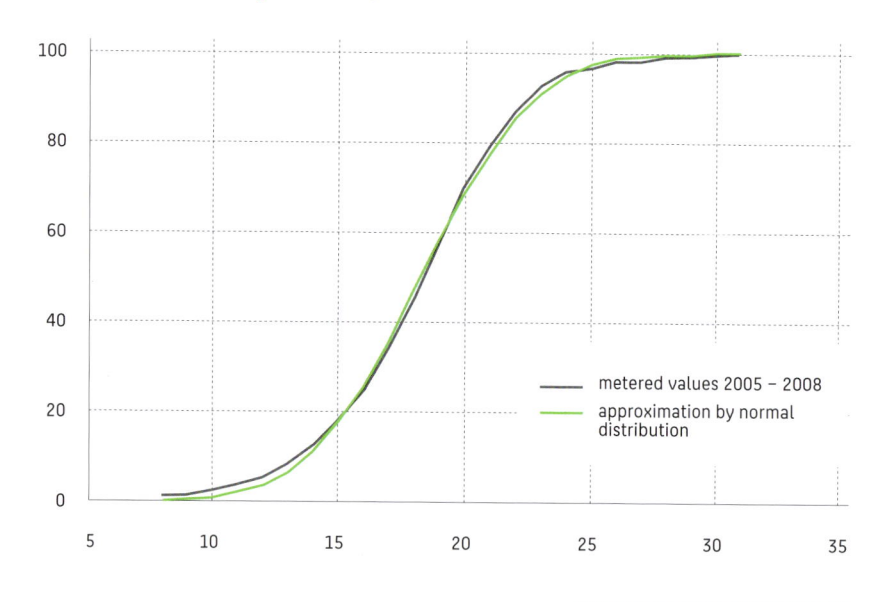

— metered values 2005 – 2008
— approximation by normal distribution

INDOOR TEMPERATURE IN °C

Abbildung 5: Gemessene Innentemperaturen in Wohngebäuden (s.: EnEV aktuell, Nr. 1, 2010).

FREQUENCY IN %

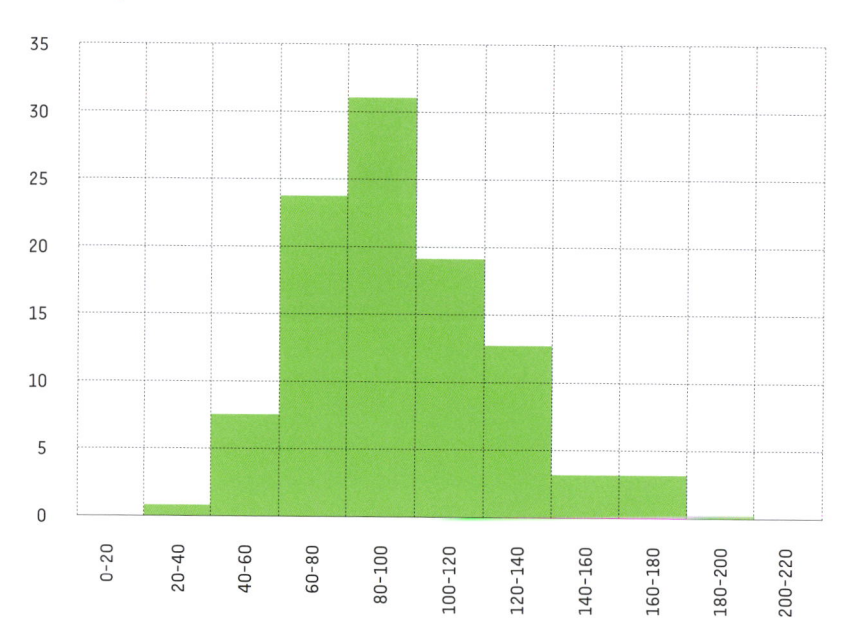

SIMULATED HEATING ENERGY DEMAND IN KWH/(M2 YEAR)

Abbildung 6: Häufigkeitsverteilung des Heizenergiebedarfs (eigene Berechnung).

Vergleicht man dies mit den in **Abbildung 1** wiedergegeben Forschungsergebnissen, so entspricht dies den Erwartungen. Es zeigt sich, dass es mit einfachen Mitteln sowie groben und für die Entwurfsplanung zu verfeinernden Modellen möglich ist, realitätsnah Heizenergiebedarfe verbraucher- und witterungsabhängig als streuende Größe zu berechnen.

ULTRAKURZE LASERPULSE FÜR DIE FERTIGUNG VON MODERNEN SOLARZELLEN

Bert Stegemann | Christof Schultz | Andreas Bartelt | Rutger Schlatmann | Frank Fink

ABSTRACT

In die Produktion von Dünnschicht-Solarmodulen werden zunehmend laserbasierte Prozesse integriert. Dabei erweisen sich insbesondere ultrakurze Laserpulse als vorteilhaft sowohl für die Materialbearbeitung als auch für die Inline-Qualitätskontrolle. In diesem Beitrag berichten wir über unsere Forschungsaktivitäten im Bereich der Lasertechnologien für die Photovoltaik. Dabei wurden laserbasierte Strukturierungsschritte für die elektrische Verschaltung von modernen Dünnschichtsolarzellen entwickelt und etabliert, neuartige Verschaltungskonzepte realisiert, plasmadiagnostische Analysemethoden integriert und Simulationsrechnungen zum Verständnis der Laser–Material-Wechselwirkungen durchgeführt.

1. EINFÜHRUNG

Ultrakurzpulslaser mit Pulsdauern im Pikosekunden- bis Femtosekundenbereich werden zunehmend integraler Bestandteil moderner industrieller Fertigungsprozesse. Mit dem berührungslosen Einbringen hochenergetischer Laserpulse lassen sich Werkstoffe schnell, flexibel, präzise und in hoher Stückzahl bohren, schneiden, fräsen oder strukturieren. Aufgrund der ultrakurzen Wechselwirkungszeiten sowie der extrem hohen Intensitäten können thermische Einflüsse während der Laser-Materie-Wechselwirkung drastisch reduziert werden. Diese „kalte" Materialbearbeitung minimiert wärmebedingte Nebenwirkungen (z. B. Degradationen in den Randzonen) und ermöglicht so die Herstellung präziser Strukturen im Mikrometer- und Nanometerbereich. In den letzten Jahren führten der technologische Fortschritt (Strahlqualität, Intensität, Präzision, Zuverlässigkeit, Durchsatz) sowie drastische Senkungen der Investitionskosten zu verstärkten industriellen Anwendungen. In der Dünnschicht-Photovoltaikindustrie ermöglichen Laser eine integrierte Serienverschaltung, die die Dünnschicht-Module erheblich verbessert und die Herstellungskosten reduziert.

Dünnschicht-Photovoltaikmodule bestehen typischerweise aus einer Abfolge dünner Schichten, die auf einem Trägermaterial, wie Glas oder Folie, abgeschieden werden. Dabei besteht der Schichtstapel aus einer aktiven Schicht, die in zwei elektrisch leitende Schichten eingebettet ist **[siehe Abbildung 1]**. Eine Strukturierung der Dünnschichtmodule in eine Serie von Zellen ist notwendig, um die elektrischen Verluste zu minimieren. Diese Strukturierung beinhaltet die selektive Ablation von sehr feinen Linien in den dünnen Schichten, so dass leitfähige Verbindungen zwischen Front- und Rückkontakt entstehen, während die dabei entstandenen einzelnen

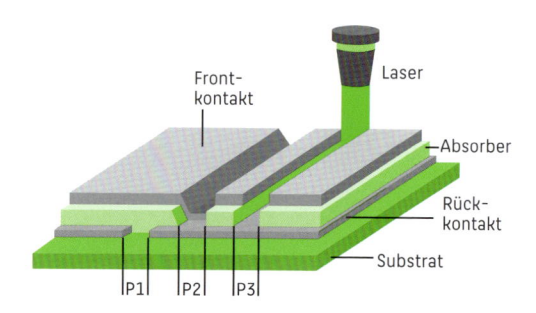

Abbildung 1: Schematische Darstellung der monolithischen Serienverschaltung eines Dünnschicht-Solarmoduls mit den drei Strukturierungsschritten P1, P2 und P3.

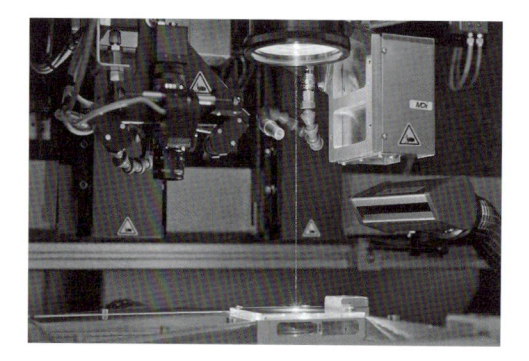

Abbildung 2: Ansicht der Laser-Strukturierungsanlage. Die Laserpulse treffen von oben auf die zu bearbeitende Solarzelle, die sich auf dem x-y-Achssystem befindet.

Solarzellen elektrisch voneinander isoliert sind. Wie in **Abbildung 1** gezeigt, sind drei Strukturierungsschritte, bezeichnet mit P1, P2 und P3, im Wechsel mit der Schichtabscheidung notwendig, um die Solarzellen zu trennen und die sogenannte monolithische Serienverschaltung durchzuführen. [1]

Typischerweise werden in der industriellen Fertigung von Dünnschicht-Si- und auch CdTe-Modulen diese drei Strukturierungsschritte mittels Laser durchgeführt. Von besonderem Interesse sind aktuell jedoch Chalkopyrit (Cu(In,Ga)Se$_2$ bzw. CIGSe)-Solarzellen, die derzeit mit 22,6 % den höchsten Wirkungsgrad aller Dünnschicht-Konzepte aufweisen, als auch Metall-Halogenid-basierte Perowskit-Solarzellen, deren Wirkungsgrad innerhalb kürzester Zeit von 3,8 % auf über 22 % und damit in den Bereich etablierter Technologien gesteigert werden konnte. Derzeit verfolgen hier die Modulhersteller das Ziel, die konventionelle mechanische Strukturierung mittels Nadeln durch kontaktlose Laserbearbeitung zu ersetzen, um u. a. eine höhere Präzision, höhere Produktionsgeschwindigkeiten und bessere Solarzellen-Wirkungsgrade realisieren zu können. Beide Materialien zeigen jedoch eine hohe Wärmeempfindlichkeit, die die Laserstrukturierung erschwert. [2] Diese Anforderungen machen den Einsatz ultrakurzer Laserpulse unerlässlich, um unerwünschte thermische Einflüsse zu minimieren und eine zuverlässige Prozesskontrolle zu gewährleisten. In diesem Artikel zeigen wir beispielhaft, wie durch den Einsatz von ultrakurzen Laserpulsen die Strukturierung von Dünnschicht-Solarzellen verbessert und wie die Methode der Laserinduzierten Plasmaspektroskopie (LIBS) zur Prozesskontrolle eingesetzt werden kann.

2. DIE HTW-LASERLABORE

Für die Bearbeitung der vielfältigen Fragestellungen stehen sowohl in den HTW-Laserlaboren im Kompetenzzentrum für Dünnschicht- und Nanotechnologie für Photovoltaik Berlin (PVcomB) in Berlin-Adlershof als auch am HTW-Campus Wilhelminenhof eine Vielzahl von Lasern unterschiedlicher Wellenlänge, Pulsdauer und Intensität zur Verfügung. Hervorzuheben ist die flexible Laser-Strukturierungsanlage für die Verschaltung von Dünnschicht-Solarzellen mit den Prozessschritten P1, P2 und P3 **[siehe Abbildung 2]**. Neben der erprobten Strukturierung mit Nadelritzern oder Nanosekunden-Laserpulsen kann die Strukturierung mit

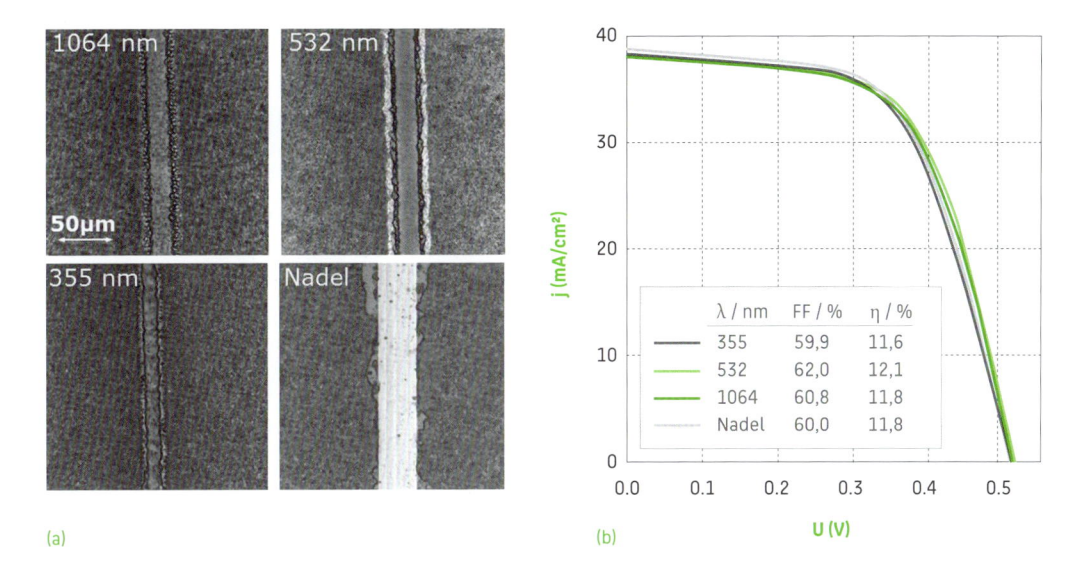

Abbildung 3: (a) Mikroskopische Aufnahmen von P2-Gräben in einer CIGSe-Schicht erzeugt mit Pikosekundenpulsen unterschiedlicher Wellenlänge (1064, 532, 355 nm) sowie mit einer Nadel. (b) Strom-Spannungs-Kennlinien der zugehörigen Solarzellen, die sich nur in der Art der P2-Strukturierung unterscheiden. Angeben ist der Wirkungsgrad η und der Füllfaktor FF.

ultrakurzen Pikosekunden-Laserpulsen erforscht werden. Das Pikosekunden-Lasersystem emittiert Laserstrahlung mit Wellenlängen von 1064 nm (infrarot), 532 nm (grün) und 355 nm (blau) bei mittleren Leistungen bis 15 W sowie Pulsdauern < 12 ps. Zusätzlich ist ein Nanosekunden-Laser mit einer Wellenlänge von 532 nm sowie einer Laserleistung bis 2 W integriert. Die Strukturierungsanlage beinhaltet ein hochpräzises x-y-Achssystem mit einer Wiederholgenauigkeit von ±5 µm und Achsengeschwindigkeiten von bis 1,2 m/s. Die motorische z-Positionierung erfolgt mit einer Auflösung von 1 µm. Zur weiteren Minimierung der thermischen Einflüsse bei der Materialbearbeitung als auch für spektroskopische Anwendungen soll die Anlage durch einen Femtosekunden-Laser erweitert werden.

3. LASERSTRUKTURIERUNG ZUR FERTIGUNG VON DÜNNSCHICHT-SOLARMODULEN

Die P2-Laserstrukturierung der CIGSe-Absorberschicht wurde erfolgreich und in hoher Qualität mit 12 ps-Pulsen durch direkte Multispot-Ablation mit unterschiedlichen Wellenlängen (1064 nm, 532 nm, 355 nm) bei relativ hohen Vorschubgeschwindigkeiten von bis zu 1 m/s erreicht. Die Ergebnisse sind in den mikroskopischen Aufnahmen in **Abbildung 3a** dargestellt. Zum Vergleich ist das

[1] B. Stegemann, F. Fink, H. Endert, M. Schüle, C. Schultz, V. Quaschning, J. Niederhofer, H.U. Pahl, Novel concept for laser patterning of thin film solar cells, Laser Technik Journal, 9 (2012) 25–29.

[2] C. Schultz, M. Schuele, K. Stelmaszczyk, M. Weizman, O. Gref, F. Friedrich, C. Wolf, N. Papathanasiou, C. Kaufmann, B. Rau, Laser-induced local phase transformation of CIGSe for monolithic serial interconnection: Analysis of the material properties, Solar Energy Materials and Solar Cells, 157 (2016) 636–643.

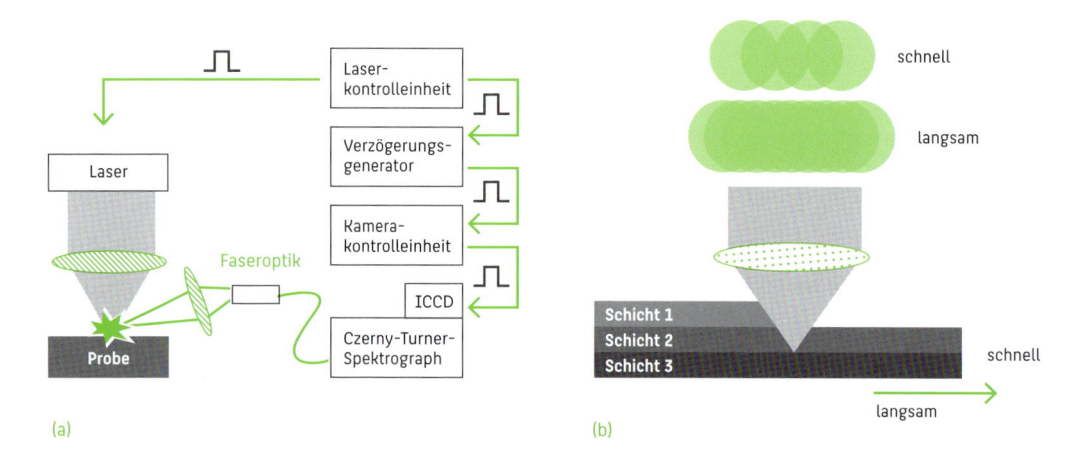

Abbildung 4: (a) Experimenteller Aufbau der laserinduzierten Plasmadiagnostik. (b) Der selektive Schichtabtrag wird durch eine Anpassung der Vorschubgeschwindigkeit bei konstanter Wiederholrate des Lasers erreicht.

Ergebnis einer mechanischen Strukturierung per Nadel gezeigt, in dem ein Abplatzen der Schicht an den Grabenrändern und Delaminationen offensichtlich sind. In allen Fällen der Laserbearbeitung sind ein hoher Spotüberlapp von > 99 % und eher geringe Laserfluenzen von < 0,5 J / cm^2 verwendet worden, um gleichförmige und homogene Strukturen mit konstanter Breite (< 40 µm) herzustellen. In Bezug auf die gesamte eingetragene Laserfluenz konnten breite Prozessfenster für alle drei Wellenlängen etabliert werden, die stabile und reproduzierbare Bearbeitungsprozesse gewährleisten. Die Ergebnisse der elektrischen Charakterisierung dieser Solarzellen – die sich nur in der für den P2-Schritt verwendeten Laserwellenlänge unterscheiden – können aus den in Abbildung 3b gezeigten Strom-Spannungs-Kennlinien abgelesen werden. Es ist zu erkennen, dass der Pikosekunden-Laser mit allen drei Wellenlängen konkurrenzfähig gegenüber der konventionellen Nadelstrukturierung ist, wobei der beste Wirkungsgrad als auch der beste Füllfaktor bei einer Laserwellenlänge von 532 nm erreicht werden. [3]

4. PLASMASPEKTROSKOPIE ZUR PROZESSKONTROLLE

Um den Erfolg der Laserbearbeitung während des Prozesses beurteilen zu können und ggf. die verwendeten Laser-Prozessparameter über eine Feedback-Schleife nachregeln und optimieren zu können, sind spektroskopische Methoden notwendig, die mit hoher zeitlicher und guter räumli-

[3] B. Stegemann, M. Schule, C. Schultz, K. Stelmaszczyk, M. Weizman, C. Wolf, C.A. Kaufmann, B. Rau, R. Schlatmann, F. Fink, Electrical and structural functionality of CIGSe solar cells patterned with picosecond laser pulses of different wavelengths, in: Photovoltaic Specialist Conference (PVSC), 2015 IEEE 42nd, 2015, pp. 1–4.

[4] K. Stelmaszczyk, C. Schultz, M. Schüle, M. Weizman, R. Witteck, B. Stegemann, F.U. Fink, In-line Inspection of P1-P3 Scribes in CIGS Solar Cell Substrates by using Laser Plasma Spectroscopy, in: CLEO: Applications and Technology, Optical Society of America, 2013, pp. ATh5A. 4.

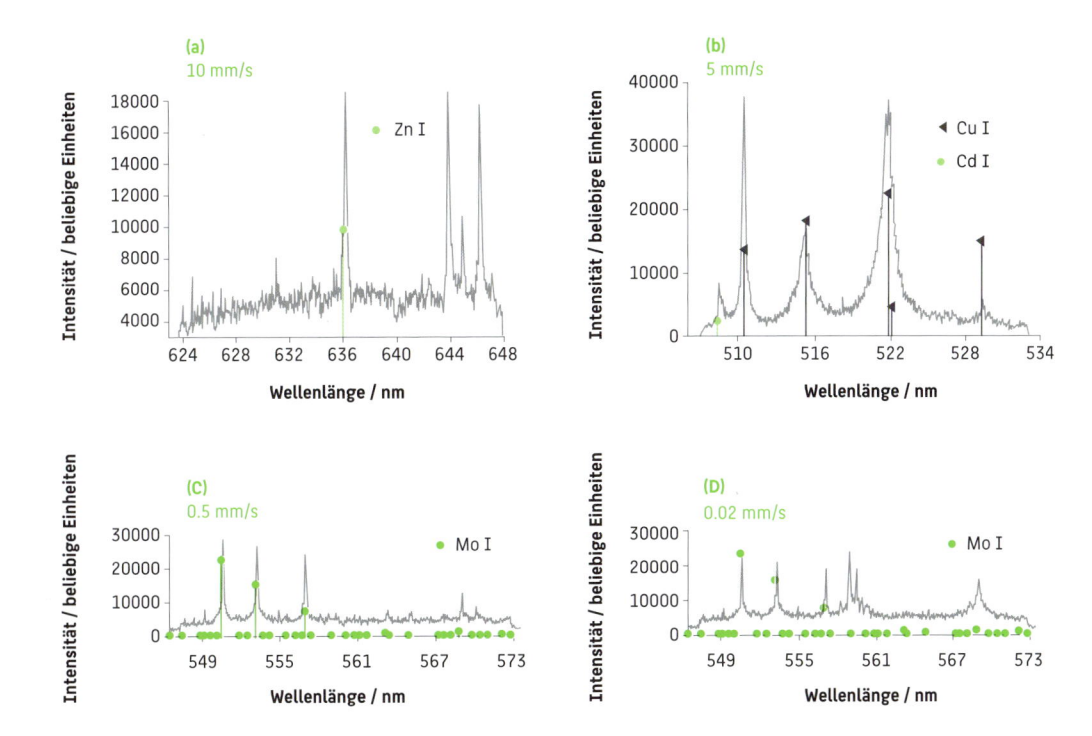

Abbildung 5: Spektren der Elemente (a) Zn, (b) Cd, Cu, (c) Mo und (d) Mo, Na (Glassubstrat) einer CIGSe-Probe für verschiedene Vorschubgeschwindigkeiten bei der Bearbeitung mit Pikosekunden-Laserpulsen und einer Wellenlänge von 532 nm.

cher Auflösung das abgetragene Material analysieren und quantifizieren können. Diese Möglichkeiten bietet die Laserinduzierte Plasmaspektroskopie (Laser-Induced Breakdown Spectroscopy, LIBS), die daher für die hier vorgestellten Untersuchungen eingesetzt und erprobt wurde. LIBS liefert anhand des spektral und zeitlich aufgelösten Lichts, das durch die Anregung mit dem Laser vom entstehenden Plasma ausgesandt wird, Informationen über die atomare Zusammensetzung des untersuchten Schichtsystems. Damit ist es möglich, tiefenselektive Aussagen über den Ablationsprozess zu erhalten. Der experimentelle Aufbau ist in der **Abbildung 4a** dargestellt. Der Laserpuls erzeugt bei der Wechselwirkung mit der Schicht ein Plasma, dessen Strahlung mit Hilfe einer Faseroptik auf einen Spektrographen geleitet und spektral aufgelöst mit einer ICCD-Kamera aufgezeichnet wird. [4] Die in der Plasmastrahlung enthaltenen Atomemissionslinien sind Indikatoren für die in der Schicht enthaltenen Atome. Dabei kommt es zum selektiven Schichtabtrag **[siehe Abbildung 4b]**.

In **Abbildung 5** sind tiefenabhängige Spektren einer CIGSe-Solarzelle mit einer 30 nm dünnen CdS-Pufferschicht, einem 1 μm ZnO:Al-Frontkontakt und einem 800 nm Molybdän-Rückkontakt gezeigt, die mit abnehmenden Vorschubgeschwindigkeiten aufgenommen wurden. [4] Bei konstanter Wiederholrate des Lasers konnten durch die Variation der Vorschubgeschwindigkeit tiefenselektive Informationen erhalten werden. Die Spektren enthalten Signale der für die einzelnen Schichten charakteristischen Elemente.

Bei hoher Vorschubgeschwindigkeit wird nur die oberste (ZnO:Al-)Schicht bearbeitet, und es kann das Zn-Spektrum identifiziert werden **[Abbildung 5a]**. Eine schrittweise Verringerung der Vorschubgeschwindigkeit führt erst zum vollständigen Abtrag der ZnO:Al-Schicht und anschließend zur Bearbeitung der darunterliegenden CdS-Pufferschicht und CIGSe-Absorberschicht. Dies äußert sich im Spektrum durch die charakteristischen Linien der Cd- und Cu-Atome **[Abbildung 5b]**. Wird die Vorschubgeschwindigkeit so gering gewählt, dass auch diese Schichten komplett abgetragen werden, treten die Signale von Molybdän aus dem Rückkontakt auf **[Abbildung 5c]**, sowie dann auch vom Natrium, das bekanntermaßen im Glassubstrat (Natronkalkglas) enthalten und von dort aus in das Schichtsystem diffundiert **[Abbildung 5d]**.

Die Ergebnisse zeigen, dass die LIBS-Methode zur Analyse der Elemente in den verschiedenen Schichtsystemen geeignet ist und als voll funktionsfähige Inline-Steuerung verwendet werden kann. Auch wenn die vertikale Auflösung durch die Erfassung der integralen spektralen Information über alle Schichten begrenzt ist, besticht das Verfahren durch die leichte experimentelle Umsetzbarkeit.

5. ZUSAMMENFASSUNG UND AUSBLICK

Am Beispiel der Strukturierung von CIGSe-Dünnschicht-Solarzellen wurde gezeigt, dass laserbasierte Materialbearbeitung mit ultrakurzen Pulsen im Pikosekunden-Bereich höchste Präzision und exzellente Reproduzierbarkeit bietet und somit konventionelle Technologien im Produktionsprozess ersetzen kann. Die laserinduzierte Plasmaspektroskopie ist geeignet, um elementspezifische und quantitative Information über den Ablationsprozess in nahezu Echtzeit zu erhalten. Damit steht ein Feedback-Signal zur Verfügung, das nach Implementierung in den Herstellungsprozess eine Qualitätssicherung des Laserbearbeitungsprozesses und damit letztendlich eine Kostensenkung durch Effizienzsteigerung ermöglicht. Dieses Verfahren zur Mikromaterialbearbeitung ist hochflexibel, vielseitig und computergestützt ansteuerbar, und damit voll integrierbar in automatisierte Produktionsprozesse, bei denen die hochpräzise Produktion von Bauteilen und Strukturen im Mikrometerbereich (z. B. Halbleiter-Schichtsysteme, integrierte Sensoren, Mikroelektronik, Medizintechnik, spröde Keramiken, Glas) im Vordergrund stehen.

DANKSAGUNG

Wir danken den Projektmitarbeitern Manuel Schüle und Kamil Stelmaszczyk sowie Christian Wolf und Christian A. Kaufmann vom PVcomB für die Unterstützung bei den Experimenten. Die Arbeiten werden vom Bundesministerium für Bildung und Forschung (BMBF) und der Landesregierung von Berlin (SENBWF) im Rahmen des Programms „Spitzenforschung und Innovation in Den Neuen Ländern" (Projekt 03IS2151C) unterstützt.

SMART TECH NOLO

IT-Sicherheit in der Gebäudeautomation **214**

ProWear: Industry – APITs & Wearables **222**
in der Industrie von morgen

Smarte Wäschepflege – Ressourcenschonung **228**
und Zusatznutzen für Konsumenten durch Digitalisierung
von Textilien

IT-Sicherheit in der Gebäudeautomation

Nils T. Siebel

ABSTRACT

Die IT-technische Absicherung von Gebäudeautomationsanlagen gegen Hackerangriffe hat keine Tradition. Moderne Systeme und neue Interessen der Angreifer machen dies jedoch nötig. Langsam entwickeln Verbände wie VDMA und AHSRAE Standards zur Absicherung, die jedoch von der Industrie nur zögerlich angenommen werden. In diesem Artikel werden die neuen Anforderungen durch Angreifer und Standards diskutiert sowie Ideen zur Umsetzung und Weiterentwicklung aufgezeigt.

1. EINLEITUNG

Die Gebäudeautomation befasst sich mit der automatischen Überwachung, Steuerung und Regelung von Gebäudetechnik. Sensoren und Aktoren kommunizieren mit einer Steuerungseinheit oder direkt miteinander, um Schalt- und Regelvorgänge im Bereich Beleuchtung, Heizung/Lüftung/Klima (HLK) oder Überwachungsvorgänge wie die Aufnahme von Messdaten, beispielsweise von Energieverbräuchen, zu bewerkstelligen.

In der Vergangenheit waren solche Gebäudeautomationssysteme häufig nicht oder nur eingeschränkt interessant für Hacker. Dies hat sich aufgrund der technologischen und politischen Entwicklung grundlegend verändert, wodurch nun Aspekte der IT-Sicherheit auf die Gebäudeautomation übertragen werden müssen, um diese Systeme sicher zu halten.

1.1 Entwicklungen in der Gebäudeautomation
Netzwerke in der Gebäudeautomation (GA) wurden auf der untersten Ebene in der Regel entweder dezentral durch Bussysteme wie EIB/KNX und LON oder durch direkte Anbindung an ein zentrales CPU-Element wie eine Speicherprogrammierbare Steuerung (SPS) realisiert. Unterschieden wurden (und werden) dabei häufig drei Ebenen:

1. Feldebene – Sensoren und Aktoren ohne eigene „Intelligenz" bzw. ohne Übersicht über mehr als sich selbst und wenige verbundene, gleichgestellte Elemente
2. Automationsebene – Realisierung von einfachen Regelungen (z. B. Heizungsregler) über das gezielte Verknüpfen von Sensordaten (z. B. Temperatursensoren) mit Aktorik (z. B. einem Ventil) mit „Intelligenz" in Form eines Reglers (z. B. PID)
3. Managementebene – Hier werden die Daten aus verschiedenen Automationsgeräten zusammengefasst, angezeigt und über die Zeit hinweg aufgezeichnet. Je nach System ist auch ein Eingriff möglich (Bedienung, Alarmierung) – Gebäudeleittechnikebene

Während die Verbindungen zwischen den ersten beiden Ebenen und innerhalb der Feldebene durch Bussysteme wie EIB/KNX, LON, Modbus, M-Bus, MP-Bus, einfache Normsignale für analoge Werte (0-10V, 1-10V, 0-20mA, 4-20mA) oder binäre Steuersignale (Schutzkleinspannung, oft 5V oder 24V) realisiert werden, wird von der Auto-mationsebene an „aufwärts" IP-Netzwerktechnik verwendet.

Mit dem Einzug schneller und billiger Chips sind mehr Geräte als jemals zuvor netzwerkfähig und kommunizieren auf und mit der Automations- und Managementebene, darunter IP-fähige Bediengeräte mit Anbindung an OPC- und Datenbankserver sowie Webinterfaces. Anforderungen an Energiemanagement (vgl. DIN EN 15232 und DIN V 18599) und Fernwartung bedeuten auch, dass immer häufiger von außen – oft per Internet – auf Daten und Geräte zugegriffen werden muss, die sich in der Automations- oder Feldebene befinden.

1.2 Entwicklungen in der Hackerszene
Parallel dazu fand in den letzten Jahrzehnten ein Wandel in der Szene der Hacker statt. War es früher eher so, dass besonders intelligente und geschickte Jugendliche Computersysteme angriffen, sind es heute vermehrt wenig bis mittelmäßig technisch versierte Verbrecher, die in Onlineforen fertige Hackersoftware kaufen und damit für schnelles Geld Angriffe tätigen – beispielsweise mit Erpressungstrojanern, die Dateien, Datenbanken und Computer für die eigentlichen Besitzer unzugänglich machen und erst gegen Lösegeld wieder freigeben. In der jüngeren Vergangenheit sind auch viele Betriebe wie Kliniken und Produktionsfirmen solchen Angriffen zum Opfer gefallen.

Ein weiterer finanzieller Gewinn für verbrecherisch tätige Hacker wird erreicht durch den Angriff auf einzelne Einrichtungen (Websites, Server, Internet-Infrastruktur) mit Hilfe von verteilten Angriffen (DDoS), die entweder der Konkurrenz finanziell nützen, unbequemen „Gegnern" schaden oder wiederum eine Erpressung ermöglichen. Dafür werden verstärkt IP-fähige autonome Geräte, d. h. Router, IP-Kameras, SPSen und andere verwendet – Stichwort „Internet of Things" („IoT").

Gleichzeitig gibt es immer mehr „state sponsored hacking", das heißt, Hackerangriffe durch Regierungs- oder regierungsnahe Organisationen, die durch ausgefeilte Angriffe bereits in Atomanlagen, Stadtwerke und 2016 auch in ein deutsches Stahlwerk eingedrungen sind. Man kann davon ausgehen, dass es weitere Angriffe gibt und gab, von denen man nichts erfährt.

1.3 Schutz der Gebäudeautomationssysteme
Aufgrund der gestiegenen Anforderungen an Konnektivität auf der einen Seite und Angriffsschutz auf der anderen Seite sind auch GA-Systeme besonders gut zu schützen, um finanziellen Schaden, der für KMUs sogar existenzbedrohend sein kann, abzuwenden. In diesem Artikel werden diese Probleme vorgestellt und Lösungsansätze diskutiert.

2. SCHUTZ VON IT-SYSTEMEN DER GEBÄUDEAUTOMATION
Bei der Absicherung von IT-Systemen durch entsprechende Hard- und Software bzw. Konfigurationen sind zunächst die Ziele zu betrachten. Auf eine Analyse der Angriffspunkte folgt dann ein Plan der Gegenmaßnahmen.

2.1 Schutzziele
Folgende Aspekte werden grundsätzlich bei der Datensicherheit betrachtet und finden auch hier Anwendung:

- *Confidentiality:* Vertraulichkeit von Informationen
- *Integrity:* Unversehrtheit von Daten und Geräten
- *Availability:* deren Verfügbarkeit, wenn sie benötigt werden
- *(Origin) Authenticity:* Authentizität, d. h. die Quelle (Sender) von Daten ist überprüfbar; analog für das Ziel (Empfänger) einer Nachricht

Weitere Aspekte werden manchmal separat betrachtet, hier jedoch subsumiert. Übertragen auf die Gebäudeautomation bedeutet das beispielsweise:

- *Confidentiality:* Niemand liest die Daten mit, die zwischen Geräten oder beim Fernzugang gesendet werden – dies umfasst auch Benutzernamen und Passwörter.
- *Integrity:* Daten wie Messwerte, aber auch die Programmierung/ Parametrierung und die Firmware eines Gerätes werden nicht unberechtigt verändert

Abbildung 1: Hier kann jeder vom Internet aus die Lüftungsanlage des Hallenbades steuern.

- *Availability:* Daten und Geräte sind verfügbar bzw. arbeitsbereit. Dies wird beispielsweise durch DDoS-Angriffe, aber auch durch Defekte gestört, die ein Hacker auslösen kann (z. B. gelöschte Daten oder Programmierung, Stromausfall, Zerstörung von Anlagen, zum Absturz gebrachter oder durch DDoS überlasteter Datenbankserver)
- *(Origin) Authenticity:* Geräte kommunizieren sicher untereinander, ohne dass eine dritte Partei sich einschaltet, Daten abfängt oder verändert (vgl. Man-in-the-Middle-Angriff).

2.2 Angriffspunkte in der Gebäudeautomation

Gebäudeautomationssysteme sind direkt dort angreifbar, wo eine Schnittstelle in das Internet besteht, sei es durch ein Management-/Konfigurationsinterface oder eine direkte Datenanbindung (z. B. BACnet/IP). Fehlende Authentifizierung bedeutet, dass jeder Internetnutzer auf die Schnittstellen zugreifen kann. Das einfache „Geheimhalten" der Existenz eines solchen Zugangs ist zwecklos, denn es gibt Dienste, die das Internet automatisiert und fast vollständig nach offenen Schnittstellen aller Art durchsuchen. Eine solche Suchmaschine ist Shodan. Diese liefert aktuell beispielsweise:

- 3189 x Step 7 – Speicherprogrammierbare Steuerungen (SPSen) von Siemens
- 12381 x BACnet/IP – Gebäudemanagementsysteme
- 21830 x Modbus – Schnittstellen für Daten z. B. zwischen Sensoren und Aktoren
- 29401 x Tridium Niagara – ein nordamerikanisches GA/IoT-System
- 27823 x Ethernet/IP – Industriekommunikationsschnittstelle
- 1499 x CoDeSys (SPS-Programmierzugang), davon 400 in Deutschland
- 5000+ andere Automationsanlagen

Ein solches Suchergebnis führt unter anderem zu der Konfigurationsschnittstelle der Lüftungsanlage eines Hallenbades in Tirol, Österreich **[siehe Abbildung 1]**. Weitere Angriffspunkte sind:

- Physikalischer Zugriff auf die Anlage (geringe Chancen der Gegenwehr)
- Geräte der Gebäudeautomation sind in einem gemeinsamen Netz mit Bürorechnern, die über E-Mail und aus dem Internet leicht angreifbar sind
- Laptops von Wartungspersonal, auf denen Schadsoftware ist, sind temporär im GA-Netz

3. IT-SICHERHEIT NACH VDMA 24774 UND BACNET-STANDARD

Ansätze zur Abwehr von Angriffen auf Komponenten der Gebäudeautomation stammen aus der traditionellen IT-Sicherheit. Erst in jüngerer Zeit gibt es speziell abgestimmte Richtlinien, wie beispielsweise im VDMA-Einheitsblatt 24774 – „IT-Sicherheit in der Gebäudeautomation" (Juni 2016) und – etwas früher, aber selbst aktuell noch fast ohne Bedeutung in der Praxis – das Addendum g zu ANSI/ASHRAE Standard 135-2008 (Juni 2010) zur Umsetzung von Sicherheitskonzepten in BACnet-Netzwerken (BACnet ist der wichtigste herstellerneutrale Kommunikationsstandard in der Gebäudeautomation).

3.1 VDMA 24774 – IT-Sicherheit in der Gebäudeautomation

VDMA-Einheitsblatt 24774 ist eine Richtlinie zur Realisierung von IT-Sicherheit in der Gebäudeautomation. Auf 15 Seiten werden Techniken und Konzepte zur Absicherung vorgestellt, Begrifflichkeiten kurz erklärt und Lösungsvorschläge gegeben. Inhalte reichen von Passwortschutz, Updates und Netzwerkplanung hin zu Audit Trails und Fernwartung. Von einem technischen Standpunkt aus ist das Dokument zwar knapp gehalten, jedoch umfassend; eine Umsetzung würde daher eine gute Grundsicherheit zur Folge haben, die weit über die in der Praxis üblichen Standards hinausgeht.

3.2 BACnet-Sicherheit nach Addendum g zu ANSI/ASHRAE Standard 135-2008

Das Addendum g zum BACnet-Standard ist mit 118 Seiten ein deutlich umfangreicheres Werk als das VDMA-Einheitsblatt. Der Fokus ist ausschließlich auf Netzwerkkommunikation zwischen BACnet-Geräten, inklusive Programmierung und Aufspielen von Updates. Der Standard umfasst die Absicherung der Schutzziele aus 2.1, das heißt, Confidentiality, Integrity und – in geringem Maße – Availability, einschließlich Data Origin Authenticity, werden verwirklicht.

3.2.1 Confidentiality (Vertraulichkeit)

Nachrichten zwischen BACnet-Teilnehmern können verschlüsselt werden. Hierzu steht das aktuelle symmetrische Verschlüsselungsverfahren AES mit 128-Bit-Schlüsseln zur Verfügung, was bei fachgerechter Implementierung als noch sehr gut bewertet werden kann (zukunftssicherer wäre AES-256, doch dies benötigt auch mehr Rechenleistung beim Verschlüsseln).

3.2.2 Integrity (Unversehrtheit von Daten usw.)

Zur Absicherung der Unversehrtheit von versendeten Daten stehen kryptographische Hashes zur Verfügung. Diese werden wiederum mit MD5 (schlecht, da angreifbar) oder mit SHA2 mit 256 Bit (SHA-256, sehr gut) gebildet. Für zukunftssicherere Systeme sollte der Standard vielleicht noch ein weiteres starkes Verfahren wie SHA3 enthalten, denn es kommt immer wieder vor, dass sich ein Verfahren nach ein paar Jahren als unsicher herausstellt (z. B. MD5, SHA1, DES). Die Branche wiederum ist nicht für eine gute Updatekultur für Firmware bekannt, über die neue Verfahren eingespielt werden könnten.

Wenn ein weiteres Verfahren bereits in BACnet standardisiert und daher in einer zertifizierten Firmware integriert wäre, würde eine einfache Umkonfiguration durch den Errichter/Techniker ausreichen, um eine aktuelle Sicherheit wiederherzustellen.

Die Integrität von Firmware und Programmierung/Parametrierung kann dadurch realisiert werden, dass für entsprechende Änderungen vom Gerät eine signierte Nachricht verlangt wird. Dann sollte jedoch vom Hersteller mit einem zusätzlichem Verfahren auch beim Starten geprüft werden, ob die Firmware signiert und damit unverändert vom Hersteller stammt (vgl. EFI/UEFI bei PCs und Laptops).

3.2.3 Availability (Verfügbarkeit)
Auf die Verfügbarkeit von Daten und Geräten wird im Standard nicht explizit eingegangen; gegen einige Angriffe auf die Verfügbarkeit helfen jedoch bis zu einem gewissen Grad Mechanismen wie (dafür zu implementierende und aktivierende) Filter im Gerät, um nur signierte Nachrichten zu akzeptieren. Gegen physikalische Angriffe auf die Verfügbarkeit gibt es hier aufgrund der Natur der Norm keine Methoden.

3.2.4 Origin Authenticity (Prüfung der Quelle einer Nachricht)
Die Quelle einer Nachricht kann durch Signaturen, wie sie auch zur Sicherstellung der Integrität von Nachrichten verwendet werden, bis zu einem gewissen Grade abgesichert werden, ist dann jedoch nur so sicher, wie der zugrunde liegende Schlüssel im Netz eindeutig und nicht kompromittiert ist.

3.2.5 Verwaltung kryptographischer Schlüssel
Zum Management von Schlüsseln gibt es Methoden, aus der Ferne den Schlüsselsatz eines Gerätes durch neue Schlüssel zu ersetzen. Eine solche Nachricht ist dadurch geschützt, dass sie nur akzeptiert wird, wenn sie mit dem Distributionsschlüssel des Zielgerätes verschlüsselt und signiert ist. Ein neuer Distributionsschlüssel würde wiederum mit dem Masterschlüssel des Zielgerätes abgesichert, der bei der Installation oder der Herstellung des Gerätes installiert ist.

Dies schließlich kann ein offenes Problem sein: Wie stellt man die Vertraulichkeit und Unversehrtheit dieses Masterschlüssels sicher? Wenn die Geräte, wie üblich, in einem Rohbau montiert werden, können diese in der Regel nicht vor physikalischem Zugriff geschützt werden – egal, ob der Schlüssel zum Abscannen auf dem Gerät aufgedruckt ist oder er elektronisch ausgelesen werden muss – beides könnten Angreifer auch tun. Zudem würden beide Varianten bedeuten, dass jedes entsprechend geschützte BACnet-Gerät vom Errichter besucht und registriert wird, was bei der Montage an unzugänglichen Stellen (Zwischendecke, …) schlecht realisierbar ist.

Etwas besser wäre ein System, das auf asymmetrischer Kryptographie basiert, bei dem ein öffentlicher Schlüssel – etwa auf dem Gerät aufgedruckt – jedem bekannt sein darf, ohne dass dies ein Sicherheitsrisiko darstellt, und ein geheimer Schlüssel im Gerät existiert, der nicht (oder nicht einfach) ausgelesen werden kann. Zur Verschlüsselung könnten dann AES-128 Session Keys verwendet werden, wodurch man sogar Perfect Forward Secrecy erreichen könnte.

4. ZUSAMMENFASSUNG UND AUSBLICK

In diesem Artikel wurden die Sicherheitskonzepte, die aktuell in der Gebäudeautomationsbranche existieren, vorgestellt und diskutiert. Die Ansätze sind gut und können eine gewisse IT-Sicherheit durchaus herstellen, wenngleich es auch verbesserungswürdige Punkte gibt. Nun ist es an der Industrie, diese Methoden anzunehmen und einem Praxistest zu unterziehen. Dabei sollte auch auf Fachkompetenz aus der IT-Branche zurückgegriffen werden.

REFERENZEN

[VDMA] VDMA 24774:2016-06: IT-Sicherheit in der Gebäudeautomation. VDMA-Einheitsblatt, Juni 2016.

[BACnet] DIN EN ISO 16484-5, ursprünglich ANSI/ASHRAE Standard 135: A Data Communication Protocol for Building Automation and Control Networks, 2003–/1995–.

[BACnet-g] Addendum g zu ANSI/ASHRAE Standard 135.1-2009, Juni 2010.

[Shodan] Shodan Internet-Suchmaschine, https://www.shodan.io/.

[DIN V 18599] DIN V 18599: Energetische Bewertung von Gebäuden, 2011–, Vornorm 2016.

[DIN EN 15232] DIN EN 15232:2012-09: Energieeffizienz von Gebäuden, September 2016.

[IT-SichG] Gesetz zur Erhöhung der Sicherheit informationstechnischer Systeme (IT-Sicherheitsgesetz), Bundesgesetz, Änderung des BSI-Gesetzes, Juli 2015.

PROWEAR: INDUSTRY – APITS & WEARABLES IN DER INDUSTRIE VON MORGEN

Carsten Busch | Martin Steinicke | André Selmanagić

ABSTRACT

Industrie 4.0 und IoT sind in aller Munde. Doch wie interagieren Menschen mit Maschinen? Wie kann die Datenflut entsprechend Ort/Kontext aufbereitet und kommuniziert werden? Die Lösung sind tragbare Computer – als SmartPhone, aber auch in Kleidung und Accessoires integriert. Der Beitrag stellt die Potenziale von Applied Interactive Technologies (APITs) und insbesondere Wearables im Industriekontext vor. Hierbei wird auch auf die Forschungs- und Entwicklungsaktivitäten der HTW Berlin innerhalb des Anwendungszentrums „creative Applied Interactive Technologies" sowie im – durch das Zentrale Innovationsprogramm Mittelstand geförderten – Netzwerk „ProWear" eingegangen.

EINFÜHRUNG

Industrie 4.0, das „Internet of Things" (IoT) und die zunehmende Digitalisierung aller Industriezweige bieten eine Fülle an Chancen, jedoch auch Herausforderungen, die es zu bewältigen gilt. Maschinen, Sensoren und Geräte sind untereinander vernetzt, teilen Informationen und beeinflussen sich wechselseitig. Die Rolle des Menschen ist dabei stark situationsabhängig. Das Spektrum erstreckt sich von Technologie als Unterstützung menschlicher Arbeiter über Technologie und Mensch als (fast) gleichberechtigte Partner bis hin zu (teil-)autonomen Systemen, in denen der Mensch nur noch eine kontrollierende Position einnimmt. Die Kommunikation zwischen Mensch und Maschine(n) bleibt jedoch über die Gesamtbreite dieses Spektrums hinweg ein zentrales Thema: Wie schafft man eine reibungslose gegenseitige Wahrnehmung und Verständigung bei der Zusammenarbeit von Robotern und Menschen? Wie können die Daten von IoT-Geräten aufbereitet und präsentiert werden, um Fabrikarbeiter aktiv zu unterstützen?

An der HTW Berlin bewegt sich die Forschungsgruppe Creative Media unter der Leitung von Prof. Dr.-Ing. Carsten Busch mit ihren Tätigkeiten in dem breiten Spannungsfeld zwischen interaktiven Medien, Lernkulturen, Marken und innovativen Technologien. In den Konzepten und Lösungen, die hier für die Kooperationspartner aus verschiedensten Branchen entwickelt werden, kommen dabei häufig Konzepte und Technologien aus dem Bereich digitaler Spiele zur Anwendung. Als „Applied Interactive Technologies" stellen diese einen möglichen Lösungsansatz für die Herausforderungen der Industrie von morgen dar.

APPLIED INTERACTIVE TECHNOLOGIES (APITS)
Im Rahmen der Gamification haben Spielkonzepte bereits ihren Weg in spielferne Industrien und Kontexte gefunden. [1-3] Neben Mechaniken und Konzepten gibt es jedoch auch ein breites Spektrum an nutzbaren Spieletechnologien, welche aber noch nicht in gleichem Maße außerhalb des Spielesektors angewandt werden. Das Potenzial dieser Technologien, die wir als „Applied Interactive Technologies" oder kurz APITs bezeichnen, wird gegenüber Gamification aktuell vergleichsweise gering ausgeschöpft. Doch welche Technologien kommen überhaupt als mögliche APITs in Betracht?

Stets entstehen neue (Problem-)Kontexte und Technologien, während sich das Potenzial und die Anwendungsbereiche einzelner Technologien innerhalb ihres Lebenszyklus verändern. Folglich ist es nicht praktikabel, eine abschließende Liste von Technologien zu erstellen, die innerhalb von Nicht-Spielekontexten angewandt werden können. Daher schlugen die Autoren eine Definition von APITs vor, [3] welche wie folgt übersetzt werden könnte:

„Applied Interactive Technologies bezeichnen Hard- und Software-Technologien aus dem Bereich der Spiele und Consumer Electronics (Endkonsumentenelektronik), die einzeln oder in Kombination – häufig konträr ihres ursprünglichen Einsatzzwecks – für die Lösung eines Problems

[1] Kapp, K. M. (2012). The Gamification of Learning and Instruction. Game-based Methods and Strategies for Teaching and Education. San Francisco: John Wiley and Sons.

[2] Burke, B. (2014). Gamify: How Gamification Motivates People to Do Extraordinary Things. Boston, Bibliomotion.

[3] Busch, C. & Steinicke, M. (2017). Gamification vs Applied Interactive Technologies – Distinctions and Mappings. Spielräume: Facetten von GAMIFICATION in Unternehmen und Weiterbildung, Flying Kiwi Verlag.

[4] Glockner, H., Jannek, K., Mahn, J., & Theis, B. (2014). Augmented Reality in Logistics: Changing the way we see logistics–a DHL perspective. DHL Customer Solutions & Innovation.

[5] ProGlove (2017). 1st smart glove for industries. Abgerufen am 01.03.2017 von http://www.proglove.de.

[6] Bechtle AG (2016). Bechtle startet Einsatz von Smart Glasses. Abgerufen am 21.03.2017 von http://www.bechtle.com/presse/meldungen/archiv/2016/bechtle-startet-einsatz-von-smart-glasses.

[7] RMIT University (2015). Stretchy sensors can detect deadly gases and UV radiation. Abgerufen am 21.03.2017 von http://www.rmit.edu.au/news/all-news/2015/november/stretchy-sensors-can-detect-deadly-gases-and-uv.

[8] Busch, C. (Ed.) (2015). Inside Creative Media – Werkstattbericht. Glückstadt: Hülsbusch, W.

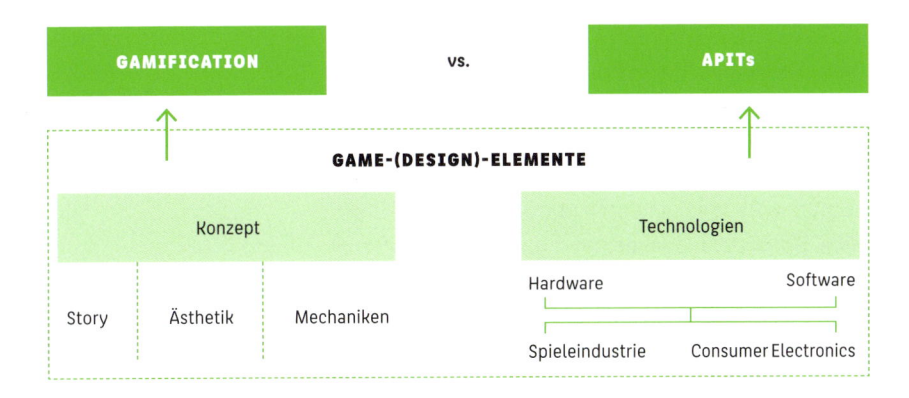

```
     GAMIFICATION              vs.              APITs
              ↑                                   ↑
     ┌─────────────── GAME-(DESIGN)-ELEMENTE ───────────────┐
     │  ┌──── Konzept ────┐      ┌──── Technologien ────┐   │
     │                            Hardware      Software    │
     │  Story  Ästhetik  Mechaniken                         │
     │                            Spieleindustrie  Consumer Electronics │
     └──────────────────────────────────────────────────────┘
```

Abbildung 1: Synthese von Applied Interactive Technologies.

oder die Bedienung eines Anwendungsfalls in einem Nicht-Unterhaltungskontext genutzt werden können."

Insbesondere Wearables wie SmartWatches – die als Unterkategorie von Consumer Electronics betrachtet werden können – bieten als Technologien im Sinne von APITs großes Potenzial in der Industrie von morgen.

APITS IN DER INDUSTRIE VON MORGEN

Im Kontext von Industrie 4.0 und im Zuge der alle Branchen durchziehenden Digitalisierung eröffnet die Anwendung von APITs im industriellen Sektor ein großes ökonomisches Potenzial. Erste Pilotprojekte wie die Logistikunterstützung durch AR-Brillen der DHL-Group[4] oder der ProGlove[5] – ein Handschuh mit integriertem Barcode-Scanner – demonstrieren bereits das Potenzial (bestimmter) Wearables.

Der Einsatz von SmartGlasses ist in Deutschlands größtem IT-Systemhaus Bechtle bereits heute Realität. Zusammen mit der „SAP AR Warehouse Picker"-App ersetzen die Datenbrillen den Handheldscanner und erlauben den Lagerarbeitern, die (Bar-)Codes blickgeführt zu scannen. Die nun freien Hände und die schrittweise digitale, sprachgesteuerte Führung durch den Kommissionsvorgang im Sichtfeld des Benutzers erlauben eine effiziente, intuitive und fehlerfreie Durchführung der sonst manuell gesteuerten Vorgänge.[6]

Neben Maßnahmen zur Effizienzsteigerung haben Wearables zudem das Potenzial, die Sicherheit an (hochriskanten) Arbeitsplätzen zu erhöhen. Forscher der RMIT University in Australien haben beispielsweise kostengünstige, pflasterartige Sensoren entwickelt, die UV-Strahlen und giftige bzw. explosive Gase erkennen können. In Fabriken und Raffinerien können diese helfen, die Arbeiter frühzeitig vor Gefahren zu warnen.[7]

An der HTW Berlin wird ebenfalls zu APITs und Wearables in der Industrie von morgen geforscht und entwickelt. Die Forschungsgruppe Creative Media hat beispielsweise in Kooperation mit der X-Visual GmbH einen Prototyp erstellt, welcher die Durchführung und Dokumentation von

Wartungsarbeiten in der Industrie erleichtert. Dabei versorgt ein Head-Mounted-Display in Form einer Datenbrille den Arbeiter mit Informationen über die zu wartende Maschine (bspw. die Wartungsprozedur, Wartungshistorie sowie Soll- und Kontrollwerte) und erlaubt ihm so, die notwendigen Arbeitsschritte freihändig durchzuführen. Mithilfe von Näherungssensorik, bspw. NFC-Tags oder Bluetooth Beacons, kann die Datenbrille zudem automatisch die aktuell zu wartende Maschine identifizieren. [8]

[9] Geokomm (2017). Kooperationsnetzwerk ProWear. Abgerufen am 01.03.2017 von http://www.geokomm.de/prowear.html.

AKTUELLE FORSCHUNG UND ENTWICKLUNG AN APITS UND WEARABLES DURCH CREATIVE MEDIA

Die von der Forschungsgruppe Creative Media initiierte Veranstaltungsreihe „Innovationsforum Interactive Technologies" (2015) beschäftigte sich mit diversen Aspekten von APITs und deren Anwendung. Ziel war es, das Potenzial von APITs auszuloten, existierende Forschung zu dem Themenfeld zu unterstützen, neue Anwendungsfelder zu finden sowie die Nutzung von APITs in den unterschiedlichen Geschäftsfeldern voranzubringen. Vertreter aus Unternehmen und Industrie trafen sich mit Spieleentwicklern zum Erfahrungsaustausch und zur Entwicklung neuer Anwendungsfälle für APITs. Aus den Diskussionen und Workshops entsprangen unterschiedlichste, kreative Vorschläge, welche die stetigen Veränderungen von Arbeits-, Lern-, und Lebensbedingungen innerhalb einer modernen Gesellschaft adressieren. Industrie, Dienstleistung und private Lebensräume sind dabei gleichermaßen geeignete Anwendungsfelder interaktiver Technologien. Auf dem Erfolg des Innovationsforums aufbauend, gründete die Forschungsgruppe Creative Media kürzlich das Anwendungszentrum „creative Applied Interactive Technologies", kurz cAPITs. Dessen Mission ist die Förderung der Anwendung interaktiver Technologien in Nicht-Unterhaltungskontexten sowie des Wissens- und Technologietransfers aus der Games-Branche in Wirtschaft und Industrie. Hierfür bietet es neben Informationsveranstaltungen und Schulungen auch Beratung und die Entwicklung von Demonstratoren an. Das Anwendungszentrum wird aus dem Europäischen Fonds für regionale Entwicklung finanziert. Unterstützung erhält es durch den Bundesverband der Interaktiven Unterhaltungssoftware (BIU) e. V. und die Berlin Partner GmbH.

Die Zusammenkunft von Vertretern der verschiedenen Branchen auf dem Innovationsforum führte zudem zur Gründung des ZIM-Netzwerks „ProWear". Ziel dieses Kooperationsnetzwerks ist die Erforschung und Entwicklung neuartiger körpernaher Geräte, Sensoren, Gerätekombinationen und Systemlösungen. Mit deren Hilfe können u. a. Arbeits-, Produktions- und medizinische Prozesse effektiver gestaltet und somit neue Märkte erschlossen werden. [9]

Die aktuelle Forschung und Entwicklung der HTW Berlin – sowohl innerhalb des Anwendungszentrums cAPITs als auch im ZIM-Netzwerk „ProWear" – sowie die Beiträge und Erfahrung der Netzwerkpartner tragen dazu bei, das Konzept APITs weiter auszubauen und die Chancen, die APITs und insbesondere Wearables in den verschiedenen Anwendungsfeldern eröffnen, zu ergründen. In beiden Fällen sind vor allem auch KMU aufgerufen, mit der Forschungsgruppe um Prof. Carsten Busch in Kontakt zu treten, um als Anbieter oder Nachfrager in kooperativen (geförderten) Projekten gezielt Lösungen für die Herausforderungen der Industrie von morgen mitzuentwickeln.

SMARTE WÄSCHEPFLEGE – RESSOURCENSCHONUNG UND ZUSATZNUTZEN FÜR KONSUMENTEN DURCH DIGITALISIERUNG VON TEXTILIEN

Ulrich Bauer | Monika Fuchs | Claudia Heller | Sabine Przybilla | Joachim Villwock

ABSTRACT

Smart Home ist die Anwendung der Digitalisierung in Privathaushalten. Der Wäschepflegeprozess wird als Teil von *Smart Home* betrachtet. Eine Digitalisierung führt zu Ressourcenschonung und -effizienz und zu einer Erleichterung für den Konsumenten_In. In dem Beitrag werden die Hemmnisse im Digitalisierungsprozess, die notwendige Zusammenarbeit der beteiligten Akteure und der Zusatznutzen für Konsumenten_Innen dargestellt.

1. AUSGANGSLAGE UND ZIELSETZUNG

Die Digitalisierung verändert ganze Wertschöpfungsketten, einzelne Prozesse und deren Organisation und Durchführung. In der Digitalen Strategie 2025 wird formuliert: „Der digitale Wandel betrifft jeden: Arbeitgeber wie Arbeitnehmer, Studierende und Familien, junge und alte Menschen […] Das birgt große Chancen, aber auch Herausforderungen." [1]

Digitalisierung und die „intelligente Vernetzung" sollen zu Ressourcenschonung und -effizienz, zur Erhöhung der Wirtschaftsleistung und damit zur Sicherung von Arbeitsplätzen beitragen. [2] Auf Ebene der Nutzer_Innen leistet die Digitalisierung einen Beitrag zum *Well-Being (Wohlbefinden)*.

In der Forschung zur Wäschepflege stellt sich in diesem Zusammenhang die Frage, warum die beteiligten Prozesse bisher nicht digitalisiert wurden. Warum gibt es keine intelligente Vernetzung zwischen Wäschestück und Waschmaschine?

Um diese Fragestellungen zu beantworten, werden der Wäschepflegeprozess im Haushalt und aktuelles Wissen zur Digitalisierung im Forschungsprojekt AdaProTech [3] neu bewertet. Weitere Schwerpunkte in der Untersuchungsmethodik bilden die Analyse der Aufgaben der Nutzer_Innen und die Simulation von Teilprozessen der Wäschepflege, die schließlich zu Ressourcenschonung und -effizienz beitragen.

[1] Bundesministerium für Wirtschaft und Energie (BMWi) (Hrsg.) (2016): Digitale Strategie 2025. Berlin. URL: http://www.bmwi.de/Redaktion/DE/Publikationen/Digitale-Welt/digitale-strategie-2025.html (abgerufen am 13.02.2017).

[2] Vgl. Bundesministerium für Wirtschaft und Energie (BMWi) (Hrsg.) (2016): Wirtschaft Digital – Erfolge und Ziele. Berlin. URL: http://www.bmwi.de/Redaktion/DE/Publikationen/Digitale-Welt/wirtschaft-digital-erfolge-und-ziele-bilanz-it-gipfel-2016.html (abgerufen am 13.02.2017).

[3] „Urban Tech: Adaptive Prozessinnovation im Haushalt zur Ressourceneinsparung und Lebenswerterhöhung" (AdaProTech) vom IFAF gefördert, beteiligte Hochschulen: HTW Berlin, Beuth Hochschule für Technik Berlin.

2. STATUS QUO:
DER WÄSCHEPFLEGEPROZESS

Am Wäschepflegeprozess sind neben dem Nutzer_In die Elemente und Ressourcen Hausgeräte, Waschmittel, elektrische Energie, Wasser, Haushaltstextilien und Bekleidung beteiligt.

2.1 Nutzer_In

Der Nutzer_In bestimmt durch die Wahl der Wäschestücke, der Waschtemperatur und des Waschprogramms den *Input* des Prozesses und hat damit wesentlichen Einfluss auf den *Output*, also das Ergebnis der Wäschepflege **[siehe Abbildung 1]**. Lediglich der Vorgang in der Waschmaschine bzw. im Wäschetrockner erfolgt automatisiert, sobald der Startknopf betätigt wurde.

2.2 Haushaltstextilien und Bekleidung

Der Begriff „Haushaltstextilien und Bekleidung" umfasst alle Produkte, die in privaten Haushalten für den Wäschepflegeprozess in Betracht kommen. Die Organisation GINETEX [4] ist die internationale Vereinigung für die Pflegekennzeichnung von Textilien und hat zum Ziel, Nutzer_Innen „über die richtige Pflege der Textilien durch ein einfaches, einheitliches und sprachunabhängiges System von Pflegesymbolen zu informieren". [5] In Deutschland besteht keine gesetzliche Verpflichtung, die Pflegesymbole von GINETEX zu verwenden.

Die Materialzusammensetzung laut der Textilkennzeichnungsverordnung ergänzt die Pflegesymbole. Aufgrund der Vielfalt an Pflegesymbolen und vom Hersteller zusätzlich gegebenen Informationen wird die Auswahl des optimalen Wäschepflegeprozesses für den Nutzer_In zunehmend schwierig. Das Sortieren der Wäschestücke zu Wäscheposten [6] in einer angemessenen Größe zur optimalen Auslastung der Wäschepflege-Hausgeräte wird erschwert.

2.3 Waschmittel

Das Waschmittel ist ein wichtiger Bestandteil des Waschprozesses und hat einen erheblichen Einfluss auf die Reinigungswirkung. Durch seine komplexe Zusammensetzung und die Vielfalt an verschiedenen Arten ist es für den Nutzer_In nicht trivial, das passende Waschmittel für einen Waschprozess mit spezifischer Zusammensetzung des Wäschepostens und den verschiedenen Verschmutzungen auszuwählen.

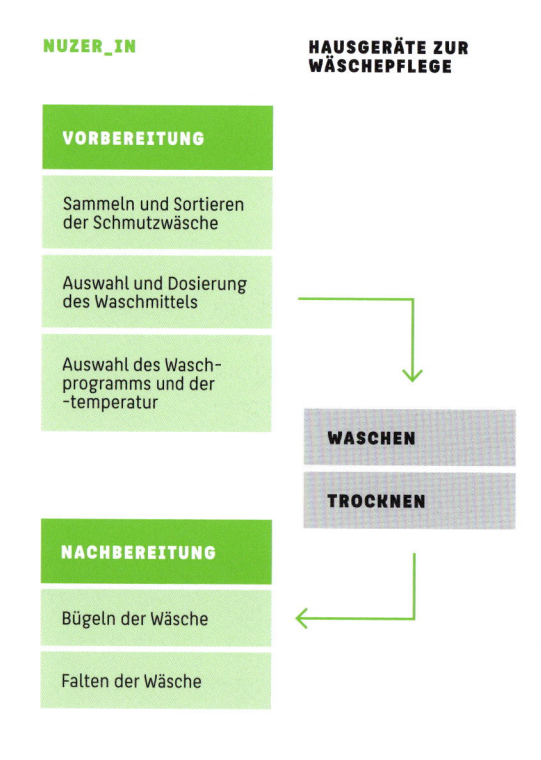

Abbildung 1: Aufgabenverteilung im Wäschepflegeprozess.

Um einen Schritt in die Richtung der Vorhersage des Waschergebnisses zu gehen, wird ein numerisches Simulationsmodell auf Grundlage der Methode Smoothed Particle Hydrodynamics erstellt, um die Transport- und Anlagerungsprozesse von waschaktiven Substanzen zu beschreiben, wie auch die Ablösung von Verschmutzungen.

2.4 Elektrische Energie und Wasser

Laut dem Bundesverband der Energie- und Wasserwirtschaft e.V. (BDEW) werden in Deutschland im Jahr 2013 pro Person für das Wäschewaschen 12 Prozent des täglichen Trinkwasserbedarfs von 121 Liter genutzt. [7] Im Zusammenhang mit Energieeffizienz spielen neben der Wasserversorgung das gewählte Waschprogramm und die Beladung der Waschmaschine eine Rolle.

3. DER WÄSCHEPFLEGEPROZESS IM SMART HOME

Die Voraussetzung für ein *Smart Home* durch die Vernetzung von Systemen untereinander ist, dass diese *smart* sind. Smart heißt für die vorliegende Forschungsarbeit, dass die Systeme innovative Ansätze zur Anwendung neuer Informations- und Kommunikationstechnologien bieten, systemübergreifend unter möglichst geringem Ressourceneinsatz arbeiten, sich neuen Bedingungen anpassen und dadurch eine qualitative Steigerung erzielen können.

Ein *Smart Home*-System führt zur Digitalisierung von Prozessen. In der Wäschepflege ist bisher nur der Prozess im Wäschepflege-Hausgerät nach Betätigen der Starttaste automatisiert. Der Ablauf des Programms ist jedoch abhängig von den Eingaben des Nutzers_In. Wenn der Wäschepflegeprozess vollständig automatisiert werden soll, muss er als Ganzes betrachtet werden und nach den Prinzipien des *Smart Home* neu durchdacht und digital erweitert werden. Ein Teilbereich davon ist die Vorhersage des Waschergebnisses, um optimale Wäscheposten zusammenzustellen, wofür zukünftig die numerische Simulation genutzt wird. In den bisherigen Tätigkeiten wurde ein vereinfachtes Modell zur Abbildung von Transport-, Anlagerungs- und Ablöseprozessen unter alleiniger Betrachtung von Tensiden erstellt. Dieses soll zukünftig erweitert werden, sodass das Zusammenspiel verschiedener

---

[4] Abkürzung für französisch „Groupement International d'Etiquetage pour l'Entretien des Textiles".

[5] Vgl. Arbeitsgemeinschaft Pflegekennzeichen (Hrsg.) (2008): Kurzfassung der Richtlinie für die Pflegekennzeichnung von Textilien. Eschborn. URL: http://www.fachverband-textilpflege.de/pdf/Pflegerichtlinie-Kurzfassung-Juli08.pdf (abgerufen am 13.02.2017). S. 1.

[6] „Als Wäscheposten werden die zu einer Waschladung zusammengestellten Wäschestücke verstanden." (Ellmer, Katharina [2014]: Wäschepostenanalyse zur Simulation der Wäschepflege. In: HochschulAllianz für angewandte Wissenschaften (Hrsg.): Tagung „Fachhochschulen forschen: Der wissenschaftliche Nachwuchs der HAWtech im Fokus". Berlin, 07.11.2014. Aachen. S. 15.)

[7] Vgl. Bartel, Hartmut; Dieter, Hermann H.; Feuerpfeil, Irmgard, Grummt, Hans-Jürgen; Grummt, Tamara; Hummel, Annette; Konietzka, Rainer et al. (2016): Rund um das Trinkwasser. 4. aktualisierte Auflage. Hrsg. v. Umweltbundesamt. Dessau-Roßlau (Für Mensch&Umwelt). S. 13.

Textil-, Schmutz- und Waschmittelarten abgebildet werden kann **[siehe Abbildung 2]**. Dies soll dazu dienen, für verschiedene Kombinationen im Waschprozess Rückschlüsse auf das Waschergebnis und den Ressourcenverbrauch zu ziehen.

Im Forschungsprojekt wurden außerdem geeignete Technologien zur Vernetzung von Haushaltstextilien und Bekleidung mit Hausgeräten zur Wäschepflege analysiert und hinsichtlich Ressourcenverbrauch und Benutzerfreundlichkeit bewertet. Zu den Technologien zählen Code-Systeme, *Radio-Frequency Identification* (RFID)-Systeme und Bildverarbeitungssysteme. RFID-Systeme sind derzeit die geeignetste technologische Lösung, um Haushaltstextilien und Bekleidung mit Informationen auszustatten und eine Kommunikation mit Hausgeräten zu ermöglichen. Sie zeichnen sich durch ihre Wiederverwendbarkeit, Anpassungsfähigkeit und Schnelligkeit aus.

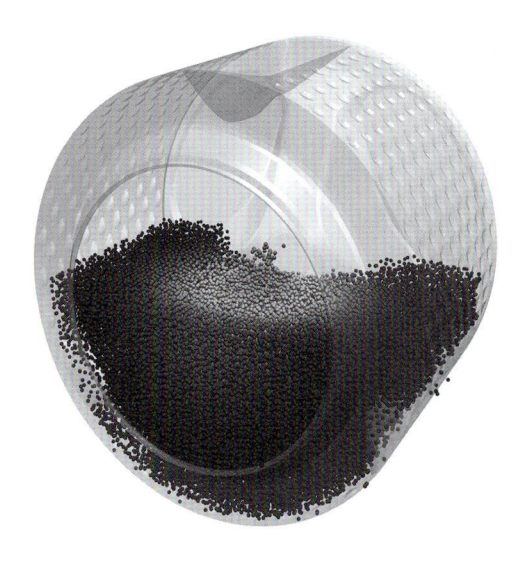

Abbildung 2: Simulation des Tensidverhaltens in einer Wäschetrommel.

4. POTENTIALE ZUR STEIGERUNG VON RESSOURCENSCHONUNG UND -EFFIZIENZ

Aus den vorangegangenen Ausführungen wird deutlich, dass sich vielseitige Potentiale zur Steigerung von Ressourcenschonung und –effizienz abbilden lassen.

Die Simulation des Wäschepflegeprozesses trägt wesentlich zur Anschaulichkeit und zur Optimierung des Waschprozesses sowie zum nachhaltigen Erhalt der Textilien bei.

Erhält das Wäschepflege-Hausgerät die notwendigen Informationen zu den einzelnen Wäschestücken des Wäschepostens durch Verwendung eines RFID-Systems und kombiniert diese mit erlernten Ergebnissen aus simulierten Prozessen, stellt dies einen transparenten Prozess dar, der im Idealfall zu einem optimalen Wäschepflegeergebnis führt. Der Nutzer_in erfährt vielfältige Vorteile wie z. B. die Sensibilisierung für den Wasserbedarf und den Energieverbrauch durch Kombination von Simulationsergebnissen und Digitalisierung, die sinkende Gefahr des „Falsch-Waschens" und Zeitersparnis.

Haushaltstextilien und Bekleidung werden für den beschriebenen Fall mit RFID-Chips ausgestattet. Auf ihnen können alle für den Wäschepflegeprozess relevanten Informationen und ebenso Daten gespeichert werden, die zusätzliche Mehrwerte generieren.

[8] Vgl. Bundesministerium für Wirtschaft und Energie (BMWi) (Hrsg.) (2016): SmartHome2-Market. Marktperspektiven für die intelligente Heimvernetzung – 2016. Berlin. URL: http://www.digitale-technologien.de/DT/Redaktion/DE/Downloads/Publikation/smarthome-broschuere.html (abgerufen am 13.02.2017). S. 5.

NUZER_IN		HAUSGERÄTE ZUR WÄSCHEPFLEGE	
VORBEREITUNG		**SMARTER WÄSCHEKORB**	
Sammeln und Sortieren der Schmutzwäsche	→	Erfassen und Sortieren der smarten Schmutzwäsche	
		SMARTE HAUSGERÄTE ZUR WÄSCHEPFLEGE	
		Auswahl und Dosierung des Waschmittels	
NACHBEREITUNG		Auswahl des Waschprogramms und der -temperatur	
Bügeln der smarten Wäsche		Waschen	
Falten der smarten Wäsche	←	Trocknen	

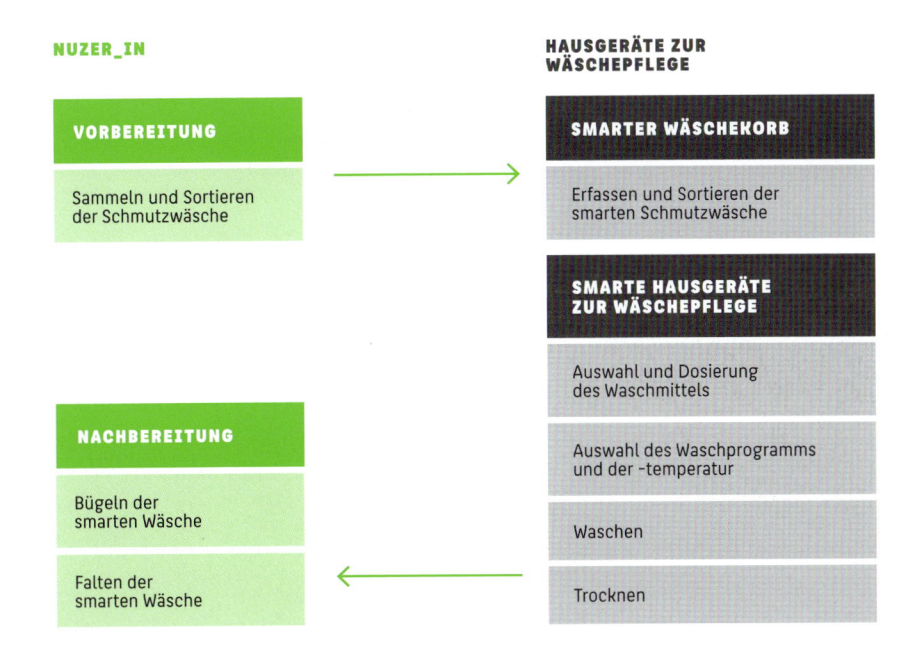

Abbildung 3: Aufgabenverteilung im smarten Wäschepflegeprozess.

Dadurch verschiebt sich das Verhältnis zwischen den Aufgaben des Nutzers_In und der Hausgeräte **[siehe Abbildung 3]**.

Die Ressourcen Wasser und Energie sind Gegenstand der kontinuierlichen Entwicklung von Einsparpotentialen durch die Hausgerätehersteller. Das Waschmittel dient der Schmutzablösung im Wäschepflegeprozess. Um eine Prozessveränderung in der Wäschepflege **[siehe Abbildung 4]** durch Digitalisierung erzielen zu können, müssen die vom BMWi beschriebenen Herausforderungen [8] für *Smart Home* mit dem Konzept einer RFID-gestützten Automatisierung des Wäschepflegeprozesses in Einklang gebracht und der Nutzer_In umfangreich einbezogen werden.

Die technologischen Grundlagen zur Digitalisierung sind vorhanden, Haupthemmnisse in der Umsetzung sind:

- Fehlende Gesamtprozessbetrachtung, die alle Aufgaben der Nutzer_Innen in der Wäschepflege berücksichtigt
- Fehlende Zusammenarbeit von Hausgeräteherstellern, Waschmittelherstellern und der Bekleidungsindustrie

Ein gemeinsames Netzwerk zur Digitalisierung unter Einbeziehung der Nutzer_Innen Perspektive ist essentiell für eine digitale Prozessinnovation in der Wäschepflege. Um die Bedürfnisse im *Smart Home* umzusetzen, sind

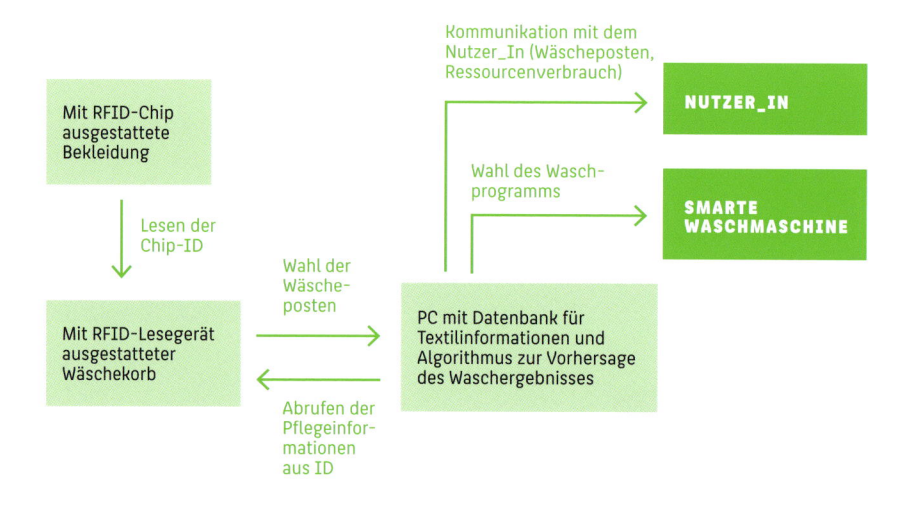

Abbildung 4: Beispiel für digitalisierten Wäschepflegeprozess unter Einsatz von RFID-Systemen

Industrien aufgefordert zusammenzurücken, die bisher wenig Anknüpfungspunkte hatten. Das stellt eine nicht zu unterschätzende Herausforderung dar. In Kombination mit Simulationsergebnissen wird solch ein *smarter* Wäschepflegeprozess optimale Ergebnisse liefern und deutlich zur Ressourcenschonung und -effizienz beitragen.

5. AUSBLICK

Forschungsergebnisse ermöglichen neben dem Einzug der *smarten* Wäschepflege in den Haushalt die Formulierung weiterer Zukunftsszenarien, die Gegenstand von Projekten werden können. Die Auslagerung des Wäschepflegeprozesses an Dienstleistungsunternehmen ist ebenso möglich wie die Entwicklung neuer Materialien, wodurch der Wäschepflegeprozess grundlegend verändert wird. Die Zukunftsszenarien sollen weiterentwickelt und konkretisiert werden, die Akzeptanz von RFID-Chips in Haushaltstextilien und Bekleidung bei Nutzer_Innen untersucht werden, sowie eine Analyse angeschlossen werden, um einen Mehrwert von RFID-Systemen für die Partner im Netzwerk zu ermitteln.

Die bei der Simulation hervorgegangenen Methoden und Modelle sind auf weitere Textil- und Schmutzarten anwendbar, sodass das erstellte Modell in Zukunft um weitere Einflussgrößen erweitert werden kann. So werden beide Bereiche, die Simulation und die Digitalisierung von Wäschestücken, parallel entwickelt und zukünftig zusammengeführt.

DIE AUTORINNEN UND AUTOREN

Prof. Dr.-Ing.
KATARINA ADAM

ist Professorin im Studiengang Wirtschaftsingenieurwesen an der HTW Berlin. Sie lehrt Corporate Finance, Controlling und Allgemeine Betriebswirtschaftslehre. Ihr Forschungsgebiet ist die Verwendung der Blockchain Technology sowohl im Bereich Finance als auch in der Prozessoptimierung. Ein persönliches Anliegen von Katarina Adam ist es, Studierende in die Lage zu versetzen, die Sprache der Zahlen zu verstehen und effizient zu kommunizieren. Derzeit betreibt sie Blockchain-Projekte mit einer Gruppe von Studierenden.

Prof. Dr.
ANDREAS BARTELT

ist seit 2016 Professor für Physik an der HTW Berlin. Nach seiner Promotion an der Freien Universität Berlin ging er zu Forschungszwecken an die Princeton University und das Lawrence Berkeley National Laboratory (USA). Es folgte ein längerer Aufenthalt am Helmholtz-Zentrum Berlin für Materialien und Energie. In seinen Forschungsarbeiten nutzt Andreas Bartelt ultrakurze Laserpulse zur Untersuchung und Bearbeitung von Materialien der Dünnschicht-Photovoltaik.

Prof.
ULRICH BAUER

wurde nach langjähriger Tätigkeit in der Entwicklung von technischen Textilien in verschiedenen Unternehmen und ebenfalls langjähriger Tätigkeit als Assistent des Dekans im Fachbereich Textil und Bekleidung der Hochschule Niederrhein im Jahr 2007 als Professor für Textil- und Bekleidungsmaschinen an die HTW Berlin berufen. Sein Hauptforschungsgebiet sind die Einflüsse verschiedener Textilien auf den Waschprozess.

Prof. Dr.-Ing.
DIETER BUNTE

studierte Bauingenieurwesen an der Technischen Universität Braunschweig und arbeitete im Anschluss als Abteilungsleiter in einem Ingenieurbüro für Baustatistik. Danach war er wissenschaftlicher Mitarbeiter am Institut für Baustoffe, Massivbau und Brandschutz an der Technischen Universität Braunschweig, wo er promovierte. Seit 1994 ist Dieter Bunte als Professor an der HTW Berlin in den Studiengängen Bauingenieurwesen und Facility Management tätig.

Prof. Dr.
JULIA BENDUL

ist seit August 2017 Professorin für das Management von Industrie 4.0 an der RWTH Aachen. Nach dem Studium des Wirtschaftsingenieurwesens an der Universität Bremen und der Tokyo University promovierte sie 2011 an der Universität St. Gallen, Schweiz. Im Anschluss war sie als Beraterin für operative Exzellenz und Lean Management bei der Porsche Consulting tätig, bis sie 2013 dem Ruf als Professorin für die Optimierung von Netzwerken in Produktion und Logistik an die Jacobs University Bremen folgte.

Prof. Dr.-Ing.
CARSTEN BUSCH

promovierte 1997 an der Technischen Universität Berlin. Nach Lehrtätigkeiten an mehreren Hochschulen im In- und Ausland kam er 2006 als Professor für Medienwirtschaft an die HTW Berlin. Carsten Busch ist Sprecher des Kompetenzfelds Games & Interactive Media Research Group und Mitgründer des Forschungs- und Weiterbildungszentrums Kultur & Informatik an der HTW Berlin. Seine Forschungsgruppe leistet Forschung und Entwicklung in den Innovationsfeldern Angewandte interaktive Technologien und Games, Brands sowie interaktive Lernkulturen. Durch das Anwendungszentrum Creative Applied Interactive Technologies und das vom Wirtschaftsministerium geförderte Netzwerk ProWear werden Technologietransfer und Kooperationen mit kleinen und mittleren Unternehmen nachhaltig ausgebaut.

M.Sc.
JAN BICKEL

wechselte nach einem zweijährigen Physikstudium an die HTW Berlin, wo er 2016 den Masterstudiengang Mikrosystemtechnik abschloss. Heute arbeitet er als wissenschaftlicher Mitarbeiter an der Hochschule.

Prof. Dr.
SASCHA DAWO

promovierte nach seinem Studium der Betriebswirtschaftslehre am Institut für Wirtschaftsprüfung der Universität des Saarlandes. In den folgenden Jahren war er zunächst als Experte, später als Führungskraft im Finanz- und IT-Bereich verschiedener Dax-und MDax-Konzerne tätig. Sascha Dawo verfügt über jahrelange Erfahrung in der effizienten Umsetzung von Rechnungslegung und Controlling-Anforderungen in Unternehmensprozessen und IT-Systemen sowie in der Gestaltung von Prozess- und Organisationsstrukturen im Finanzbereich. Seit 2015 lehrt er an der HTW Berlin im Studiengang Wirtschaftsingenieurwesen unter anderem externes und internes Rechnungswesen sowie internationale Bilanzierung und Controlling.

Dipl.-Betriebswirt
PHILIPP DEPIEREUX

war zunächst als Berater tätig, dann als CEO eines mittelständischen Unternehmens. Später gründete er mit zwei Partnern die Start-up-Schmiede und Digitalberatung „etventure", um Erfahrungen als Unternehmer und Innovationstreiber im Mittelstand, in der Konzernwelt und mit Start-ups zu bündeln. Heute ist Philipp Depiereux einer der drei Geschäftsführer von „etventure".

Prof. Dr.-Ing.
UTE DIETRICH

studierte an der Universität Rostock und hatte danach unterschiedliche Positionen inne. Sie war wissenschaftliche Angestellte am Zentrum für Foren in der grafischen Datenverarbeitung e.V., Specialist Software Engineer bei dCADE GmbH/Unigraphics Solutions sowie Senior Software Developer bei Siemens PLM Software. Nach ihrer Promotion im Jahr 2012 arbeitete Ute Dietrich als Senior System Expert bei der Bundesdruckerei GmbH. 2014 übernahm sie zunächst eine Professur für Digitale Fabrik und Lifecycle Management an der Hochschule Hamm-Lippstadt, ehe sie im selben Jahr an die HTW Berlin berufen wurde. Ute Dietrich ist Mitglied im Steinbeis-Transferzentrum Rechnereinsatz im Maschinenbau.

Prof. Dr.
FRANK-ULRICH FINK

promovierte und habilitierte mit Arbeiten zur zeitaufgelösten Laserspektroskopie und nichtlinearer Optik. Von 1994 bis 2015 war er Professor für Physik an der HTW Berlin; dort blieb er auch nach seiner Emeritierung als Lehrbeauftragter tätig. Zu Frank Finks Spezialgebieten gehören die Laserphysik, Optik und Photonik. In seinen Forschungsprojekten befasst er sich mit Anwendungen des Lasers in der Dünnschicht-Photovoltaik, mit der Laser-Mikromaterialbearbeitung und der Entwicklung laserspektroskopischer Messtechniken für die Mikro- und Nanotechnologie.

Prof. **MONIKA FUCHS**

schloss das Studium der Bekleidungstechnik an der Hochschule Niederrhein als Diplom-Ingenieurin ab und machte ihren MBA als Fulbright-Stipendiatin in den USA. Sie sammelte Berufserfahrung in der Bekleidungsindustrie und in einem wissenschaftlichen Verlagshaus; danach absolvierte sie den Masterstudiengang Erwachsenenbildung an der Technischen Universität Kaiserslautern. 2006 wurde Monika Fuchs als Professorin für Bekleidungstechnik an die HTW Berlin berufen. Ihre Schwerpunkte in Lehre und Forschung sind Produktentwicklung, Beschaffung und Nachhaltigkeit sowie Wäschepflege im Haushalt.

Dr. **BASTIAN HALECKER**

ist Gründer und Organisator von StartUp Tour Berlin sowie Geschäftsführer der Nestim GmbH. In seinem Fokus steht das Zusammenbringen von etablierten Unternehmen und Start-ups mit dem Ziel, „die Kraft der Großen mit der Agilität der Kleinen zu verbinden". Ein weiterer Schwerpunkt liegt in dem Bewerten, Aufsetzen und Begleiten von Innovations- und Digitalisierungsinitiativen in etablierten Unternehmen sowie im Prototyping von digitalen Geschäftsmodellen. Bastian Halecker hat Anfang 2016 seine Promotion zum Thema Geschäftsmodellinnovation in etablierten Unternehmen aus reifen Industrien an der Universität Potsdam erfolgreich abgeschlossen und war davor mehrere Jahre als Unternehmensberater tätig.

Prof. Dr. **MATTHIAS HARTMANN**

lehrt Produktion und Logistik sowie Informations- und Technologiemanagement an der HTW Berlin. Er ist Leiter des Labors Unternehmenssimulationen und des Projekts Digital Value Lab zum Aufbau eines digitalen Zentrums für kleine und mittlere Unternehmen in Berlin. In Forschungsprojekten mit Unternehmen werden Empfehlungen zu Industrie 4.0 und IT-Sicherheit erarbeitet. Vor seiner Berufung arbeitete Matthias Hartmann für die Unternehmensberatung A.T. Kearney in der Strategic Information Technology Practice.

M.Sc. **CLAUDIA HELLER**

hat ihr Bachelorstudium Textil- und Bekleidungstechnologie an der Hochschule Albstadt-Sigmaringen absolviert. Im Anschluss war sie zwei Jahre als Bekleidungsingenieurin bei dem Hamburger Modeunternehmen Closed GmbH tätig. Ihre akademische Ausbildung vervollständigte sie durch den Abschluss des Masterstudiengangs Bekleidungstechnik/Konfektion an der HTW Berlin. Hier ist sie wissenschaftliche Mitarbeiterin im Kooperationsprojekt Wäschepflege.

Prof. Dr.-Ing.
CLAUDIA HENTSCHEL
diplomierte als Wirtschaftsingenieurin/Maschinenbauerin an der Technischen Universität Berlin sowie an der Pariser Ecole Nationale des Ponts et Chaussées. Als Ingenieurin arbeitete sie fertigungsnah im Bereich Montagetechnik und Fabrikbetrieb der Technischen Universität Berlin, am Fraunhofer Institut für Produktionsanlagen und Konstruktionstechnik IPK sowie am Mechanical Engineering Department des Israel Institute of Technology Technion. Nach ihrer Promotion war Claudia Hentschel für einen großen deutschen Elektronikkonzern im Feld Hochfrequenztechnik und Mobilfunk tätig. Derzeit ist sie Professorin für Innovations- und Technologiemanagement und für Produktentstehung und Betriebsorganisation an der HTW Berlin. Schwerpunkte ihrer Lehr-, Forschungs- und Industrietätigkeit sind systematische Innovation und Methoden des Produktionsmanagements.

Prof. Dr.
HEIKE MARIA HÖLZNER
ist studierte Ökonomin und promovierte an der Helmut-Schmidt-Universität Hamburg. Danach war sie in der strategischen Unternehmensberatung tätig sowie als Head of Business Development in einem Unternehmen der Sparkassen-Finanzgruppe. Seit April 2017 ist Heike Maria Hölzner Professorin für Entrepreneurship und Mittelstand der HTW Berlin. Sie hat Erfahrungen im Aufbau von Kooperationsprogrammen zwischen Unternehmen und Start-ups sowie in der Strukturierung und BaFin-Registrierung von Frühfinanzierungsfonds. Die aktuellen Forschungsschwerpunkte umfassen Geschäftsmodellanpassungen im Gründungsprozess, den Einsatz von Start-up-Metriken, insbesondere auch zur Beurteilung des Erfolgs in der Zusammenarbeit zwischen Start-ups und Unternehmen sowie die Entwicklung der deutschen und europäischen Deep-Tech-Startup-Landschaft.

M.Eng.
THOMAS KÄMPFE
ist wissenschaftlicher Mitarbeiter an der HTW Berlin. Zu seinen Forschungsschwerpunkten gehören die Modellierung und der Einsatz von komplexen Automatisierungssystemen.

B.Sc.
MEHMET ALI KARA

absolvierte das Bachelorstudium Wirtschaftsinformatik an der HTW Berlin und ist seit April 2017 im gleichnamigen Masterstudiengang eingeschrieben. Im Rahmen einer Werkstudententätigkeit wirkte er an verschiedenen Projekten im Bereich Projekt- und Portfoliomanagement mit.

Prof. Dr.
JULIAN M. KAWOHL

war in diversen Strategie- und Managementfunktionen bei der AXA Konzern AG tätig, ehe er als Professor für Strategisches Management an die HTW Berlin kam. Im Mittelpunkt seiner Forschung steht die Frage, welche Strategien, Ansätze und Konzepte insbesondere für etablierte Unternehmen bestehen, um Geschäftsmodelle und Strukturen nachhaltig in innovative und agile Organisationen zu transformieren.

Prof. Dr.
MATTHIAS KNAUT

begann sein Studium an der Freien Universität Berlin und schloss es 1984 mit einer Promotion als Archäologe an der Philipps-Universität Marburg ab. Nach langjähriger Tätigkeit als wissenschaftlicher Referent beim Landesdenkmalamt Baden-Württemberg, wo er Forschungsaufgaben im Fachgebiet Frühmittelalter wahrnahm, erfolgte 1993 der Ruf an die HTW Berlin. Hier war er maßgeblich am Aufbau des Studiengangs Konservierung und Restaurierung/Grabungstechnik beteiligt. Besondere Herausforderungen waren nationale und internationale Forschungs- und Entwicklungsprojekte in der Restaurierung. Seit Oktober 2010 ist Matthias Knaut Vizepräsident für Forschung der HTW Berlin.

M.A.
MARYNA KHVASTOVA

machte ihren Magister in Pädagogik und Methodik der Schulbildung, Sprache und Englischer Literatur an der Universität Cherson, Ukraine. Ihr Lehramt übte sie von 2003 bis 2011 in Cherson aus. Im April 2012 folgte der Umzug nach Berlin, wo sie den Studiengang Informatik und Wirtschaft an der HTW Berlin mit dem Bachelor of Science abschloss. Neben dem Studium sammelte sie Erfahrungen als IT-Spezialistin in der Hotelbranche. Seit Februar 2017 ist sie wissenschaftliche Mitarbeiterin an der HTW Berlin.

Prof. Dr.
DAGMAR KREFTING
lehrt und forscht auf dem Gebiet der verteilten Systeme und IT-Sicherheit und legt dabei den Schwerpunkt auf medizinische Fragestellungen. Sie ist Professorin im Studiengang Informatik und Wirtschaft und Mitglied des Forschungsclusters Gesundheit der HTW Berlin. In verschiedenen Drittmittelprojekten entwickelt Dagmar Krefting kollaborative und skalierbare IT-Systeme für die klinische Forschung, insbesondere für die sichere, effiziente und nutzerfreundliche Analyse großer Bild- und Signaldaten.

Prof. Dr.
BIRTE MALZAHN
ist seit 2012 Professorin für Informationswirtschaft, Geschäftsprozesse und Allgemeine Betriebswirtschaftslehre im Studiengang Wirtschaftsinformatik der HTW Berlin. Ihr Forschungsinteresse gilt unter anderem dem Nutzungsverhalten von IT-Anwendern und dessen Ursachen.

Prof. Dr.
TINE LEHMANN
ist Professorin im Studiengang International Business an der HTW Berlin und leitet dort seit 2016 das Projekt „INTENSE – INTernational ENtrepreneurship Skills Europe". Ihr Forschungsinteresse gilt den Themen Regionale Entwicklung und Institutionelle Rahmenbedingungen. Vor ihrem Ruf an die HTW Berlin setzte Tine Lehmann transnationale Projekte in Südosteuropa um.

Prof. Dr.-Ing.
INGO MARSOLEK
war nach seinem Maschinenbaustudium an der Technischen Universität Berlin wissenschaftlicher Mitarbeiter und später Oberingenieur am Lehrstuhl für Arbeitswissenschaft und Produktergonomie. Er war Alexander-von-Humboldt-Stipendiat und ist Gründungs- und Vorstandsmitglied des Institute for Health Care Systems Management Berlin e.G. Heute ist Ingo Marsolek Professor für Arbeits- und Produktgestaltung an der HTW Berlin.

Prof. Dr.
MARION PEYINGHAUS
studierte an der Technischen Universität Berlin, der EAPB Paris und an der ETH Zürich Architektur. 2001 wechselte sie an die Universität St. Gallen, wo sie ihre Dissertation im Rahmen eines SNF-Stipendiums 2004 am INSEAD, Fontainebleau, abschloss. Im Herbst 2004 trat sie in die pom+Consulting AG ein und ist seit 2007 Geschäftsführerin der CC PMRE GmbH (ehemals pom+International GmbH). 2009 gründete sie in Kooperation mit der HTW Berlin das Competence Center Process Management Real Estate. 2016 wurde sie als Professorin für Immobilienmanagement und Projektentwicklung an die Hochschule 21 in Buxtehude berufen.

Prof. Dr.
THOMAS PIETSCH
war Bereichsleiter in der Managementberatung, Unternehmensberater und Dozent bei verschiedenen Beratungsunternehmen sowie Moderator von Top-Management-Trainings, u.a. am Institut für Management und Technologie Berlin GmbH. 1997 wurde er als Professor an die HTW Berlin berufen. Im Studiengang Wirtschaftsinformatik vertritt er das Fachgebiet Informations- und Geschäftsprozessmanagement.

Prof. Dr.-Ing.
ANJA PFENNIG
war nach dem Mineralogiestudium an der Universität Bonn wissenschaftliche Mitarbeiterin an der Universität Erlangen und promovierte 2001. Anschließend war sie bei Siemens Energy verantwortlich für Brennkammersteine in Gasturbinen, ehe sie während ihrer Elternzeit zwischen 2006 und 2008 Stipendien bekam und seitdem in Kooperation mit der Bundesanstalt für Materialforschung und -prüfung (BAM) und der HTW Berlin auf dem Gebiet der Korrosion von Kraftwerkskomponenten forscht. Seit 2009 ist Anja Pfennig als Professorin an der HTW Berlin für das Fachgebiet Werkstofftechnik verantwortlich.

Prof. Dr.
BARBARA PRAETORIUS
ist Volkswirtin und Politikwissenschaftlerin und arbeitete lange als Researcher und Projektleiterin am Deutschen Institut für Wirtschaftsforschung Berlin. Ab 2008 leitete sie den Stabsbereich Grundsatz und Strategie beim Verband kommunaler Unternehmen, bevor sie 2014 stellvertretende Direktorin des Thinktanks Agora Energiewende wurde. Seit 2017 lehrt sie Volkswirtschaftslehre, insbesondere Nachhaltigkeit und Umweltökonomie und -politik an der HTW Berlin. Barbara Praetorius forscht zu energie- und klimaökonomischen Fragen und zu Innovationen und Instrumenten der Energiewende.

M.Eng.
SABINE PRZYBILLA

hat ihr Bachelor- und Masterstudium an der Beuth Hochschule für Technik Berlin im Bereich der Verfahrenstechnik absolviert und ist zusätzlich zu verschiedenen Praktika in Industrie und Forschung seit ihrem vierten Studiensemester im Kooperationsprojekt Wäschepflege tätig. Dort ist sie inzwischen wissenschaftliche Mitarbeiterin und arbeitet an der numerischen Strömungssimulation mit Schwerpunkt auf der Abbildung von Transport- und Grenzflächenprozessen.

Prof. Dr.
ANNA RIEDEL

lehrt an der HTW Berlin mit dem Schwerpunkt Digital Business. Seit der Gründung von VORN Strategy Consulting in 2015 war sie dort als Leiterin für Forschung und Beratung tätig und zuvor in derselben Funktion am Institute of Electronic Business, in dem sie seit 2007 als wissenschaftliche Mitarbeiterin und später als Projektleiterin arbeitete. Anna Riedel ist Diplomkauffrau (FH) und erwarb 2006 einen Master (M.A.) in European Culture and Economics.

Prof. Dr.
JÜRGEN RADEL

sammelte nach dem Studium an der RWTH Aachen zunächst etwa zehn Jahre lang Erfahrungen in der Personalarbeit. Danach war er als Prokurist bei einem internationalen Logistik-Dienstleister tätig. 2013 erhielt er einen Ruf als Professor an die HTW Berlin für den Bereich Personal und Organisation. Dort forscht und lehrt er unter anderem zu Widerständen im Zusammenhang mit Transformationsprozessen.

M.A.
CHRISTINA SAULICH

studierte Europastudien und Internationale Beziehungen in Eichstätt, Santiago de Chile und Berlin. Sie sammelte Praxiserfahrung im Bereich der Entwicklungszusammenarbeit und als wissenschaftliche Mitarbeiterin in der Arbeitseinheit Internationale Politik an der Universität Koblenz-Landau. Seit Januar 2017 koordiniert sie das von der EU geförderte Projekt INTENSE – INTernational ENtrepreneurship Skills Europe an der HTW Berlin.

Prof. Dr.-Ing.
STEPHAN SCHÄFER
lehrt seit 2010 an der HTW Berlin. Zu seinen Forschungsschwerpunkten zählen die Modellierung und der Einsatz komplexer und verteilter Automatisierungssysteme, die Industrierobotik und die Ergonometrie- und Gestaltungsanforderungen an SCADA und HMI-Oberflächen. Er ist Mitglied des Vorstands des VDE Bezirksvereins Berlin-Brandenburg und VDI/VDE-Arbeitskreisleiter des Arbeitskreises Mess- und Automatisierungstechnik (GMA) im VDI Verein Berlin/Brandenburg sowie Autor mehrerer Fachbeiträge und Fachbücher.

Prof. Dr.
RUTGER SCHLATMANN
ist seit 2008 Direktor vom HZB-Institut PVcomB – Kompetenzzentrum Dünnschicht- und Nanotechnologie für Photovoltaik Berlin und seit 2012 Professor für Regenerative Energien an der HTW Berlin. Nach seiner Promotion am FOM Institut AMOLF der Freien Universität Amsterdam arbeitete er als R&D Manager beim Helianthos BV, einer Firma, die flexible Dünnschicht Si-basierte Solarzellen entwickelt. Er ist Mitglied des Steering Committee in der European Technology and Innovation Platform (ETIP) PV und Vize-Präsident des Branchenvereins Berlin Brandenburg Energy Network (BEN).

Prof. Dr.
ANDREAS SCHMIDT-RÖGNITZ
studierte Rechtswissenschaften an der Freien Universität Berlin, war dort wissenschaftlicher Mitarbeiter und promovierte mit einer Arbeit über die Gewährung von alternativen sowie neuen Behandlungs- und Heilmethoden durch die gesetzliche Krankenversicherung. Nach einer Tätigkeit als Rechtsanwalt in der Münchener Kanzlei Nörr, Stiefenhofer und Lutz wurde er 1997 als Professor für Allgemeines Wirtschaftsrecht und Arbeits- und Sozialrecht an die HTW Berlin berufen. Die Lehr- und Forschungsschwerpunkte von Andreas Schmidt-Rögnitz liegen im Bereich Arbeits- und Sozialversicherungsrecht. Zwei Forschungsaufenthalte führten ihn an die Yale University, New Haven (CT), USA.

Dipl.-Ing.
DIRK SCHÖTTKE
ist im Bereich der Prozesssteuerungssysteme an der HTW Berlin tätig. Zu seinen Hauptarbeitsgebieten gehören die Analyse, der Entwurf und die Entwicklung von Software-Lösungen für Anwendungen in der Industrie- und Gebäudeautomation sowie die Bereiche der Feldbussysteme und der verteilten Echtzeitsysteme.

M.Sc.
**CHRISTOF
SCHULTZ**
studierte an der HTW Berlin Renewable Energies und spezialisierte sich im Anschluss auf die Laser-Strukturierung von neuartigen Dünnschichtsolarzellen. Seit 2010 ist er Teil der Forschungsgruppe zu innovativen Lasertechnologien der HTW Berlin am PVcomB Kompetenzzentrum Dünnschicht- und Nanotechnologie für Photovoltaik Berlin. Seit 2015 betreut er zusätzlich die Labore zur physikalischen Mess- und Werkstofftechnik an der HTW Berlin. Er ist Autor zahlreicher Fachartikel und Vortragender auf internationalen Fachkonferenzen.

Prof. Dr.
**NILS
SIEBEL**
promovierte nach Tätigkeiten im Bereich Robotik und Bildverarbeitung an der University of Reading in England. Spätere Forschung umschloss lernende autonome Systeme, insbesondere Kalibrierung und optimalen Reglerentwurf. Parallel sammelte er durch den Betrieb von Webservern Erfahrungen im Bereich IT-Sicherheit und Server Hardening. 2009 wurde Nils Siebel zum Professor für Gebäudeautomation und Informatik an die HTW Berlin berufen. Er betreut Projekte im Bereich Gebäudeautomation, berät und schult zum Thema IT-Sicherheit.

M.Sc.
**ANDRÉ
SELMANAGIĆ**
hat sein Studium im Internationalen Studiengang Medieninformatik an der HTW Berlin absolviert. Seit 2012 ist er wissenschaftlicher Mitarbeiter in der Forschungsgruppe Creative Media. Seine Arbeit konzentriert sich auf die Entwicklung von Konzepten und Prototypen für Anwendungen und Frameworks in den Themenfeldern „Digital spielbasiertes Lernen" und „Angewandte interaktive Technologien".

Prof. Dr.
**KATHARINA
SIMBECK**
ist seit 2014 Professorin für Controlling und Allgemeine Betriebswirtschaftslehre im Studiengang Wirtschaftsinformatik der HTW Berlin. Sie verfügt über jahrelange Erfahrung in der Konsumgüterindustrie und beschäftigt sich mit den Themen Marketing, Controlling und Business Partnering.

Prof. Dr.
BERT STEGEMANN
studierte Physik und Optical Sciences an der Humboldt-Universität zu Berlin und der University of Arizona, USA. Nach der Promotion in Physikalischer Chemie arbeitete er in Forschungsprojekten in den Bereichen Materialwissenschaften und Photonik. Seit 2009 ist Bert Stegemann Professor für Photovoltaik an der HTW Berlin mit den Forschungsschwerpunkten Laser-Material-Bearbeitung und Laser-Spektroskopie. Er ist Autor zahlreicher Fachartikel und Vortragender auf internationalen Fachkonferenzen.

M.Sc.
MARTIN STEINICKE
ist wissenschaftlicher Mitarbeiter in der Forschungsgruppe Creative Media im Anwendungszentrum Digital Value. Er erforscht die Nutzung von Spielekonzepten (Gamification) und -technologien (APITs) sowie deren Synthese im digital spielbasierten Lernen. In den Kursen Game & Interaction Design sowie Digital Game Based Learning begleitet er Studierende auf der epischen Quest zum eigenen digitalen (Lern-)Spiel.

Prof. Dr.
CARSTEN TOTZ
lehrt Wirtschaftskommunikation mit dem Schwerpunkt Digitale Kommunikation an der HTW Berlin. Er hält das Internet für eine der großartigsten Erfindungen der Menschheit und geht seit über 15 Jahren der Frage nach, wie diese Erfindung das Leben der Menschen und ihre Kommunikation verändert – und was das für Unternehmen bedeuten kann. In seiner Promotion erforschte er die Implikationen webbasierter Interaktionen für die Markenführung, in den folgenden zehn Jahren hat er in renommierten Design-, Kommunikations- und Digitalagenturen namhafte Kunden in Fragen der digitalen Markenführung, Kommunikation sowie User Experience beraten.

Prof. Dr.-Ing.
JOACHIM VILLWOCK
studierte und promovierte an der Technischen Universität Berlin Luft- und Raumfahrt. In Dahlewitz bei Berlin war er bei Rolls-Royce Deutschland als Entwicklungsingenieur in der Triebwerkstechnik tätig und wurde 2004 an die Beuth Hochschule für Technik Berlin für das Fach Mechanik berufen. Schwerpunkte in der Lehre sind neben der Mechanik Simulationstechniken wie Finite-Elemente-Methoden oder Smoothed Particle Hydrodynamics und seit kurzer Zeit auch Virtual Reality.

M.A.
RALF WAUBKE

ist wissenschaftlicher Mitarbeiter im Projekt Digital Value Anwendungszentrum an der HTW Berlin. Ebendort schloss er zuvor das Studium Industrial Sales and Innovation Management mit dem Master of Arts ab. Während seines Masterstudiums arbeitete er als Werkstudent beim Berliner Start-up COMATCH im Business Development sowie als studentische Hilfskraft. Zwischen seinem Bachelorstudium an der Universität Rostock und seinem Masterstudium sammelte er fünf Jahre Berufserfahrung im Finanzbereich.

M.Sc.
MATHIAS WINTER

studierte an der HTW Berlin zunächst Wirtschaftsmathematik. Bereits während dieser Zeit begeisterte er sich für diverse IT-Technologien und entschied sich daraufhin für das Masterstudium Betriebliche Umweltinformatik. Hier kam er mit verschiedenen Themen aus dem Bereich der Industrie – insbesondere des Energie- und Stoffstrommanagements – in Kontakt.

Prof. Dr.
STEFAN WITTENBERG

studierte Betriebswirtschaft an der Universität Göttingen und wechselte anschließend an die Universität München, wo er seine Dissertation am Institut für Wirtschaftsinformatik und Neue Medien abschloss. Es folgten Tätigkeiten als Führungskraft bei Bertelsmann und in der Bundesdruckerei. Seit 2016 ist er Professor für Prozessmanagement und ERP-Systeme im Studiengang Betriebswirtschaftslehre der HTW Berlin. Seine Forschungsschwerpunkte liegen im Bereich Industrie 4.0.

Prof. Dr.
VEIT WOHLGEMUTH

lehrt Allgemeine Betriebswirtschaftslehre mit dem Schwerpunkt Corporate Finance an der HTW Berlin. Er hat unter anderem in den Bereichen Social Trading, Risikomanagement, Vertrauen und Kontrolle, Routinenbildung sowie Dynamic Capabilities publiziert. Im Rahmen des Projekts INTENSE – INTernational ENtrepreneurship Skills Europe unterstützt er derzeit den Internationalisierungsprozess von KMU und den Ausbau von internationalen Hochschulkooperationen.

Prof. Dr.
VOLKER WOHLGEMUTH
studierte nach einer Ausbildung und beruflicher Tätigkeit beim Deutschen Wetterdienst Informatik an den Universitäten Hamburg und Christchurch, Neuseeland. Nach Erlangung des Diploms arbeitete er als wissenschaftlicher Mitarbeiter am Fachbereich Informatik der Universität Hamburg, wo er 2005 in der Angewandten Informatik promovierte. Seit 2005 ist er Hochschullehrer an der HTW Berlin für die Gebiete Stoffstrommanagement, Modellbildung und Simulation von Produktionssystemen sowie Anwendung und Entwicklung betrieblicher Umweltinformationssysteme.

M.Sc.
MARCUS WOLF
absolvierte nach seiner Ausbildung und Tätigkeit als Feinmechaniker beim Max-Planck-Institut für Sonnensystemforschung ein Maschinenbaustudium an der HTW Berlin. Während seines Studiums arbeitete er für die Unternehmen Selux, Rolls-Royce Deutschland sowie die Bundesanstalt für Materialforschung und -prüfung (BAM). Im Mai 2013 schloss er das Masterstudium mit Auszeichnung ab und erhielt 2014 den Erhard-Höpfner-Preis. Seitdem ist Marcus Wolf im Bereich der Betriebsfähigkeit der BAM tätig.

Prof. Dr.
PETER ZAUMSEIL
war langjährig in der Rechts- und Steuerberatung von Unternehmen tätig. Seit 2008 war er Professor für Wirtschaftsrecht und Steuerrecht und wechselte 2015 an die HTW Berlin auf eine Professur für Betriebliche Steuerlehre/Steuerrecht. Seine Forschungsschwerpunkte liegen im Bereich der Unternehmensbesteuerung, der Umsatzsteuer und des Allgemeinen Steuerrechts.

Prof. Dr.-Ing.
REGINA ZEITNER
studierte an der Fachhochschule Coburg und der Technischen Universität Berlin Architektur. Nach mehrjähriger Berufstätigkeit wurde sie 2000 wissenschaftliche Mitarbeiterin im Fachgebiet Planungs- und Bauökonomie an der Technischen Universität Berlin. Von 2003 bis 2005 hatte sie eine Professur im Fachgebiet Bau- und Immobilienwirtschaft an der Fachhochschule Nordostniedersachsen inne und promovierte 2005 an der Technischen Universität Berlin. Seit 2005 ist sie Professorin für Facility Management an der HTW Berlin. 2009 gründete sie in Kooperation mit der pom+International GmbH das Competence Center Process Management Real Estate (CC PMRE) und ist seitdem Herausgeberin diverser Marktanalysen und Fachbücher.

NACHWUCHS, INNOVATION UND KNOW-HOW FÜR WIRTSCHAFT, GESELLSCHAFT UND KULTUR

Bärbel Sulzbacher | Gisela Hüttinger
Kooperationszentrum Wissenschaft-Praxis |
Presse- und Öffentlichkeitsarbeit

Die Berliner Hochschule für Technik und Wirtschaft (HTW Berlin) ist die jüngste staatliche Fachhochschule im Land Berlin. Mit attraktiven Studienangeboten, kompetenten Wissenschaftler_innen und einer engagierten Verwaltung hat sie sich als eine der größten und vielfältigsten Hochschulen für Angewandte Wissenschaften in Deutschland positioniert. Mehr als 14.000 Studierende, 270 Professor_innen, 800 Lehrbeauftragte aus der betrieblichen Praxis sowie ca. 450 Mitarbeiter_innen in Service, Verwaltung und wissenschaftlichen Projekten arbeiten in Lehre und Forschung Hand in Hand.

Das fachliche Spektrum reicht von den Ingenieurwissenschaften und der Informatik über die Wirtschafts- und Rechtswissenschaften bis zum Design und den Kulturwissenschaften. Diese Vielfalt nutzt die Hochschule für transdisziplinäre Ansätze und interdisziplinäre Forschung. So qualifiziert sie Studierende für Kooperationserfordernisse im Berufsleben und bereitet innovativen Entwicklungen den Boden.

An der HTW Berlin werden jährlich rund 160 Forschungs- und Entwicklungsvorhaben durchgeführt. Beteiligt sind Partner aus der Wirtschaft und häufig auch Forschungsinstitute sowie Einrichtungen aus dem kulturellen und gesellschaftlichen Bereich. Finanziert werden die Forschungsvorhaben überwiegend aus öffentlichen Förderprogrammen. Oft werden sie auch als kooperative Forschung oder Auftragsforschung realisiert.

Für Unternehmen verschiedenster Branchen hat sich die Zusammenarbeit mit der HTW Berlin bewährt. Vor allem kleine und mittelständische Unternehmen ohne eigene Forschungskapazitäten profitieren vom Zugang zu den Wissensressourcen interdisziplinärer Forschungsteams und der Forschungsinfrastruktur. Auch für die Forschenden der HTW Berlin ist die Zusammenarbeit mit Anwendern unverzichtbar, um Qualität, Relevanz und Praxistauglichkeit ihrer Forschungsergebnisse zu gewährleisten.

Die HTW Berlin ist Mitglied der European University Association EUA und der bundesweiten Hochschulallianz für angewandte Wissenschaften HAWtech. Sie beteiligt sich am IFAF Berlin, dem Institut für angewandte Forschung Berlin, das im Verbund der staatlichen Berliner Fachhochschulen interdisziplinäre Forschungsvorhaben mit kleinen und mittelständischen Unternehmen fördert. Kooperiert wird u.a. mit Helmholtz-, Fraunhofer- und Leibniz-Instituten.

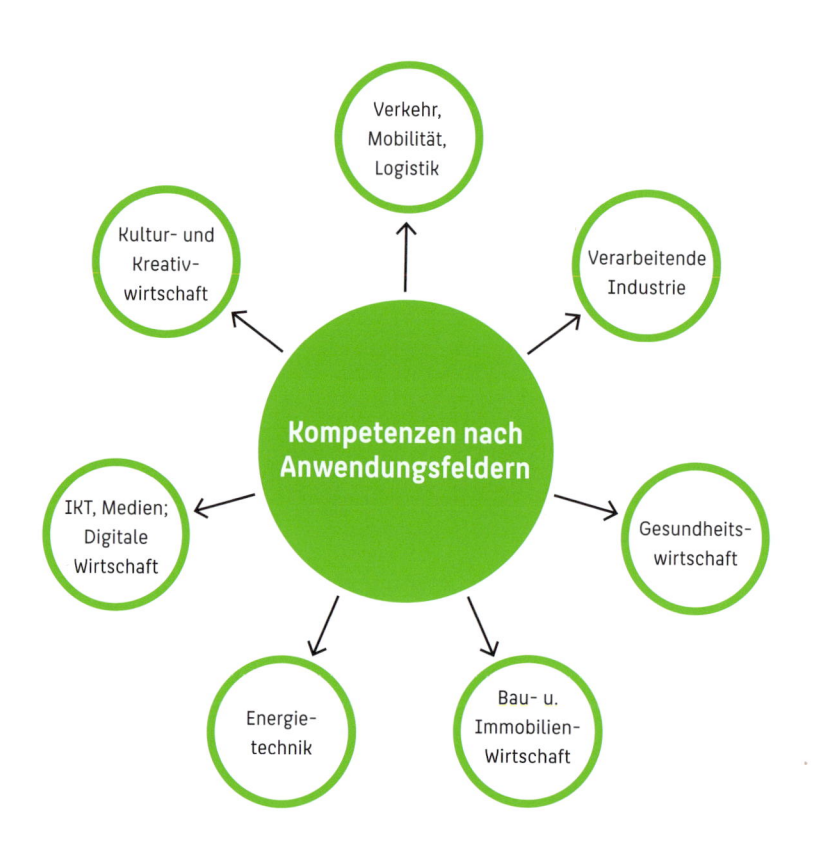

Abbildung 1: Kompetenzen an der HTW Berlin nach Anwendungsfeldern

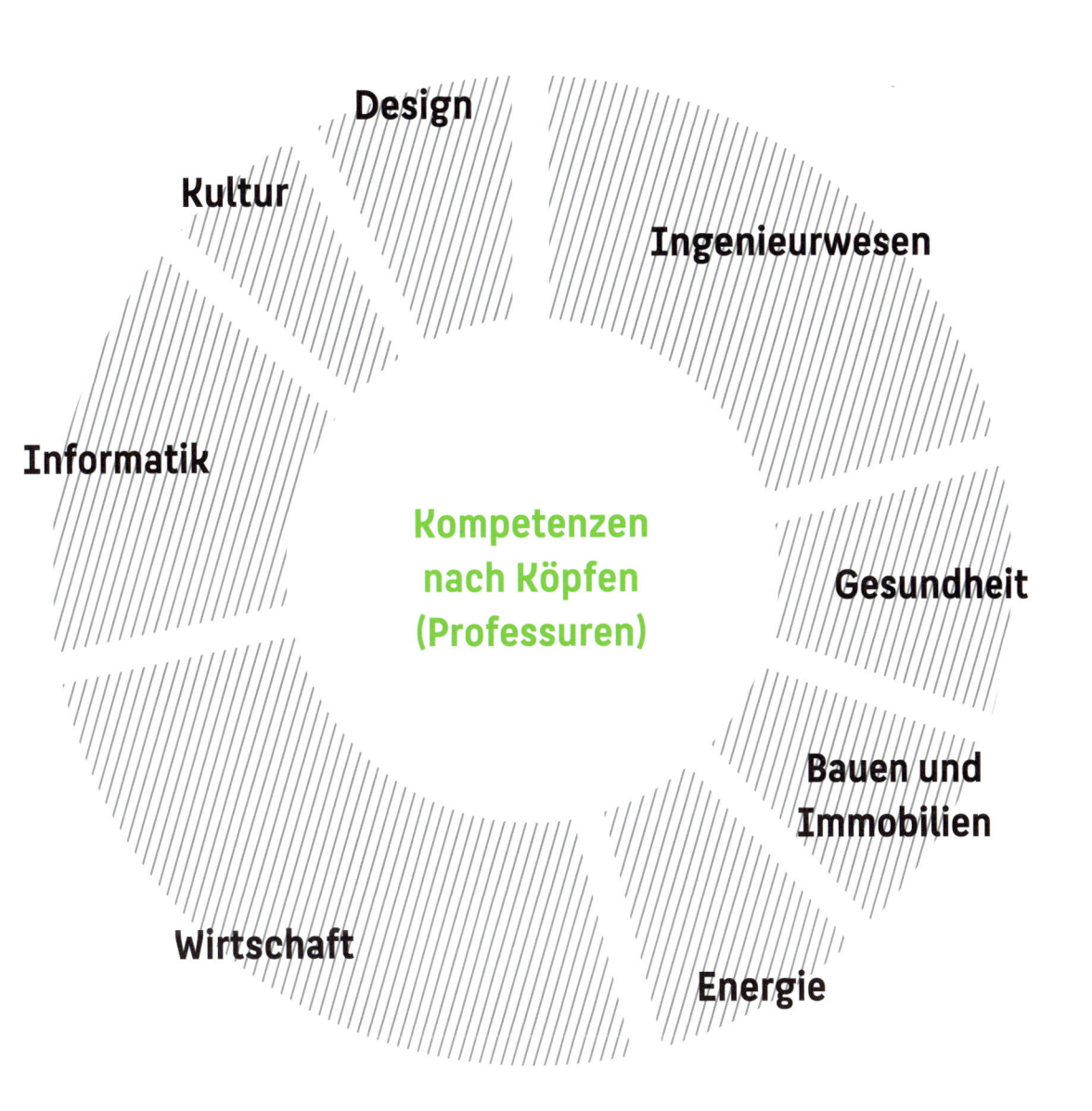

Abbildung 2: Kompetenzen an der HTW Berlin nach Köpfen

- Design
- Kultur
- Informatik
- Wirtschaft
- Energie
- Bauen und Immobilien
- Gesundheit
- Ingenieurwesen

Kompetenzen nach Köpfen (Professuren)

Service aus einer Hand

Sie möchten die Expertise von praxiserfahrenen Wissenschaftler_innen nutzen, um Ideen und Impulse für Ihr Unternehmen oder Ihre Institution zu gewinnen? Sie haben Interesse an einem Austausch mit Forschenden der HTW Berlin zu einem spezifischen fachlichen Problem? Sie suchen kompetente Partner für die gemeinsame Entwicklung von Konzepten und Lösungen, Prozess- oder Produktoptimierungen? Sie planen, einen Forschungsauftrag zu vergeben oder ein kooperatives Forschungs- und Entwicklungsprojekt durchführen und dafür Fördermittel zu beantragen? Das Kooperationszentrum Wissenschaft-Praxis der HTW Berlin ist hierfür die richtige Anlaufstelle. Das Team sorgt für die unkomplizierte Zusammenarbeit zwischen der Hochschule und ihren Partnern. Dazu gehören die Information und Beratung zu Fördermöglichkeiten, die Unterstützung von gemeinsamen Projektanträgen und Vorbereitung von Auftragsforschungen; ebenso die Betreuung von Kooperationsverträgen einschließlich der Patent- und Erfinderberatung.

Kooperationszentrum Wissenschaft-Praxis

Leitung
Bärbel Sulzbacher
Telefon: +49 (0) 30 5019 2526
E-Mail:
baerbel.sulzbacher@htw-berlin.de

Anfragen
Sabine Middendorf
Telefon: +49 (0) 30 5019 2283
E-Mail:
sabine.middendorf@htw-berlin.de

Förderung von Verbundprojekten

Sie haben Forschungsfragen oder Entwicklungsziele, die Sie gemeinsam mit Fachwissenschaftler_innen in einem interdisziplinären Projekt angehen möchten? Das Institut für angewandte Forschung Berlin (IFAF Berlin) bringt Sie in Kontakt mit Professor_innen, die in Ihrem Bereich praxisnah forschen, und bietet finanzielle Projektförderung an. Das IFAF Berlin wurde von der Alice Salomon Hochschule, der Beuth Hochschule für Technik, der Hochschule für Technik und Wirtschaft und der Hochschule für Wirtschaft und Recht mit Unterstützung des Landes Berlin gegründet und fördert insbesondere Verbundprojekte der am Institut beteiligten Hochschulen mit Partnern aus der Region Berlin-Brandenburg.

Institut für angewandte Forschung Berlin (IFAF Berlin)

Dorit von Derschau
Forschungskoordinatorin
Telefon: +49 (0) 30 5019 2427
E-Mail:
dorit.vonderschau@htw-berlin.de

http://www.ifaf-berlin.de/

Netzwerke und Kontakte

Sie möchten dazu beitragen, dass sich Studierende frühzeitig ein eigenes Bild von der Arbeitswelt machen können? Das Team des Career Service unterstützt Sie dabei, durch Workshops, Podiumsveranstaltungen oder Netzwerkevents mit Studierenden in Kontakt zu kommen und sich als potenzieller Arbeitgeber zu präsentieren.

Michaela Frana
Career Service
Telefon: +49 (0) 30 5019 2936
E-Mail:
michaela.frana@htw-berlin.de

Stipendien für die Besten

Das Deutschlandstipendium ist eine interessante Option für Unternehmen, qualifizierte und engagierte Studierende persönlich kennenzulernen und gut ausgebildete Fachkräfte frühzeitig für das eigene Haus zu begeistern.

Dagmar Minnich
Beauftragte für das Stipendienprogramm
Telefon: +49 (0) 30 5019 2492
E-Mail:
dagmar.minnich@htw-berlin.de

Ihre Mitgliedschaft im Verein „Freunde und Förderer der HTW Berlin e.V."

Der Verein „Freunde und Förderer der HTW Berlin e.V." versteht sich als Forum des Austauschs zwischen Wissenschaft und Praxis.

http://foerderer-htw.de

Ihre Einstiegsseite

Alle relevanten Informationen und Links finden Unternehmen auf einer eigenen Einstiegsseite der HTW Berlin.

http://www.htw-berlin.de/unternehmen/

IMPRESSUM

HERAUSGEBER
HTW Berlin, Matthias Knaut

PRODUKTION
Gisela Hüttinger, Sabine Middendorf

LAYOUT UND SATZ
Luise Bauer, Nicole Plock, Gregor Strutz
inkl. Design GmbH
http://www.inkl-design.de

REDAKTIONSSCHLUSS
September 2017

ISBN 978-3-8305-3767-0

© 2017 BWV • BERLINER WISSENSCHAFTS-VERLAG GMBH
Markgrafenstraße 12–14, 10969 Berlin

E-Mail: bwv@bwv-verlag.de
Internet: http://www.bwv-verlag.de

Printed in Germany. Alle Rechte, auch die des Nachdrucks von Auszügen, der photomechanischen Wiedergabe und der Übersetzung, vorbehalten.